Über dieses Buch

Eine steigende Zahl von Finanzdienstleistern und Geldanlegern hat die Verantwortung auch des Finanzsektors für die Zukunft von Mensch und Umwelt erkannt. Banken und Fondsanbieter haben inzwischen zahlreiche Produkte aufgelegt, die Investieren ohne schlechtes Gewissen und zudem häufig eine bessere Rendite als herkömmliche Anlagen versprechen, und auch der Gesetzgeber fördert auf vielfältige Weise diese Geldanlage.

In diesem Buch wird das gesamte Spektrum der ethischen und ökologischen Geldanlage untersucht: Von Auswahl und Qualifizierung ethisch arbeitender Unternehmen über Aktienindices, Fonds und Beteiligungen bis hin zu konkreten Anlagemöglichkeiten.

Die Autorin ist seit über 10 Jahren auf diesem Gebiet tätig und hat mit diesem Buch einen von der *Frankfurter Rundschau* als »kompakt, lesbar und fundiert« gelobten Ratgeber vorgelegt.

Die Autorin

Antje Schneeweiß, geb. 1964, beschäftigt sich seit Abschluss ihres Philosophie- und Anglistikstudiums 1991 mit der Geldanlage nach sozialen und ökologischen Kriterien. Seit 1996 arbeitet sie am kirchennahen Institut für Ökonomie und Ökumene SÜDWIND (Siegburg) im Bereich ethische Geldanlagen.

Fischer Wirtschaft

Herausgegeben von
Prof. Dr. Dr. h. c. Bert Rürup

Antje Schneeweiß

Kursbuch Ethische Geldanlage
Aktien Fonds Beteiligungen

Herausgegeben vom
Institut für Ökonomie und Ökumene SÜDWIND

Mit einem Vorwort von Ernst Ulrich von Weizsäcker

 Fischer
Taschenbuch
Verlag

Danksagung
Die Autorin hat dieses Buch als Mitarbeiterin des Instituts für Ökonomie und Ökumene SÜDWIND verfasst. Das Institut und die Autorin danken besonders folgenden Institutionen für ihre großzügige Unterstützung: dem Evolutionsfonds Apfelbaum, dem Stadtkirchenverband Köln, dem Ökumenedezernat der Evangelischen Kirche im Rheinland und dem Ausschuss für Bildung und Publizistik der Evangelischen Kirche in Deutschland.

Aktualisierte und überarbeitete Neuausgabe
Veröffentlicht im Fischer Taschenbuch Verlag,
ein Unternehmen der S. Fischer Verlag GmbH,
Frankfurt am Main, August 2002

Die Erstausgabe erschien 1998 unter dem Titel
»Mein Geld soll Leben fördern« im Matthias-Grünewald-Verlag, Mainz
bzw. im Neukirchener Verlag, Neukirchen-Vluyn.
Satz: Fotosatz Otto Gutfreund GmbH, Darmstadt
Druck und Bindung: Clausen & Bosse, Leck
Printed in Germany
ISBN 3–596–15269–0

Unsere Adresse im Internet: www.fischer-tb.de.

Inhalt

Anhang

Vorwort

»Geld regiert die Welt« ist ein uralter Spruch. Die seit 1990 sprunghaft beschleunigte Globalisierung hat diesen Spruch überdeutlich wahr werden lassen. Die Anlagenfonds, insbesondere die US-amerikanischen Pensionsfonds, haben eine Dynamik entfesselt, die unter dem Schlagwort »Shareholder-Value« zur gleichen Zeit mancherorts Arbeitslosigkeit und weltweite Umweltzerstörung induziert. Der Abstand zwischen Arm und Reich vergrößert sich (entgegen allen gegenteiligen Beteuerungen von interessierter Seite). Geldbesitz und hohe Kapitalrendite haben jedoch nicht automatisch negative Folgen. Es gibt Formen der ökologischen und ethischen Unternehmensführung, die sogar zu einer noch höheren durchschnittlichen Rendite führen als »normales« Kostenmanagement. Unternehmen zu identifizieren, die das besonders gut schaffen, ist eine Aufgabe von besonders qualifizierten Analysten und Investmentbankern. Auch die Auswahl von Wertpapieren, die es unabhängig von der Rendite mit den Ethikförderungen besonders genau nehmen, ist eine hohe Kunst der Wertpapieranalyse.

Der Deutsche Bundestag hat 2001 beschlossen, dass Pensionsfonds, die sich im Rahmen der Rentenreform an der privaten Altersvorsorge beteiligen, Auskunft darüber geben müssen, ob sie ethische oder ökologische Kriterien berücksichtigen. In Großbritannien hat eine ähnliche Transparenzpflicht zu einem Ansturm auf ethisches Investment geführt. Gleiches erhoffe ich mir für Deutschland.

Das »Kursbuch Ethische Geldanlage« ist eine gute Einführung in dieses relativ neue Feld der Anlageberatung und verdient Weiterverbreitung.

Prof. Dr. Ernst Ulrich von Weizsäcker (MdB)

I. Warum ethische Geldanlagen?

1. Steigende Privatvermögen

In Deutschland waren Anfang 2001 Privatvermögen in Höhe von insgesamt über 3,5 Billionen € angelegt. Diese enorme Summe stellen Privatanleger den Banken, öffentlichen Haushalten und Unternehmen vorübergehend gegen Zinsen oder Gewinnbeteiligung zur Verfügung. Private Vermögen sind damit die wichtigste Finanzquelle der Wirtschaft und haben angesichts der Verschuldung der öffentlichen Haushalte neben den Steuereinnahmen auch eine große Bedeutung bei der Staatsfinanzierung.

Diese Rolle spielt das private Kapital allerdings längst nicht mehr innerhalb isolierter Volkswirtschaften. Im Zuge der fortschreitenden Öffnung nationaler Finanzmärkte und der damit einhergehenden Entwicklung hin zu einem einzigen globalen Kapitalmarkt werden private Gelder zunehmend international angelegt. In den zwölf Monaten von April 2000 bis März 2001 flossen rund 91 Mrd. € an Dividenden, Zinsen und Erträgen aus ausländischen Investmentfonds vornehmlich an private Anleger in die Bundesrepublik. Im gleichen Zeitraum wurden über 47 Mrd. € an Dividenden, Zinserträgen und Erträgen aus Investmentzertifikaten von Deutschland aus an Anleger im Ausland gezahlt.

Die in diesen Zahlen angedeutete Globalisierung der Finanzmärkte wird aus verschiedenen Gründen mit Sorge beobachtet. Sie bedeutet unter anderem, dass die Nationalbanken einen geringeren Einfluss auf Währung und Zinsniveau in ihren Ländern haben. In der Vergangenheit haben Krisen wie um den mexikanischen Peso 1995 sowie die Asienkrise mit ihren verheerenden sozialen Auswirkungen im Jahr 1997 gezeigt, dass die Bewegungen auf den Kapitalmärkten eine Dynamik entwickeln können, gegen die eine Nationalbank auch mit Unterstützung ihrer Partnerorganisationen in anderen Ländern machtlos ist.

In der Finanzwelt wird diese Entwicklung oft als ein Fortschritt angesehen. Wenn die Bewegung von Kapital unabhängig von staatlichen Restriktionen verläuft, kann sie sich allein nach der Logik der Märkte vollziehen und so zu größerer wirtschaftlicher Effizienz führen, die, so heißt es, letztlich allen zugute kommt.

Die Freiheit der Kapitalmärkte bringt allerdings zwei gravierende Nachteile mit sich, wie auch von anerkannten Wirtschaftswissenschaftlern und Ökonomen, wie z. B. dem Nobelpreisträger James Tobin, unterstrichen wird. Zum einen ist ein unkontrollierter Finanzmarkt krisenanfälliger. Die Wahrscheinlichkeit eines weltweiten Finanzdesasters mit weit reichenden Folgen gerade für jene Menschen, die es sich nicht leisten können, auf dem Kapitalmarkt mitzuspielen und mit zu gewinnen, steigt. Zum anderen belegen zahlreiche Studien, u. a. das Buch »The-Winner-Take-All Society« der US-Ökonomen Frank und Cook, dass freie Märkte, die keinerlei demokratischer Kontrolle unterworfen sind, eine Tendenz entwickeln, den vermögenden Teil der Bevölkerung reicher zu machen und die Benachteiligten ärmer – eine Entwicklung, die fast zwangsläufig zu sozialen Spannungen führt. Ohne eine Kontrolle der internationalen Finanzmärkte, die im Interesse des Wohls der Benachteiligten Rahmenbedingungen setzt und in das Geschehen eingreift, ist ein freier globaler Finanzmarkt für die meisten Menschen nachteilig.

Innerhalb dieses Zusammenhangs stellt sich die Frage nach der Verantwortung und dem Handlungsspielraum des einzelnen Anlegers und der einzelnen Anlegerin.

2. Die drei klassischen Faktoren der Geldanlage

Hinter den über 3,5 Billionen €, die von den Bundesbürgern jährlich angelegt werden, stehen nicht nur Märkte, sondern Menschen:

Menschen in den unterschiedlichsten Lebenslagen, mit den unterschiedlichsten Bedürfnissen und Einstellungen zu Geld, die sich entschieden haben, einen Teil der ihnen zur Verfügung stehenden Geldmittel nicht sogleich für den Konsum zu verwenden, sondern zu sparen.

Zusammengefasst werden die Wünsche der Geldanleger dabei traditionellerweise unter den drei Begriffen: Sicherheit, Rendite und Verfügbarkeit. Es sind diese drei Faktoren, die in den allermeisten Fällen die Auswahl einer geeigneten Geldanlage bestimmen. Eine gute Anlageberatung zeichnet sich nach diesem Verständnis dadurch aus, dass der Anlageberater Sicherheit, Rendite und Verfügbarkeit in eine für den Kunden und seine Situation optimale Relation bringt.

Dies ist nicht leicht, da es keine Geldanlage gibt, in der alle drei Faktoren zugleich optimal realisiert sind. Eine Anlage, bei der man einen schnellen Zugriff auf seine Ersparnisse hat, wirft in aller Regel weniger Gewinn ab als ein langfristiges Investment. Umgekehrt bringt eine Geldanlage mit hohen Renditeerwartungen eine reduzierte Sicherheit oder eine geringere Verfügbarkeit des Geldes mit sich. Eine gute Beratung bedeutet demnach konventionellerweise eine dem Anleger entsprechende Setzung von Prioritäten in Bezug auf diese drei Faktoren.

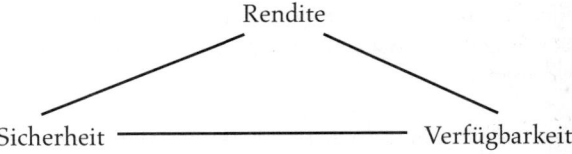

Die klassischen Faktoren der Geldanlage. Verändert sich einer der drei Faktoren, hat dies zwangsläufig Auswirkungen auf mindestens einen der beiden anderen.

3. Die Verantwortung der Investoren

Es liegt dabei auf der Hand, dass die Summe von über 3,5 Billionen € Privatkapital auch eine bedeutende wirtschaftliche Macht darstellt, die sowohl in der Bundesrepublik als auch international die wirtschaftlichen, gesellschaftlichen und ökologischen Verhältnisse mit beeinflusst. Die Macht der Privatanleger ist dabei durchaus vergleichbar mit der der Konsumenten. Während der Konsument einem Unternehmen sein Geld im Austausch gegen ein Produkt übergibt, stellen die Investoren Banken, Unternehmen und öffentliche Haushalten ihr Kapital gegen Zinsen oder eine Beteiligung am Geschäftserfolg zur Verfügung. Banken und Unternehmen, aber auch der Staat sind in ihrer Arbeit darauf angewiesen, dieses Kapital zu möglichst günstigen Bedingungen zu bekommen und stehen darin untereinander in Konkurrenz. Damit eröffnet sich für Anleger die Möglichkeit der gesellschaftlichen Einflussnahme. Genau wie die Macht der Verbraucher in den letzten Jahren dazu beitrug, z. B. umweltfreundlichere Waschmittel und Transfairkaffee in die Regale der Supermärkte zu bringen, werden in den letzten Jahren aufgrund der Nachfrage von Sparern zunehmend Anlagemöglichkeiten angeboten, die soziale und ökologische Kriterien berücksichtigen. Sollte sich dieser Trend weiter fortsetzen, so besteht die Hoffnung, dass Anleger auch über die Geldanlage gesellschaftlichen Druck für soziale und ökologische Verbesserungen in Unternehmen ausüben können.

Selbst wenn es die Werbung der großen Banken immer wieder suggeriert: Geld kann nicht arbeiten. Es sind Menschen, die für den Gewinn auf unserem Konto arbeiten, und ihre Arbeit findet unter mehr oder weniger akzeptablen Umständen und mit mehr oder weniger akzeptablen gesellschaftlichen und ökologischen Folgen statt. Je mehr sich diese Erkenntnis durchsetzt, umso mehr Anlegern ist es ein Bedürfnis, über die drei Faktoren Sicherheit, Rendite und Verfügbarkeit hinaus diesen Aspekt bei der Wahl ihres Investments mit einzubeziehen. Die Folgen, die unsere Investitionen auf Bereiche wie Frieden, Ökologie, soziale Gerechtigkeit und auf die Chancen von Frauen haben, spielen in der Anlageberatung und bei den Anlageentscheidungen auf den weltweiten Finanzmärkten derzeit jedoch kaum eine Rolle. Dies steht im krassen Gegensatz zu der Bedeutung, die diese Themen für die Zukunft aller Menschen haben.

Wie die Finanzwelt diese Probleme einschätzt, zeigt sich daran, dass es bisher nur von wenigen Spezialinstituten Informationen zu den sozialen und ökologischen Aspekten von Geldanlagen gibt. Die ansonsten an Perfektion grenzenden Informationssysteme der Weltfinanzmärkte liefern zwar innerhalb von Sekunden die aktuellen Kurse einer in New York, London, Frankfurt am Main oder Tokyo gehandelten Aktie oder Anleihe, schweigen aber noch zu so wichtigen Themen wie Friedenssicherung, Umwelt- und Entwicklungsverträglichkeit.

Es bestehen gute Aussichten, dass sich dies ändert. Es gibt eine wachsende Zahl von Anlegern und Anlegerinnen, denen es wichtig ist, dass ihr Geld in Bereichen angelegt wird, wo für eine lebenswerte Zukunft gearbeitet wird. Sie möchten auf der anderen Seite unbedingt vermeiden, dass mit ihren Einlagen beispielsweise Kriegsgerät, Umweltzerstörung oder die Genmanipulation an Nutzpflanzen finanziert werden. Die Motive für diese soziale und ökologische Verantwortung können religiöser oder weltanschaulicher Natur sein. Es kann ihnen aber auch einfach die Einstellung zugrunde liegen, dass Geld für Nutzbringenderes als für die Waffenproduktion oder zur Unterstützung menschenrechtsverachtender Regime verwendet werden sollte.

In der Tat ist gerade die eigene Geldanlage ein geeigneter Anlass, über die sozialen und ökologischen Folgen seines wirtschaftlichen Handelns nachzudenken, denn jede Geldanlage hat eine lebenswerte Zukunft zum Ziel. Ob sich dieser Anspruch verwirklichen lässt, hängt aber nicht allein von der in Zukunft zur Verfügung stehenden Geldmenge ab. Der Zustand der Gesellschaften in den Entwicklungsländern und unserer eigenen Gesellschaft sowie der Zustand unserer Umwelt werden entscheidende Faktoren dafür sein, ob wir von den Früchten unseres Sparens tatsächlich profitieren können.

Mit dem zunehmenden Auseinanderdriften zwischen Arm und

Reich, wie wir es zwischen dem Norden und dem Süden der Welt, aber auch in unserer eigenen Gesellschaft erleben, geht fast zwangsläufig eine Kriminalisierung, Brutalisierung und Verelendung vieler Menschen einher. Dies beeinträchtigt auch die Lebensqualität der vermögenden Schichten der reichen Länder. Genauso kann eine noch so umsichtige Altersicherung nicht vor den Folgen der fortgesetzten Zerstörung unserer Umwelt schützen, die schon heute Auswirkungen auf unseren Alltag hat. Eine Geldanlage, die einzig private Bedürfnisse berücksichtigt und gesellschaftliche und ökologische Zusammenhänge vollkommen ausblendet, ist so gesehen eine Absurdität. Eine Geldanlage, die die Erhaltung oder Vergrößerung der Lebensqualität zum Ziel hat, hat realistischerweise nur dann Aussichten auf Erfolg, wenn sie Rücksicht auf die Zukunft der nationalen und internationalen Gemeinschaft und der Umwelt nimmt. In diesem Sinne ist es naiv zu glauben, Geldanlage sei eine reine Privatsache. Die Terroranschläge vom 11. September 2001 haben dies in erschreckender Deutlichkeit gezeigt.

II. Unterschiedliche Möglichkeiten der Geldanlage

1. Festgeld

Auf dem Weg zu den Möglichkeiten einer verantwortlichen Geldanlage sollen zunächst die gängigen Anlageformen im Hinblick auf die klassischen Faktoren Rendite, Sicherheit und Verfügbarkeit beschrieben werden und Hinweise auf ihre möglichen sozialen und ökologischen Folgen gegeben werden. Festgeld, Sparbuch und Sparbrief sind diese gängigsten Angebote von Banken und Sparkassen für Anlagen im kurzfristigen Bereich, d. h. bis zu einem Jahr und im mittelfristigen Bereich, d. h. ab einem und bis vier Jahre.

Die Anlageform des **Festgelds** wird meist gewählt, um einen Betrag ab 2500 € anzulegen, von dem der Anleger annimmt, dass er ihn innerhalb der kommenden Monate ganz oder zum großen Teil benötigen wird. In der Regel bieten Institute eine monatliche (Monatsgeld), dreimonatliche, halbjährliche oder jährliche Laufzeit für Festgeld an.

Das Festgeld ist damit eine Anlage, bei der die nahezu risikolose Verfügbarkeit des Geldes den Vorrang hat. Der Zinssatz ist von dem jeweiligen Zinsniveau abhängig, das in der Euro-Zone von der Geldmarktpolitik der Europäischen Zentralbank beeinflusst wird. Die Zinsen für Festgeld liegen allerdings in aller Regel unter den Erträgen langfristiger Geldanlagen.

Beim **Sparbuch** wird in der Regel ein Betrag ab 5 € mit dreimonatiger, einjähriger oder vierjähriger Kündigungsfrist angelegt. Anders als beim Festgeld können hier also auch geringe Beträge angelegt werden. Die Verzinsung lehnt sich an das geltende Zinsniveau an, wobei die Zinsen für Sparbücher mit langfristiger Kündigungsfrist höher liegen als die mit dreimonatiger Kündigungsfrist. Für 3-Monats-Spareinlagen vergüten die Banken allerdings seit vielen Jahren Zinsen, die unterhalb vergleichbarer Festgelder liegen.

Sparbriefe sind eine von Sparkassen und den genossenschaftlich organisierten Banken aufgelegte Anlagemöglichkeit mit zumeist vierjähriger Laufzeit. Der Kunde zahlt hier sein Geld je nach Laufzeit für zwei bis sechs Jahre ein. Für diese Zeit garantiert die Bank die Zahlung eines bestimmten Zinssatzes, der sich bei einigen Varianten während der Laufzeit steigert. Der Sparer kann hierbei über mehrere Jahre nicht über sein Geld verfügen und erhält dafür einen Zinssatz, der in der Regel über dem des Festgeldes liegt.

Die als Aktiengesellschaften organisierten Geschäftsbanken bieten keine Sparbriefe an, sondern geben stattdessen hauseigene festverzinsliche Wertpapiere mit mittel- oder langfristiger Laufzeit heraus. Diese haben den Charakter einer Anleihe, die im Abschnitt »festverzinsliche Wertpapiere« näher erläutert wird.

Die Sicherheit von Festgeld, Spareinlagen, Sparbriefen und hauseigenen Anleihen ist abhängig von der Bonität der Bank, die rechtlich gesehen die Schuldnerin der Einlagekunden ist. In der Bundesrepublik sind Bankeinlagen sehr sicher, da Konkurse von Banken im Vergleich zu anderen Ländern selten sind. Zusätzlich besteht für Sparkassen, Genossenschaftsbanken und Geschäftsbanken jeweils eine Einlagensicherung. Diese sichert die Rückzahlung der Einlagen ab, soweit es sich nicht um sehr große Summen handelt. Die überwiegende Mehrheit der bundesdeutschen Institute einschließlich der kirchlichen Institute und der GLS-Gemeinschaftsbank ist an einen der drei Einlagensicherungsfonds angeschlossen.

2. Was geschieht nun mit der Spareinlage oder dem Sparbriefguthaben?

Alle Gelder, die Banken von ihren Kunden erhalten – sei es in Form von Festgeldern, Spareinlagen oder Sparbriefen –, bilden für diese eine Einheit, d. h., sie werden nicht nach Kunden getrennt verwaltet. Für die Bank sind es Verbindlichkeiten (Passiva), die sie entsprechend dem Vertrag mit dem Kunden ab dem Zeitpunkt der Anlage verzinsen muss und die in ihrer Gesamtheit den Aktivposten wie z. B. den vergebenen Krediten gegenübergestellt werden. Da der tatsächliche *Verbleib* der Gelder bei der Bank regelmäßig länger als die vereinbarten Laufzeiten ist, rechnet die Bank in ihrer Kalkulation damit, dass ein Teil der Einlagen nicht zum vorgesehenen Zeitpunkt abgerufen wird, und verplant ihn entsprechend längerfristig.

Trotz dieser Intransparenz bei der Weiterverwendung der Einlage des Einzelnen gibt es Anhaltspunkte dafür, wohin die Gesamtsumme der von Kunden angelegten Gelder weitergegeben wird.

Zunächst gibt es für die Verwendung eines Teils dieser Gelder gesetzliche Vorschriften. Jede Bank muss eine gewisse Summe ihrer Einlagen als so genannte »Mindestreserve« bei der jeweilig zuständigen Landeszentralbank, also der auf Länderebene angesiedelten Filiale der Bundesbank, hinterlegen. Diese Mindestreserve soll zum einen die Liquidität der Bank gewährleisten. Zum anderen dient sie dazu, je nach wirtschaftlicher Lage festzulegen, wie viel Prozent der kurz- und mittelfristigen Einlagen bei den Zentralbanken hinterlegt werden müssen, um so die gesamte zur Verfügung stehende Geldmenge zu steuern. Dieses Instrument der Geldmengenpolitik verliert jedoch zunehmend an Bedeutung.

Für die verbleibenden Gelder gilt, dass kurz- und mittelfristig eingelegtes Geld zu ca. 90 % kurz- und mittelfristig weiter verliehen wird. Die restlichen 10 % legt die Bank zusammen mit dem ihr über mehr als vier Jahre anvertrauten Geld langfristig an und nutzt die höheren Renditen für die Deckung der Verwaltungskosten und für den eigenen Gewinn.

Die Banken entscheiden unter Beachtung von Grundsätzen, die für alle Institute gleichermaßen gelten, eigenständig über die Verwendung der ihnen anvertrauten Gelder. Hierfür stehen ihnen eine Reihe von Möglichkeiten offen. Zum einen leihen sie das Geld an die eigenen Kreditkunden aus. Zum anderen verleihen die Institute einen evtl. bestehenden Überschuss an Einlagen über den bankeninternen Geldmarkt an andere Banken, bei denen gerade ein Bedarf an Geld für Kredite besteht, als Tages-, Wochen- oder Monatsgeld weiter. Zum dritten tätigen Banken mit den Einlagen ihrer Kunden die verschiedensten Beteiligungs-, Wertpapier- und Devisengeschäfte. In der Öffentlichkeit bekannt sind hier vor allem das Aktienengagement und die Firmenbeteiligungen, die von bundesdeutschen Banken letztlich mit Kundengeldern getätigt werden und über die sie ein beträchtliches Machtvolumen gegenüber Industrieunternehmen und damit auch über Arbeitsplätze angehäuft haben.

Auch die Devisengeschäfte, bei denen die Deutsche Bank AG allein im Jahr 2000 einen Gewinn von über 1 Mrd. € erzielte, sind in die Kritik geraten. Große Teile dieser Geschäfte mit Fremdwährungen haben spekulativen Charakter und können dazu führen, dass Währungen in Entwicklungsländern destabilisiert werden. Dies kann den Gewinn der Bank erhöhen. Für die betroffene Bevölkerung bedeutet es jedoch oft, wie im Fall der Asienkrise, Arbeitslosigkeit, eine Einschränkung des Bildungsangebots und der gesundheitlichen Versorgung und über Jahre hinaus reduzierte Entwicklungschancen.

Wozu kurz-, mittel- und langfristige Einlagen verwendet werden, lässt sich im Fall der Weitergabe an hauseigene Kreditnehmer dann annäherungsweise ablesen, wenn eine Bank ein eingeschränktes Kundensegment bedient. Kirchliche Banken vergeben z. B. Kredite nur an kirchliche Institutionen und deren Mitarbeiter. Kredite werden hier also z. B. für den Bau und die Renovierung kirchlich getragener Altenheime und Krankenhäuser oder für den Bau und die Instandhaltung von Kirchen und kirchlichen Gebäuden verwendet. Die Bank für Sozialwirtschaft hat sich auf das Segment der Träger der freien Wohlfahrtspflege wie Caritas, Diakonie und der gemeinnützigen Vereine spezialisiert und vergibt nur innerhalb dieses Spektrums Kredite. Geld, das nicht für die eigene Kreditvergabe benötigt wird, geben die genossenschaftlich organisierten kirchlichen Institute an ihre genossenschaftliche Zentralbank weiter, die das Geld zum größten Teil ihren Mitgliedsbanken, also vor allem den Volks- und Raiffeisenbanken, für größere Kreditengagements zu Verfügung stellt. Diese Kreditvergabe unterliegt allerdings keinerlei ethischen Kriterien, sodass auf diesem Weg auch Einlagen aus kirchlichen Instituten in zweifelhafte Projekte wie z. B. die Massentierhaltung oder den Bau von Großstaudämmen in Entwicklungsländern fließen können.

Anders ist dies bei den Alternativbanken wie der Umweltbank und der GLS-Gemeinschaftsbank, die sich an ein ökologisch und sozial engagiertes Publikum wenden und in diesem Bereich Kredite vergeben. Diese Institute haben sich über die Bedienung eines bestimmten Kundensegments hinaus dazu verpflichtet, bei allen Geldgeschäften ethische Ausschlusskriterien zu beachten. Sie sind im Rahmen des Möglichen bemüht sicherzustellen, dass bei der Weitergabe der Kundengelder im Kredit- und im Wertpapiergeschäft kein Geld an Rüstungsunternehmen, menschenrechtsverachtende Regime oder in die Kernenergie fließt.

Bei allen anderen Banken und Sparkassen gibt es keine konkreten Hinweise auf die Verwendung der Kundengelder. Anhaltspunkte für das Kreditkundengeschäft ergeben sich lediglich aus der von der Deutschen Bundesbank herausgegebenen Bankenstatistik. Diese zeigt anteilsmäßig auf, in welche Bereiche Bankkredite fließen.

Kurzfristige und mittelfristige Kredite mit einer Laufzeit von bis zu vier Jahren werden im Inland danach primär an Unternehmen und Selbständige vergeben, an zweiter Stelle stehen öffentliche Haushalte, an dritter Privathaushalte. Die Kredite dienen den Unternehmen zur Lagerfinanzierung, Produktionsfinanzierung und Absatzfinanzierung. Sie ermöglichen es einem Unternehmen, wirtschaftliche Chancen, die sich etwa durch eine Lagererweiterung oder durch Verbesserungen in der Produktion eröffnen, spontan zu nutzen. Besonders im Auslandsgeschäft werden durch den Einsatz von Krediten bestimmte wirtschaftliche Chancen erst möglich oder in ihrer technischen Durchführung wesentlich erleichtert. Betrachtet man die Kreditvergabe nach Wirtschaftssparten, so ergab sich für Ende des Jahres 2000 folgendes Bild:

Während langfristige Kredite an Unternehmen und Selbständige zu einem Großteil an Wohnungsunternehmen, in das Grundstückswesen, den Kfz-Handel und in die Datenverarbeitung gingen, flossen kurz- und mittelfristige Kredite vornehmlich an das Gewerbe, einschließlich des Baugewerbes, und in den Kfz-Handel. Im kurz- und mittelfristigen Bereich waren die größten Kreditnehmer innerhalb des verarbeitenden Gewerbes der Maschinen- und Fahrzeugbau einschließlich der Büromaschinen und der Elektrotechnik, das Holz- und Papiergewerbe sowie die Metallerzeugung. Im langfristigen Bereich folgen den Holz- und Papierunternehmen die Nahrungsmittelhersteller einschließlich der Tabakindustrie.

In all diesen Bereichen werden u. a. auch Güter hergestellt und vertrieben, die aus ethischer Sicht problematisch sind. Metallunternehmen können Lieferanten von Rüstungsunternehmen sein, in der Elektrotechnik werden speziell für das Militär konzipierte Komponenten gebaut, und die tabakverarbeitende Industrie trägt nicht nur zu einer Schädigung der Gesundheit bei, sondern hat über den Anbau von Tabak in Monokulturen auch Anteil an der Zerstörung der Böden in Entwicklungsländern. Da der allergrößte Teil der bei Banken in Sparbüchern, Sparbriefen und als Festgeld angelegten Mittel keinerlei ethischer Kontrolle bei der Weitervergabe unterliegt, fließen hohe Summen unkontrolliert auch in die problematischen Teile dieser Industrien. Zugespitzt ausgedrückt: Die Gelder privater Kunden dienen auch zur Finanzierung der Produktion von Landminen und Kampfflugzeugen.

In den Publikationen der Deutschen Bundesbank werden lediglich die inländischen Kreditkunden aus der Industrie erfasst. Größere Banken sind jedoch zunehmend auch im Ausland tätig und vergeben dort Kredite an Staaten, Unternehmen und Institutionen.

Besonders in den achtziger Jahren wurden von deutschen Banken Kredite in Milliardenhöhe für Projekte in Schwellenländern vergeben. Dies geschah zumeist ohne jede Rücksicht darauf, ob dieses Geld der Entwicklung des Landes diente, ob die Rechte der Bevölkerung durch die Projektbetreiber berücksichtigt wurden und der Schutz der Umwelt gewährleistet war.

Viele dieser Kredite dienten dazu, diktatorischen Regimen Prestigeprojekte und den Einkauf von Militärgütern zu ermöglichen, die ihnen halfen, ihre Macht zu erhalten. Dieses Kreditengagement von Banken in Schwellenländern ist in den neunziger Jahren deutlich zurückgegangen. Die daraus resultierenden Probleme bleiben jedoch bestehen. Selbst in den Ländern, in denen das Unrechtsregime gestürzt wurde und eine demokratische Regierung an die Macht kam, wirken sich diese über Bankkredite aufgenommenen Schulden extrem entwicklungshemmend aus, denn die neue Regierung muss weiterhin die von den ehemaligen Machthabern aufgenommenen Schulden an die Anleger zurückzahlen. Volkswirtschaften wie Indonesien, Brasilien und Argentinien sind bis heute stark von den Zinszahlungen aus diesen Krediten belastet, die die Durchführung notwendiger Reformen in der Landwirtschaft, im Bildungs- und Gesundheitsbereich verzögern.

Banken verwenden Kundeneinlagen jedoch nicht nur für die Kreditvergabe. Von einem Teil der Gelder kaufen sie Anteile an Industrieunternehmen. Dieser Anteilsbesitz wird dokumentiert, wenn er mehr als 5 % des Grundkapitals des Unternehmens übersteigt. Beteiligungen von mehr als 20 % am Grundkapital müssen lückenlos offen gelegt werden. Aus den Jahresberichten einer Bank lassen sich so ihre wichtigsten Industriebeteiligungen ersehen und es lässt sich damit auch erkennen, ob Kundengelder über Beteiligungen in ethisch problematische Industriebereiche fließen.

Ein Blick auf die Beteiligungslisten der Großbanken zeigt, dass dies der Fall ist. So hält z. B. die Deutsche Bank 12,1 % des Kapitals der DaimlerChrysler AG, die ihrerseits wiederum mit 33 % der größte Einzelaktionär des Rüstungskonzerns European Aeronautic Defence and Space Company (EADS) ist. In diesem Zusammenhang ist der Konzern über einen Auftrag des französischen Verteidigungsministeriums an der Entwicklung atomarer Trägersysteme beteiligt. Der Konzern bietet auch nach wie vor über die Beteiligung RTG Euromunition Minen an, die von dem deutschen Initiativkreis gegen Landminen, aber auch von Italien und den USA als Anti-Personen-Minen klassifiziert werden. Die Deutsche Bank und die Dresdner Bank sind zudem mit je einem Anteil von über 9 % an der mg technologies ag (vormals Metallgesellschaft) beteiligt, deren Tochtergesellschaft Dynamit Nobel Landminen hergestellt hat und diese auf Rüstungsmessen nach wie vor anbietet.

Deutsche Anlagen- und Maschinenbauunternehmen erhalten wiederum vielfach kurz- und mittelfristige Kredite für Aufträge aus Übersee, die sich in einigen Fällen als ökologisch und sozial umstrittene Mammutprojekte herausstellen.

Beispiel: Finanzierung des Drei-Schluchten-Staudamms in China

Ende 1994 begannen in China die ersten Arbeiten für den Bau des größten Staudamms der Welt. Das Drei-Schluchten-Projekt soll den Jangtse, den zweitgrößten Fluss des Landes, mit einer 2335 Meter langen Mauer aufstauen. Ein mit dem Damm verbundenes Kraftwerk soll ab 2009 insgesamt 85 Milliarden kWh Strom erzeugen, ein Neuntel des derzeitigen Stromverbrauchs in China. Außerdem erhofft sich die Regierung eine Erleichterung für die Schifffahrt und eine Eindämmung des periodisch auftretenden Hochwassers.

Bereits in der Planungsphase warnten jedoch zahlreiche Studien unterschiedlichster Experten eindringlich vor den unübersehbaren ökologischen und sozialen Folgen und Gefahren dieses Mammutprojekts. Bei Beginn der Zwangsumsiedlung, die insgesamt bis zu 1,9 Mio. Menschen treffen wird, kam es zu Unruhen und massiven Korruptionsvorwürfen. Die Bürokratie habe sich ein Großteil der Entschädigungsgelder für die Umgesiedelten in die eigene Tasche gewirtschaftet, hieß es. Der Unmut der Bauern darüber, ihren angestammten Boden verlassen zu müssen, hat einen guten Grund: Sie sollen aus dem sehr fruchtbaren Jangtse-Tal in wesentlich ärmere Regionen mit kargen Böden und steilen Hängen ziehen.

Abgesehen von diesen gravierenden sozialen Folgen und Gefahren hat das Projekt auch ökologisch und ökonomisch wenig Sinn. Zwar ist die Stromerzeugung mit Wasserkraft umweltfreundlicher als die Verfeuerung von Kohle, wie sie derzeit im großen Stil betrieben wird. Diesem Vorteil steht aber die Vernichtung von großen Flächen fruchtbaren Ackerbodens gegenüber, der nur durch den massiven Einsatz von Kunstdünger mit entsprechenden ökologischen Folgen ausgeglichen werden kann. Wesentlich sinnvoller wäre in jeder Hinsicht eine dezentrale Lösung, bei der an den Oberläufen des Flusses kleine Kraftwerke entstehen würden. Fraglich ist mittlerweile auch, ob der durch den Staudamm erzeugte Strom überhaupt Abnehmer findet. Die umliegenden Gemeinden, mit denen als Kunden gerechnet wird, gehen zunehmend dazu über, selbst kleine Kraftwerke zu errichten.

Die chinesische Regierung setzt den Bau des Staudamms trotz der erheblichen Gefahren und Nachteile gegen den Willen der Bevölkerung fort und sucht internationale Partner für die Finanzierung und die technische Umsetzung. Das Projekt wird nach derzeitigen inoffiziellen Schätzungen 75 Mrd. US-Dollar kosten, was Mitte 1996 den gesamten chinesischen Devisenreserven entsprach.

Die US-amerikanische Export-Importbank erteilte der chinesischen Regierung von vornherein eine Absage, auch die Weltbank hält sich bei der Finanzierung zurück. Neben ökologischen und Menschenrechtsbedenken ist man hier wohl auch von der finanziellen Machbarkeit nicht überzeugt. Anders sieht es in der Bundesrepublik aus. Der Turbinenhersteller Voith Hydro und die Siemens AG bewarben sich erfolgreich um Aufträge für das Projekt und stellten entsprechende Kreditanträge bei Banken für die Vorfinanzierung von Kränen, Turbinen und Generatoren. Die Banken verlangen allerdings im Fall eines derart riskanten Auslandsengagements, dass die Kredite über eine staatlich garantierte Kreditversicherung der Hermes AG abgesichert sind. Sie wird dann wirksam, wenn die Firmen die Kredite an ihre Bank nicht zurückzahlen können, weil ihre chinesischen Auftraggeber für die erbrachten Leistungen und Güter nicht zahlen. In diesem Fall übernimmt der bundesdeutsche Staat den Kredit und tritt gegenüber dem chinesischen Staat als Gläubiger auf. Da die Bundesregierung für Aufträge aus dem Jangtse-Projekt Bürgschaften vergibt und deutsche Unternehmen, wie z. B. Siemens, bereits den Zuschlag für die Lieferung von Generatoren

und Turbinen erhalten haben, werden hierzulande Millionen €
als Kredit für dieses Projekt vergeben werden. Als vorfinanzie-
rende Kreditinstitute werden die Deutsche Bank, die Dresdner
Bank aber auch das zentrale Institut der Volks- und Raiffeisenbanken, die DG Bank (inzwischen mit der GZ Bank zur DZ Bank
fusioniert), genannt.

3. Verbraucherkredite

Nicht nur Industriekredite, sondern auch Kredite, die Banken an
Privatkunden vergeben, können sozial nachteilige Folgen haben.
Sie stellen insgesamt betrachtet allerdings einen wesentlich gerin-
geren Anteil am Gesamtkreditaufkommen dar.

Den rund 75 000 € Vermögen, die statistisch ein bundesdeutscher
Privathaushalt durchschnittlich auf seinem Konto sammelt, stehen
pro Haushalt über 5000 € Schulden aus Konsumkrediten gegenüber. Da nur etwa ein Drittel aller deutschen Haushalte verschuldet
ist, bedeutet dies für dieses Drittel eine durchschnittliche Schul-
denlast von über 16 000 €. Die Schulden werden in Form von Ra-
tenkrediten, Überziehungskrediten und über die Verwendung von
Kreditkarten in Anspruch genommen. Kreditkarten sind hier, obwohl sie die teuerste Form des Kredits darstellen, im Vormarsch.
60 % aller Konsumentenkredite dienen dem Autokauf. Aber auch
die mit der Gründung des ersten eigenen Hausstands entstehenden
Kosten werden oft über Ratenkredite finanziert und sind bei der
ersten Kreditaufnahme das häufigste Motiv.

Hier sind weniger die mit Hilfe des Kredits erworbenen Gegen-
stände problematisch als vielmehr die sozialen Folgen, die eine ohne
die notwendige Umsicht vollzogene Kreditvergabe an Privathaushalte haben kann. Nicht selten kommt es in Folge der Aufnahme
eines privaten Kredits zur Überschuldung des Haushalts. Ausgelöst
wird diese Situation, in der die Betroffenen für lange Zeit am Rande
des Existenzminimums leben müssen, meist durch Scheidung, Arbeitslosigkeit, Krankheit oder durch den unvorhergesehenen Rück-

gang von Aufträgen bei Selbständigen. Am häufigsten sind allein erziehende Mütter von dieser Situation betroffen. Die Arbeitsgemeinschaft Schuldnerberatung schätzt, dass die Zahl der überschuldeten Haushalte, also jener, für die neue Bankkredite aufgrund mangelnder Bonität nicht mehr erreichbar sind, 2,8 Mio. Haushalte erreicht hat. Die Tendenz war in den letzten Jahren steigend. Daran hat auch das seit 1999 geltende Insolvenzrecht für Privatpersonen nicht viel geändert. Aufgrund eines erheblichen Mangels an Beratungskapazität und einer Wohlverhaltensperiode von sieben Jahren kann überschuldeten Menschen derzeit nur mit großer zeitlicher Verzögerung geholfen werden.

Für die verzweifelte Lage dieser Menschen sind besonders solche Banken mitverantwortlich, die auf der einen Seite mit einer ganzen Palette von Maßnahmen Konsumkreditkunden anwerben, sie jedoch unzureichend über Konditionen und Risiken informieren und im Falle von Zahlungsrückständen wenig Kooperationsbereitschaft zeigen, indem sie von ihrem Recht Gebrauch machen, bereits nach zwei ausgebliebenen Monatsraten den gesamten Kredit zurückzufordern. Da ein Teil der mit Methoden wie der kurzfristigen Kündigung des Kredits und der Gehaltspfändungen eingetriebenen Zinsen auf den Konten der Festgeldkunden der Bank landet, ist es für verantwortliche Bankkunden auch wichtig zu wissen, wie das Institut mit seinen privaten Kreditkunden umgeht.

4. Neue Wege in der Geldanlage

Diese grobe Aufzählung zeigt die Vielzahl der Möglichkeiten einer Bank, mit dem Geld ihrer Kunden zu wirtschaften. Sie zeigt auch, dass sich in jedem der beschriebenen Bereiche die Frage der Ethik stellt. Da eine Bank die Gelder ihrer Kunden aber pauschal verwaltet und bestimmte Typen von Kundeneinlagen nicht mit einer bestimmten Verwendung durch die Bank verbunden werden können, müssen ethische Maßstäbe innerhalb einer Bank auch pauschal gelten.

Will ein Kunde sicher sein, dass mit seinem Festgeld oder seiner Spareinlage verantwortlich gewirtschaftet wird, dann müssen für alle Aktivgeschäfte der Bank, seien es Kredite, Wertpapieranlagen, Industriebeteiligungen oder Devisengeschäfte, ethische Kriterien aufgestellt und umgesetzt werden. Nur so ist es möglich, die Geldflüsse einer Bank sozial- und umweltverantwortlich umzuleiten. In der Vergangenheit lehnten herkömmliche Banken oder Sparkassen den Gedanken einer umfassenden ethischen Verantwortung in ihren Geschäften ab und wiesen in der Regel alle Schuld von sich, wenn ihre unbekümmerte Praxis zu skandalösen Zuständen führte.

Diese Haltung verändert sich nun schrittweise. 1992 wurde innerhalb des Umweltprogramms der Vereinten Nationen (UNEP) eine Erklärung der Finanzinstitute zur Umwelt und zur nachhaltigen Entwicklung aufgestellt, die inzwischen 171 Banken, darunter 51 deutsche Banken, unterzeichnet haben. Die Erklärung enthält eine Selbstverpflichtung zur Nachhaltigkeit und zum Umweltmanagement in allen Tätigkeitsbereichen der Bank. Einige Banken geben zudem an, bei der Finanzierung von Projekten den wesentlich konkreteren Standards der Weltbank zu folgen.

Dieses sind erste wichtige Schritte, deren Umsetzung jedoch nur schleppend erfolgt, da es an der konsequenten internen Implementierung und Kontrolle dieser Richtlinien mangelt. Tatsächliche Fortschritte sind hierzulande nur punktuell sichtbar. Einige Banken richten funktionierende Umweltabteilungen ein, die ökologische Kriterien für die Kreditvergabe entwickeln, oder legen ökologisch orientierte Investmentfonds auf. Diese Ansätze sind jedoch auch bei den fortschrittlichen Geschäftsbanken nur in Teilbereichen wirksam und auf ökologische Fragestellungen beschränkt.

Das Beispiel der Co-operative Bank in England zeigt jedoch, dass es möglich ist, in einem bisher konventionell arbeitenden Institut umfassende ökologische und soziale Kriterien in allen Geschäftsbereichen umzusetzen. Der Erfolg dieses Instituts verdeutlicht, dass ethische Aspekte in der Geschäftspolitik einer Bank weit über das spezielle Kundensegment alternativer Banken hinaus nachgefragt werden.

Beispiel: Co-operative Bank

Die Bank wurde 1872 im Zuge der britischen Genossenschafts-
bewegung gegründet und entwickelte sich zusammen mit einer
wachsenden Zahl von Ein- und Verkaufsgenossenschaften zu einem innovativen Unternehmen mit 3921 Mitarbeitern, rund
zwei Mio. Kunden und einer Bilanzsumme von rund 6 Billionen €. Institutionelle Kunden der Bank sind vor allem Kommunen und Wohltätigkeitsorganisationen.

Von 1990 bis 1992 führte die Bank 18 Monate lang eine Reihe
von Marktstudien zum Thema »Ethik und Bankgeschäfte«
durch. Neben Gesprächen in kleinen Gruppen zufällig ausge-
wählter Kunden und Nichtkunden wurde ein Fragebogen an
30 000 Kunden versandt, um ihre ethischen Präferenzen kennen
zu lernen. 84 % der Befragten begrüßten demnach die Idee der
Co-operative Bank, eine Strategie der sozialen Verantwortung
zu entwickeln, die dann auch umgesetzt wurde.

Auszug aus den so genannten kooperativen Ethikleitsätzen:
Menschenrechte – Wir werden nicht in Regierungen oder Organisationen investieren oder mit ihnen Bankgeschäfte tätigen,
die den menschlichen Geist unterdrücken, die Menschenrechte
missachten oder Folterinstrumente oder andere Ausrüstung zur
Verletzung der Menschenrechte herstellen.

Rüstung – Wir werden nicht in Regierungen oder Organisationen investieren oder mit ihnen Bankgeschäfte tätigen, deren
Tätigkeit die Herstellung, den Verkauf, die lizensierte Produktion oder die Vermittlung von Waffen in ein Land mit unter-
drückerischem Regime enthält.

Handel und soziales Engagement – Folgende Aktivitäten
werden wir unterstützen und ermutigen: Unternehmen und Geschäfte, die das Konzept des fairen Handels fördern. Geschäftskunden und Lieferanten, die eine pro-aktive Haltung gegenüber
sozialverantwortlichen Beschaffungsmethoden und Dritte
Welt-Lieferanten praktizieren. Organisationen, die in der britischen Sozialwirtschaft tätig sind, d. h. Kooperativen, Kreditge-

nossenschaften und Wohltätigkeitsorganisationen. Lieferanten, deren Aktivitäten mit unserer Ethikleitlinie kompatibel sind.

Zusätzlich werden die Gelder unserer Kunden nicht dafür verwendet, folgende Aktivitäten zu finanzieren: Wir werden sicherstellen, dass unsere Finanzdienstleistungen nicht für die Geldwäsche im Zusammenhang mit dem Drogenhandel, dem Terrorismus oder anderen Schwerverbrechen benutzt werden. Wir werden Investitionen und den Devisenhandel in Entwicklungsländern vermeiden, wenn sie keine produktiven Zwecke verfolgen. Wir werden uns nicht an Währungsspekulationen beteiligen, die bewusst der Wirtschaft eines souveränen Staates schaden. Wir werden nicht in Tabakhersteller investieren oder ihnen unsere Finanzdienstleistungen zur Verfügung stellen.

Ökologische Auswirkungen – Wir werden unsere Geschäftskunden ermutigen, eine aktive Haltung in Bezug der Auswirkungen ihrer Geschäftstätigkeit auf die Umwelt einzunehmen und in Unternehmen zu investieren, die eine wiederholte Schädigung der Umwelt vermeiden.

In Übereinstimmung mit unseren ökologischen Leitlinien werden wir in kein Unternehmen investieren, dessen Kerngeschäft auf folgenden Tätigkeiten beruht: der Gewinnung oder Produktion von fossilen Brennstoffen, die zu Problemen wie dem Klimawandel und saurem Regen beitragen; der Herstellung von chemische Produkten, die zu Problemen wie der Auflösung der Ozonschicht beitragen oder sich in der Natur anreichern; der nichtnachhaltigen Ernte natürlicher Ressourcen, wie dem Kahlschlag von Wäldern, der zur Entwaldung führt.

Tierschutz – Wir werden nicht in Organisationen investieren oder ihnen Finanzdienstleistungen anbieten, die in einer der folgenden Aktivitäten tätig sind: Tierversuche für kosmetische Produkte oder Haushaltswaren oder deren Inhaltsstoffe durchführen; ausbeuterische Landwirtschaftsmethoden einsetzen; Sportarten durchführen, bei denen sich Tiere fangen, bekämpfen oder gegenseitig töten; Pelzfarmen betreiben und mit Tierpelzen handeln.

»Als Bank bemühen wir uns, verantwortliches Mitglied unserer Gesellschaft zu sein, und dies muss auch Auswirkungen darauf haben, mit wem wir Geschäfte machen«, erklärte der Geschäftsführer Terry Thomas anlässlich der Einführung der ethischen Richtlinien 1992. Mit dieser Ansicht steht die Co-operative Bank zwar unter ihren Kollegen in Großbritannien weitgehend allein. Zahlreiche Kunden gaben der Bank jedoch ihre Zustimmung und ihr Geld. Innerhalb von zwei Jahren verzeichnete sie einen Zuwachs an Kontoeröffnungen von knapp 20 %, darunter waren eine Reihe neuer Konten von Wohltätigkeitsorganisationen. Auch langfristig zeigte sich, dass diese konsequente Ausrichtung an sozialen und ökologischen Zielen durchaus mit finanziellem Erfolg belohnt wird. Im Jahr 2001 blickte man in der Bank auf eine Serie von sieben Jahren mit Rekordgewinnen zurück.

Neben den bestehenden Alternativbanken hat sich in Deutschland nun ein konventionelles Institut dazu entschlossen, mit ethischen Kriterien zu arbeiten. Die Volksbank Eisenberg Direkt, eine kleine Volksbank mit einer deutschlandweit arbeitenden Direktbank will, ähnlich wie die Co-operative Bank in England, sowohl in der Kreditvergabe als auch im Wertpapiergeschäft Ausschlusskriterien und Positivkriterien berücksichtigen.

Wachsende Nachfrage der Anleger nach ethischen Kriterien im Bankgeschäft bzw. ein Umschichten der Gelder auf Institute, die diese bereits konsequent umsetzen, würde mit Sicherheit weitere Banken dazu bewegen, ebenfalls ethische Aspekte in allen ihren Geschäften zu berücksichtigen.

5. Festverzinsliche Wertpapiere

Neben Festgeld, Sparbuch und Sparbriefanlagen bieten Banken festverzinsliche Wertpapiere zum Kauf an, die auch Anleihen, Obligationen oder Rentenpapiere genannt werden. Hier legt der Anleger einen Betrag ab 5000 € über eine Zeit von einem Jahr bis zu

30 Jahren an. Er erhält dafür in der Regel jährliche Zinszahlungen und am Ende der Laufzeit sein gesamtes eingezahltes Kapital zurück. Ein Unterschied zu den zuvor beschriebenen Geldanlagen liegt zunächst darin, dass die Laufzeiten festverzinslicher Papiere mit in der Regel fünf bis zehn Jahren wesentlich länger sind. Es gibt aber noch einen weiteren wesentlichen Unterschied. Anders als Sparbriefe, Festgelder oder Sparbucheinlagen verbriefen Anleihen, soweit es sich nicht um hauseigene Papiere handelt, keine Schuld gegenüber der Bank. Der Schuldner eines festverzinslichen Wertpapiers ist vielmehr der Emittent, d. h. ein Staat, ein Unternehmen oder eine Organisation, die das Wertpapier herausgegeben haben und denen das Geld der Anleger zufließt. Die Bank ist hier abgesehen von hauseigenen Papieren lediglich als Vermittlerin zwischen dem große Mengen an Kapital benötigenden Emittenten und dem Anleger tätig. Anders als bei Festgeld, Sparbuch und Sparbrief hängt die Sicherheit eines Rentenpapiers damit nicht von der Bank, sondern von dem Emittenten des Papiers ab. Hinweise auf die Sicherheit eines Emittenten geben z. B. die beiden US-amerikanischen Finanzratingagenturen Standard & Poors und Moodys, die Institutionen, Staaten und Unternehmen im Hinblick auf ihre Zahlungsfähigkeit einstufen und Noten vergeben, die von der Bestnote »AAA« über »A«, »BBB« etc. bis zur schlechtesten: »D« reichen, wobei letztere ein Hinweis auf drohende Zahlungsunfähigkeit ist.

Die Rendite eines Rentenpapiers ist bedingt durch den Zinssatz, die Laufzeit des Papiers und die Sicherheit des Emittenten. Hier gilt in der Regel: Je länger die Laufzeit eines Papiers, desto höher ist der Zinssatz, denn, so könnte man hinzufügen, desto länger verzichtet der Anleger darauf, das eingezahlte Kapital jederzeit in voller Höhe mit Sicherheit zu seiner Verfügung zu haben. Der Zinssatz eines Papiers ist zudem eng mit der Sicherheit des Emittenten verknüpft. Denn je verlässlicher der Emittent im Hinblick auf die pünktliche und vollständige Zahlung von Zinsen und Kapital eingestuft wird, desto niedriger liegt der Zinssatz, zu dem er eine Anleihe herausgeben kann. Unsichere Emittenten müssen also für das geliehene Geld mehr an Zinsen bezahlen.

Die Verfügbarkeit über Geld, das in Anleihen investiert ist, hängt primär von der Laufzeit der Anleihe ab, denn der Kauf einer Anleihe beinhaltet das vom Schuldner gegebene Versprechen, die geliehene Summe erst zu einem bestimmten Zeitpunkt in voller Höhe zurückzuzahlen. Es gibt allerdings die Möglichkeit, über Gelder, die in Anleihen investiert sind, vor Ende der Laufzeit zu verfügen. Rentenpapiere werden täglich am Rentenmarkt an der Börse gehandelt. Prinzipiell ist es also jederzeit möglich, eine Anleihe über die Börse zu veräußern, was aber finanzielle Nachteile mit sich bringt, wenn das Zinsniveau beim Verkauf des Papiers höher liegt als beim Kauf des Papiers.

6. Was geschieht mit Anlegergeldern, die in festverzinslichen Papieren investiert sind?

Es wurde bereits dargestellt, dass die Gelder aus dem Verkauf von festverzinslichen Wertpapieren nicht der Bank, bei der der Anleger sie erwirbt, zur Verfügung stehen, sondern dem Emittenten des Papiers. Um die sozialen und ökologischen Folgen einer solchen Anlage einschätzen zu können, müssen also die Aktivitäten der Emittenten betrachtet werden. Grundsätzlich bedeutet dies, dass bei Anleihen die Verwendung der Gelder transparenter ist als beim Festgeld oder bei Spareinlagen und sie sich von daher auch aus Gründen der sozialen Verantwortung als eine Alternative zum Festgeld anbieten.

Die Emittenten von Rentenpapieren sind sehr unterschiedlich, lassen sich aber grob in vier Gruppen einteilen. Zum einen nutzen öffentliche Emittenten, also Staaten, Bundesstaaten und Kommunen, das Instrument der Anleihe, um ihre Ausgaben zu bestreiten, zum zweiten bedienen sich multinationale Institutionen wie die Weltbank oder der Europarat dieses Instrumentes zur Finanzierung ihrer Projekte. Für die Rückzahlung des Kapitals und der Zinsen bürgt in diesen Fällen ein Staat oder eine Staatengemeinschaft. In geringerem Maße geben auch Unternehmen Rentenpapiere heraus, um so die für größere Investitionen notwendige Menge an Kapital

zur Verfügung zu haben. Die weitaus größten Emittenten von festverzinslichen Wertpapieren sind jedoch Banken, die mit den auf
diese Weise aufgenommenen Geldern vor allem anstehende Kre-
ditvorhaben finanzieren. In besonders hohem Maße gilt dies für
Hypothekenbanken. Diese haben sich auf die Finanzierung von Immobilien spezialisiert und verleihen gegen die Eintragung ihres Na-
mens im Grundbuch Geld an Käufer von Gebäuden und Grundstücken. Dies bedeutet, dass sie Inhaber einer großen Zahl von
durch Grund und Boden besicherten Schuldtiteln sind. Wenn die
Hypothekenbank ihrerseits Geld am Kapitalmarkt aufnimmt, dienen diese Schuldtitel als Sicherheiten.

Es soll nun an Hand von Beispielen von Staatsanleihen sowie von
festverzinslichen Papieren öffentlicher Institutionen gezeigt werden, welche ethischen Implikationen diese Investitionen haben
können.

Staatsanleihen

Das Gros des in festverzinslichen Papieren angelegten privaten Kapitals, besonders das von Kleinanlegern, fließt in die Papiere des
Bundes und der Länder, da diese als besonders sicher gelten. Wie bei
anderen Emittenten auch werden die aus öffentlichen Anleihen
dem Staat zufließenden Gelder nicht zweckgebunden ausgegeben,
sondern werden gemäß dem Haushaltsplan auf die Ressorts verteilt. Für eine Einschätzung dieser Geldanlage muss deshalb der
gesamte Haushalt des Bundes bzw. des entsprechenden Landes
berücksichtigt werden. Die Nettokreditaufnahme des Bundes betrug im Jahr 2001 schätzungsweise 10 % der gesamten Ausgaben.
Im Bundeshaushalt werden rund 45 % der Gelder für die Sozial-
versicherungen, Wohnungsgeld, Arbeitslosenhilfe, Erziehungsgeld
etc. veranschlagt. Ein wesentlicher Posten sind zudem die Militärausgaben, wobei letztere im Jahr 2001 immerhin 11,4 % des Haushalts betrugen. Im Bereich der Wirtschaftsförderung schlägt die
Förderung der Steinkohle mit insgesamt 3,5 Mrd. € zu Buche.

Die Bundesländer decken mit den ihnen zur Verfügung stehenden Geldern überwiegend die im öffentlichen Ausbildungs- und Forschungsbereich entstehenden Kosten, die Arbeit der Gemeinden, der Polizei und der Gerichte sowie die Ausgaben für soziale Sicherung und Gesundheit. Außerdem werden über Subventionen bestimmte, für das Land als wesentlich erachtete Industriezweige unterstützt.

Mit den Anlegergeldern aus staatlichen Anleiheemissionen werden damit die von der jeweiligen Regierung für notwendig erachteten Kosten des Gemeinwesens getragen. Offene Fragen, die sich der Anleger hier stellen kann, sind, inwieweit er die Finanzverteilung innerhalb eines Staatshaushalts als gerecht empfindet, ob er die Militärausgaben und die von der Regierung betriebene Wirtschaftsförderung als ökologisch, ökonomisch und sozial sinnvoll einschätzt und inwieweit die von der Regierung betriebene Politik überhaupt so weit seine Zustimmung findet, dass er ihr über seine Steuerzahlungen hinaus sein Geld anvertrauen möchte.

Öffentliche Anleihen von Schwellenländern

Neben Industriestaaten geben auch Schwellenländer wie China, Nigeria, Argentinien und Indonesien öffentliche Anleihen in Milliardenhöhe aus. Diese Papiere werden vor allem in »Emerging Market Fonds«, also Investmentfonds, die ihren Schwerpunkt auf Papiere aus Entwicklungsländern legen, gekauft, befinden sich in Deutschland aber auch in den Händen zahlreicher privater Anleger. Die aus diesen Anleihen an die entsprechende Regierung fließenden Gelder können einen sinnvollen Beitrag zur Entwicklung des Landes leisten. Die Realität sieht aber leider meistens anders aus. Die Gelder werden oft für den Bau von Prestigeobjekten genutzt, bei deren Umsetzung es nicht selten zur Zahlung von Bestechungsgeldern kommt, die die Projekte weiter verteuern. Die Lebensbedingungen der Bevölkerung werden dadurch oft nicht verbessert, sondern unter Umständen wie zum Beispiel im Fall des Jangtse-Staudamms in China verschlechtert.

Gleichzeitig stehen diese Regierungen unter dem Zwang, die Zinszahlungen zu leisten. Dies geschieht dann meist zu Lasten der Bevölkerung, indem das öffentliche Bildungs- und Gesundheitssystem vernachlässigt wird oder durch die Zerstörung der natürlichen Ressourcen des Landes, z. B. indem Einschlaglizenzen für den tropischen Primärwald an Holzkonzerne verkauft werden oder Bohrlizenzen an Ölkonzerne ohne ökologische Auflagen vergeben werden. Stoppt das Land diese Zahlungen aus diesen Anleihen, so werden Finanzratingagenturen wie Standard & Poors und Moodys das Rating eines solchen Landes herabsetzen und die Neuaufnahme von Geldern über die Ausgabe von Anleihen damit erheblich verteuern, da das Land nun aufgrund der gesunkenen Sicherheit höhere Zinsen zahlen muss.

Banken ziehen sich zunehmend aus dem Risiko, das mit der direkten Kreditvergabe an Schwellenländer verbunden ist, zurück, indem sie anstatt als Gläubiger als Vermittler von privatem Kapital auftreten. Sie lancieren hochverzinste, aber mit einem entsprechenden Risiko behaftete Anleihen für diese Länder, die sie gestückelt an Privatanleger verkaufen. Die Rolle, die private Anleger bei der Deckung des Finanzierungsbedarfs von Schwellenländern spielen, hat aufgrund dieser Entwicklung deutlich an Bedeutung gewonnen und wird in den nächsten Jahren weiter steigen. Damit wächst auch die ethische Verantwortung privater Anleger gegenüber diesen Ländern, die sich in dem Fall, dass ein Land die Forderungen der Anleiheeigner nicht mehr bedienen kann, zuspitzen wird.

Öffentliche Institutionen

Zahlreiche nationale und internationale Institutionen akquirieren Gelder für ihre Aufgaben über die Begebung von Anleihen. Auf nationaler Ebene stellen diese Organisationen für sozial- und wirtschaftspolitische Ziele Geld zu vergleichsweise günstigen Bedingungen zur Verfügung. Diese günstigen Bedingungen können die Organisationen deshalb gewähren, weil sie mit einer staatlichen Bürgschaft im Rücken Geld auf den Kapitalmärkten aufnehmen. Die hohe Bonität des bürgenden Staats sorgt für günstige Konditionen, die dann bei der Vergabe der Förderkredite weitergegeben werden. So können z. B. Sozialbauwohnungen, Kläranlagen und Existenzgründungsprogramme günstig finanziert werden. In Deutschland sind solche Organisationen die Kreditanstalt für Wiederaufbau (KfW) und die Deutsche Ausgleichsbank. In Österreich ist nach diesem Muster der »Umweltfonds der Republik« ins Leben gerufen worden, der Kredite für Umweltschutzvorhaben vergibt. Das Instrument der staatlichen Bürgschaft wird in Ländern, die ihre Eisenbahngesellschaft noch unter staatlicher Regie führen, auch für die Finanzierung der Bahn angewandt, und dort gibt es entsprechende Bahnanleihen.

Auf europäischer Ebene begibt der Europarat und die Europäische Gemeinschaft Anleihen. Auch weltweit operierende Institutionen wie die Weltbank bedienen sich regelmäßig des Instruments der Wertpapieremission, um ihre Aufgaben zu finanzieren. In diesen Fällen steht nicht ein einzelner Staat, sondern eine Staatengemeinschaft als Bürgen im Hintergrund.

Für alle diese Papiere gilt wie für Staatsanleihen, dass sie selten im Hinblick auf ein einziges Projekt aufgelegt werden, sondern dass mit dem Geld allgemein die laufende Arbeit und die Projekte unterhalten werden. Die meisten dieser Institutionen haben allerdings einen gemeinschafts- oder ökologiebezogenen Zweck in ihren Statuten festgeschrieben. Prinzipiell finden sich deshalb in ihrem Umfeld am ehesten Papiere, die den Ansprüchen sozial und ökologisch orientierter Investoren gerecht werden. Aber auch hier muss geprüft werden. So werden z. B. über die Kreditanstalt für Wiederaufbau (KfW) auch fragwürdige Projekte wie der Jangtse-Staudamm mitfinanziert und die Weltbank wird von Entwicklungsorganisationen immer wieder aufgrund ihrer zu wenig an sozialen und ökologischen Maßstäben orientierten Kreditvergabe kritisiert. Eine Einschätzung der Aktivitäten an Hand von Rechenschafts- und Presseberichten ist unumgänglich.

Beispiel: Die Europäische Entwicklungsbank

Während sich die Europäische Gemeinschaft (EG) auf die ökonomische Integration Europas konzentrierte, widmet sich der 1949 gegründete Europarat der Aufgabe der politischen, sozialen, rechtlichen und kulturellen Zusammenarbeit innerhalb Europas. 1956 wurde der »Europäische Flüchtlingsfonds« gegründet, der nach dem Zweiten Weltkrieg zunächst die Aufgabe hatte, finanzielle Mittel für die Reintegration der Kriegsflüchtlinge bereitzustellen. Schon in den sechziger Jahren beteiligte sich der Fonds auch an der Finanzierung anderer sozialer Projekte, ein Trend, der sich in den siebziger und achtziger Jahren verstärkte und schließlich 1993 zur Umbenennung des Fonds in »Sozialer Entwicklungsfonds des Europarats« und 1999 in die »Europäische Entwicklungsbank« mündete. Der Bank gehören 35 europäische Mitgliedsländer an, u. a. auch Norwegen und die Schweiz. Nach der Öffnung des Ostblocks sind heute zahlreiche osteuropäische Staaten wie Litauen, Rumänien und Albanien Mitglied.

Die Finanzierung von provisorischen und dauerhaften Unterkünften für Menschen, die aufgrund politischer Umstände oder infolge von Naturkatastrophen oder ökologischen Katastrophen ihre Heimat verlassen mussten, ist nach wie vor eine wichtige Aufgabe der Bank. So wurden z. B. in großem Umfang Kredite für den Wiederaufbau von Häusern und Infrastruktur in Kroatien vergeben, um die Rückkehr von Flüchtlingen in diese durch den Krieg zerstörten Region zu erleichtern. Eine weitere wichtige Aufgabe sieht die Bank in der Finanzierung von Projekten zur Schaffung von Arbeitsplätzen. Außerdem wird der soziale Wohnungsbau, der Ausbau des Erziehungs- und Gesundheitssystems, die Finanzierung von Strukturen zur Verringerung der Umweltbelastung, wie z. B. der Bau von Kläranlagen, sowie die Schaffung einer Infrastruktur für die Versorgung mit Trinkwasser, Elektrizität, Gas und Straßen gefördert.

Der Schwerpunkt der Kreditvergabe liegt zurzeit in Mittel- und Osteuropa. Finanziert werden zum Beispiel der Bau von Sozialbauwohnungen in Mazedonien, der Wiederaufbau von Infrastruktur zur Verhinderung von Überschwemmungen in der Slowakei oder der Ausbau und die Sanierung von Krankenhäusern in Thüringen. Zunehmend werden zur Schaffung von Arbeitsplätzen auch Kredite an kleine und mittlere Unternehmen vergeben.

Unternehmen

Die Auflage eines Rentenpapiers wird von Unternehmen seltener als ein Instrument der Finanzierung anstehender Investitionen verwendet, da es teurer als andere Finanzierungsmöglichkeiten, z. B. eine Aktienemission ist. Es sind zumeist große multinationale Unternehmen, die regelmäßig zu diesem Mittel greifen, weil sich aus ihrer Geschäftstätigkeit wiederholt ein hoher Finanzbedarf ergibt. Dazu gehören z. B. Erdölgesellschaften, die für die Erschließung neuer Ölfelder sehr große Summen benötigen, Automobilunternehmen und Kraftwerksbauer. Angesichts dieses Angebots ist es im Bereich der Industrieanleihen schwer, Werte zu finden, die von Unternehmen aus Zukunftsbranchen stammen. Einen Ausweg bietet hier nur der »Best in class«-Ansatz, bei dem davon ausgegangen wird, dass auch ethisch motivierte Anleger in alle oder fast alle Branchen investieren können, solange sie ihre Investitionen auf die Firmen beschränken, die unter sozialen und ökologischen Gesichtspunkten die relativ Besten sind.

Pfandbriefe

Pfandbriefe werden von Hypothekenbanken herausgegeben. Es sind festverzinsliche Wertpapiere, die durch Grundpfandrechte besichert sind. Ihnen liegt also eine Hypothekenschuld zugrunde, die im Falle der Zahlungsunfähigkeit des Schuldners die volle Rückzahlung des Kapitals garantiert.

Die ethische Bewertung dieser Form der Geldanlage hängt davon ab, welche Immobilien das Institut vornehmlich beleiht. Grundsätzlich können über Hypotheken alle erdenklichen Immobilien, von der für den ökologischen Landbau genutzten Agrarfläche bis zu einem Militärflughafen in der Türkei beliehen werden. Da Hypothekenbanken die Pfandbriefe nicht speziellen Objekten zuordnen, muss hier erst das Kundensegment, auf das sich eine Hypothekenbank spezialisiert hat, identifiziert werden, ehe eine Aussage über die ethische Qualität der ausgegebenen Pfandbriefe gemacht werden kann. Es gibt Hypothekenbanken, die vor allem im Bereich der privaten Immobilien tätig sind und durch die Vergabe von Krediten vor allem den Kauf von Wohneigentum finanzieren. Andere arbeiten vermehrt im gewerblichen Bereich und vergeben im großen Umfang Hypothekenkredite für Industriebauten und Bürogebäude im In- und Ausland. Hierzu können auch militärisch relevante Gebäude gehören.

Fazit: Rentenpapiere ermöglichen eine ethische Geldanlage ohne finanzielle Einbußen

Die Mittelverwendung der aus einer Rentenemission stammenden Gelder reicht also von der Finanzierung des Unterdrückungsapparats eines Diktators bis zur Finanzierung von Krankenhäusern und Klärwerken. Die Überprüfung der Ethik eines Rentenpapiers ist dabei anders als bei der Festgeldanlage gut möglich und auch von einem Privatanleger leicht durchzuführen, da jeder Emittent bei Herausgabe der Anleihe einen Emissionsprospekt veröffentlichen muss, in dem er sich und seine Projekte vorstellt. Zusätzlich informiert er die Öffentlichkeit in jährlich erscheinenden Geschäftsberichten oder Haushaltsberichten über seine derzeitigen Aktivitäten.

Die Auswahl für ein »ethisches Rentenpapier« bedeutet zudem keinerlei Einbuße von Rendite und Sicherheit. Eine Anleihe des Europarats hat z. B. eine erstklassige Bonität und wirft die gleiche Rendite ab wie Anleihen mit gleichem Ranking, aber geringerem ethischen Profil. Alle Anleihen unterliegen gleichermaßen den harten Gesetzen des internationalen Kapitalmarkts. Das bedeutet, dass sie bei gleicher Sicherheit, Laufzeit und Währung auch die gleiche Rendite erzielen. Keine Auswirkungen auf die Rendite dieser Anleihen hat es, ob nun Krankenhäuser oder Panzer damit finanziert werden.

Es gilt bei dem Kauf einer Anleihe als ethische Geldanlage allerdings eines zu bedenken: Mit diesem Kauf ist keinerlei Einflussnahme auf die Politik der Institution, des Staates oder des Unternehmens verbunden. Der Anspruch des Besitzers ist auf den Erhalt von Zinsen und Tilgung beschränkt. Dies ist bei Aktien anders.

7. Aktien

Während der Besitzer einer Anleihe einem Unternehmen sein Kapital leiht, stellt der Aktionär sein Geld dem Unternehmen zur Verfügung, um von den Gewinnen zu profitieren. Im Gegensatz zu einer Anleihe verbrieft eine Aktie also keine Schuld, sondern die Teilhabe an einem Unternehmen. Dies hat Auswirkungen auf alle drei Faktoren: die Sicherheit, die Rendite und die Verfügbarkeit. Die Sicherheit einer Aktienanlage ist aus zwei Gründen prinzipiell geringer als die Anlage in ein festverzinsliches Papier. Zum einen werden, wie wir bei den Ratings von Anleihen gesehen haben, Unternehmen, bei denen die Möglichkeit eines Konkurses immer gegeben ist, in aller Regel als unsicherer eingestuft als Industriestaaten, die ihre Zahlungsfähigkeit, so wird angenommen, immer über die Steuereinnahmen erhalten können. Zum andern werden im Falle eines Konkurses die Besitzer von Anleihen eines Unternehmens, die ja eine Schuld verbriefen, vorrangig vor den Aktionären behandelt. Aktionäre haben sich mit dem Kauf der Aktie an einem unternehmerischen Risiko beteiligt und rangieren deshalb bei den Zahlungen aus der Konkursmasse hinter den Ansprüchen der Mitarbeiter und der Gläubiger und gehen meist leer aus.

Die Rendite aus Aktien setzt sich aus zwei Faktoren zusammen. Zum einen erhält der Aktionär eine Dividende, also einen jährlich aus dem Unternehmensgewinn ausgeschütteten Gewinnanteil auf seinen Aktienbesitz. Zum Zweiten profitiert er beim Verkauf des Papiers an dem bei positiven Gewinnaussichten steigenden Aktienkurs. Beides hängt vom Gewinn bzw. den Gewinnaussichten des Unternehmens ab und ist damit nicht in dem Maße voraussehbar wie die Rendite einer Anleihe. Die Erträge des Aktionärs können deshalb bei schlechter Geschäftslage auch deutlich unterhalb der Rendite einer Anleihe liegen. Trotz der Risiken, die mit einem Aktienkauf verbunden sind, weisen Langzeitübersichten für Aktien eine Rendite von durchschnittlich 10 % aus. Diese Übersichten geben allerdings lediglich einen Überblick über die vergangenen Jahrzehnte, stellen also Erfahrungswerte dar, die keine Prognose für die Zukunft bedeuten.

Die Verfügbarkeit von Geld, das in Aktien investiert ist, steht in engem Zusammenhang mit der Rendite. Prinzipiell können Aktien, die täglich an der Börse gehandelt werden, auch täglich verkauft werden. Probleme gibt es nur bei Werten, die wenig gehandelt werden, weil z. B. der Großteil des Kapitals in Familienbesitz ist oder weil die Aktiengesellschaft sehr klein ist und es überhaupt nur wenige Aktien gibt. Hier kann sich der Kauf oder der Verkauf eines Papiers durchaus ein paar Tage oder Wochen hinziehen.

Abgesehen von diesen Ausnahmen ist die Verfügbarkeit von Geldern, die in Aktien investiert sind, theoretisch sehr hoch, denn die Papiere können börsentäglich veräußert werden. In der Tat ist es aber so, dass mit dem Zeitpunkt des Verkaufs auch die Rendite entschieden wird und deshalb vor einem Verkauf eine ganze Reihe von Faktoren bedacht werden müssen. Welche Kursentwicklung lässt der vorausgegangene Kursverlauf erwarten? Welche Gewinnaussichten hat das Unternehmen? Sind die Prognosen realistisch? Oder falls die Aktie seit dem Kauf gefallen ist, muss überlegt werden, welche Chancen bestehen, dass sich der Kurs wieder erholt. Einem unüberlegten Verkauf steht zudem entgegen, dass bei jeder Transaktion Gebühren fällig werden.

Dies zeigt, dass in der Praxis trotz täglicher Verfügbarkeit ein Aktienengagement alles andere als ein Tagesgeld ist. In der Regel werden fünf bis zehn Jahre benötigt, um eine hohe Rendite erreichen zu können. Wichtiger noch als dieser Zeitrahmen ist jedoch, dass das in Aktien investierte Geld kein Notgroschen ist, sondern Geld, auf das man auch bei unvorhergesehenen Zwischenfällen verzichten kann.

Daran wird deutlich, dass die am Kapitalmarkt geltende Regel, dass hohe Gewinne nur dann möglich sind, wenn ein entsprechend hohes Risiko eingegangen wird, eine gewisse soziale Ungerechtigkeit in sich birgt. Nur der Anleger nämlich, der finanziell so gut gestellt ist, dass er Risiken eingehen kann, ohne seine Existenz zu gefährden, kann in risikoreiche und potentiell hochrentierliche Anlagen investieren. Kleinanleger werden sich hingegen für eine sicherere Geldanlage mit weniger hohen Gewinnchancen entscheiden müssen.

Wichtig ist zu wissen, dass nicht alle Aktiengesellschaften an der Börse gehandelt werden. Es ist möglich, dass diese Papiere dann von privaten Wertpapiermaklern gehandelt werden. Für den ethisch orientierten Geldanleger finden sich gerade unter diesen kleinen, nicht börsennotierten Aktiengesellschaften eine Reihe interessanter Unternehmen mit einer konsequent ökologischen Ausrichtung. Es hat sich zudem eine Reihe von Finanzdienstleistern etabliert, die sich auf den außerbörslichen Handel grüner Aktien spezialisiert haben (siehe Anhang).

Mit der Eröffnung des an den speziellen Bedürfnissen von jungen Unternehmen orientierten »Neuen Marktes« 1997 in Frankfurt am Main haben sich auch für ökologisch arbeitende Unternehmen die Möglichkeiten verbessert, Kapital über Neuemissionen an der Börse aufzunehmen. Diese Chance wird heute vor allem von Unternehmen aus dem Bereich der regenerativen Energien genutzt.

8. Die Verantwortung der Aktionäre

Um eine Aktienanlage im Hinblick auf ihre Sozial-, Umwelt- und Entwicklungsverträglichkeit zu bewerten, müssen drei Aspekte berücksichtigt werden: Eine Rolle spielen hier einmal der Fluss der

Gewinne von dem Unternehmen an die Aktionäre, zum Zweiten der Fluss des Geldes aus einem Aktienkauf und zum Dritten das Mitspracherecht der Aktionäre auf den Jahreshauptversammlungen der Aktiengesellschaften.

Es liegt zunächst auf der Hand, dass die Gewinne, die durch ein Aktienengagement entstehen, direkt den Aktivitäten des entsprechenden Unternehmens zugeordnet werden können. Gehen die Geschäfte einer Aktiengesellschaft gut, so profitiert der Aktionär direkt über die Ausschüttung hoher Dividenden und indirekt über Kurssteigerungen davon. Ein Unternehmen, das Plantagen mit Südfrüchten in Mittelamerika bewirtschaftet und dort massiv Pestizide einsetzt, um eine möglichst hohe Ernte zu sichern, damit aber schwere gesundheitliche Schäden der Arbeiter und die Vergiftung der Böden und des Trinkwassers in Kauf nimmt, erwirtschaftet seine Gewinne, die letztlich die Gewinne der Aktionäre sind, mit massiven negativen sozialen und ökologischen Folgen. Auf der anderen Seite tragen Unternehmen, die Windparks konzipieren und bauen, dazu bei, dass ein gewisser Prozentsatz des verbrauchten Stroms aus einer emissionsarmen, regenerativen Energieform stammt. Hier ist der Kursgewinn also auf die erfolgreiche Produktion und Vermarktung von umweltfreundlicher Elektrizität zurückzuführen. Die Gewinne der Aktionäre stammen damit direkt aus den mehr oder weniger zu begrüßenden wirtschaftlichen Aktivitäten eines Unternehmens.

Schwieriger wird es allerdings, wenn man umgekehrt die Frage stellt, inwieweit ein über die Börse getätigter Aktienkauf eine finanzielle Unterstützung des Unternehmens darstellt. Verfolgt man nämlich den Geldfluss infolge eines Aktienkaufs, so zeigt sich, dass der Preis für die Aktie an den Verkäufer des Papiers gezahlt wird und damit nicht an das Unternehmen selbst fließt. Bei den täglich an den Börsen der Welt getätigten Transaktionen geschieht meist nichts anderes, als dass Anteile an Unternehmen ihren Besitzer wechseln. Die Unternehmen selber sind davon nicht unmittelbar betroffen.

Der Verzicht auf den Kauf von Aktien von Unternehmen mit ethisch fragwürdigen Praktiken bedeutet also zunächst nicht, dass diesen direkt weniger Geld zur Verfügung steht, und der Kauf von Aktien sozial verantwortlicher Unternehmen bedeutet ebenso wenig, dass diese nun direkt mehr Geld für ihre ethisch zu befürwortenden Investitionen haben. Es bedeutet nur die Teilhabe oder Nichtteilhabe des Besitzers an dem Unternehmenserfolg oder -misserfolg.

Trotzdem zieht ein Unternehmen langfristig auch finanzielle Vorteile aus einem positiven Kursverlauf, und das Management von Aktiengesellschaften ist deshalb stark daran interessiert, dass ihre Aktie an der Börse als eine attraktive, gewinnträchtige Geldanlage gilt und der Kurs stabil bleibt. Dies hat vor allem zwei Gründe:

Die Aktienbörse dient dem Unternehmen zum einen durchaus auch zur Beschaffung von Kapital. In dieser Funktion ist die Börse allerdings nur dann tätig, wenn ein junges Unternehmen sich entscheidet, das breite Publikum an der Entwicklung des Unternehmens zu beteiligen, indem es zum ersten Mal Aktien herausgibt (Neuemission). Oder wenn eine bereits alteingesessene Aktiengesellschaft für die Finanzierung weiterer Investitionen neue, zusätzliche Aktien herausgibt (Kapitalerhöhung). Im Fall der Neuemission oder der Kapitalerhöhung fließen die Gelder aus dem Verkauf der neuen Aktien direkt dem Unternehmen zu. Erst wenn die Erstkäufer ihre Anteile weiterverkaufen, werden Aktien gehandelt, ohne dass dabei Geld an das Unternehmen selbst fließt.

Für das Unternehmen sind diese Einnahmen aus Aktienemissionen sehr wertvolles Kapital, da hier anders als bei der Kreditaufnahme oder der Anleiheemission keine Zinsen bezahlt werden müssen, sondern lediglich, so der Geschäftsverlauf es erlaubt, eine Gewinnbeteiligung in Form der Dividende. Selbst wenn Neuemissionen und Kapitalerhöhungen innerhalb der Menge der Börsentransaktionen nur einen geringen Teil ausmachen, liegt aus Sicht der Unternehmen der Sinn der Börse in eben dieser Möglichkeit der Kapitalbeschaffung. Um sich auch in Zukunft möglichst viel Kapital auf diese Weise beschaffen zu können, ist ein Unternehmen daran interessiert, für das Börsenpublikum attraktiv zu sein und zu bleiben, denn je höher der Kurs eines Unternehmens, desto höher kann der Preis für die neu ausgegebenen Aktien angesetzt werden und desto mehr Geld fließt dem Unternehmen zu. Die Möglichkeiten eines Unternehmens zu weiterem Wachstum sind demnach eng mit dem Kursverlauf der Aktie verbunden.

Ein zweiter Grund für das Interesse der Unternehmensleitung an einer positiven Kursentwicklung ergibt sich aus der Beziehung zwischen Aktionären und Management. Genau genommen sind die Aktionäre die Besitzer eines Unternehmens und das Management hat lediglich die Aufgabe, diesen Besitz im Interesse der Eigentümer zu verwalten. Das Management ist ihnen rechenschaftspflichtig, wenn es Geschäfte tätigt, die das Unternehmen schädigen und dann zu Kursstürzen führen. Ein von der Unternehmensleitung zu verantwortender Kurseinbruch kann besonders in Ländern mit einer in dieser Hinsicht strengen Gesetzgebung wie den USA im Extremfall sogar zu personellen und rechtlichen Konsequenzen führen. Die Sorge um einen positiven Kursverlauf gehört damit zu den vorrangigen Aufgaben des Managements. Um eine gute Performance auch zum ureigensten Interesse des Managements zu machen, sind Vorstandsgehälter oft an die Kursentwicklung gekoppelt. Der Vorstand einer Aktiengesellschaft wird also einen Kurseinbruch zu verhindern versuchen. Wenn der Kurs der Aktie durch ein entsprechendes Verhalten der Aktionäre durch sozial und ökologisch unverantwortliches Handeln ebenso in Gefahr gerät wie durch einen sich abzeichnenden Gewinneinbruch, wird er dementsprechend reagieren. Genauso wird der Vorstand einen Ethikbonus im Kurs anstreben, wenn dies aufgrund des Anlegerverhaltens ein realistisches Ziel ist. Mit der zunehmenden Verbreitung ethischer Geldanlagen erkennen einige Unternehmen, dass hier ein Anlegerpotential für sie besteht, das es zu pflegen gilt. Sie werden Schritt für Schritt offener für die Anfragen von Instituten, die für ökologische Fonds Befragungen durchführen, und sind bemüht, nicht nur im Hinblick auf die Verbraucher, sondern inzwischen auch zunehmend im Hinblick auf die Investoren ein positives soziales und ökologisches Image in der Öffentlichkeit aufzubauen.

Abgesehen von der Möglichkeit, über den Kauf und Verkauf von Aktien indirekt Einfluss auf die Politik von Firmen zu nehmen, besteht bei Aktienanlagen im Unterschied zu allen anderen bisher besprochenen Anlagearten die Chance, auch direkt auf die Unternehmenspolitik einzuwirken. Als Aktionär, der das geschäftliche Risiko des Unternehmens mitträgt, hat man prinzipiell ein Recht darauf, über die Firmenpolitik mitzubestimmen, denn ein Aktienbesitzer ist zugleich Mitbesitzer der Aktiengesellschaft. Dieses Recht übt der Aktionär auf der Jahreshauptversammlung einer Aktiengesellschaft aus, wobei sich sein Stimmrecht nach den Nennbeträgen seiner Aktien bemisst, d. h., je mehr Aktien er besitzt, umso mehr Einfluss kann er geltend machen. Für bundesdeutsche Aktiengesellschaften bedeutet dies, dass die Hauptversammlung in jedem Fall über die Verwendung des Bilanzgewinns und die Entlastung von Vorstand und Aufsichtsrat beschließt. Es können außerdem Anträge an die Geschäftsführung gestellt und in Redebeiträgen kann Stellung zu bestimmten Aspekten der Geschäftstätigkeit genommen werden. Besitzt man ein Aktienpaket von mindestens 20 000 Aktien (also 500 000 € bei einem Nennwert von 25 € pro Aktie), so hat man zusätzlich ein Recht darauf, Tagesordnungspunkte aufzustellen. Außerdem wählen die Aktionäre den Aufsichtsrat, der die Aufgabe hat, den mit der Geschäftsführung betrauten Vorstand zu kontrollieren. Für einen einfachen Beschluss genügt eine einfache Mehrheit, also 50 % der Stimmen, für Satzungsänderungen (bspw. Kapitalerhöhungen, d. h. die Ausgabe neuer Aktien) ist eine qualifizierte Mehrheit von 75 % der Stimmen erforderlich. Man spricht deshalb auch von der Sperrminorität, wenn ein Aktionär über 25 % des Grundkapitals als Aktien hält und damit Satzungsänderungen verhindern kann.

In der Hauptversammlung wird deutlich, wie sehr die Aktionäre in ihrer Gesamtheit die Verantwortung für die Folgen der Aktivitäten des Unternehmens haben und diese mit ihrer Kapitalmacht auch beeinflussen können. Diese Möglichkeit der direkten Beeinflussung einer Unternehmensführung wird in der Bundesrepublik jedoch wenig genutzt. Dies liegt vor allem daran, dass Kleinanleger sich meist gleichgültig gegenüber der Geschäftspolitik ihrer Aktiengesellschaft verhalten und oft von dem in Deutschland möglichen Angebot Gebrauch machen, ihre Stimme auf der Jahreshauptversammlung an ihre Bank zu übertragen. Sie tun dies, um sich nicht mehr als nötig mit ihrer Geldanlage befassen zu müssen, oder weil sie davon ausgehen, dass die Bank den nötigen Sachverstand für die richtigen Entscheidungen hat. Die Banken, die auf diese Weise mit einer erheblichen Macht bis hin zu zahlreichen Sitzen in Aufsichtsräten ausgestattet sind, nutzen diese Macht allerdings leider nicht für die Umsetzung sozialer und ökologischer Ziele.

Ein erster wichtiger Schritt, um eine Aktienanlage zu einer sozial verantwortlichen Geldanlage zu machen, ist deshalb, dass der Anleger sein Stimmrecht nicht der Bank übergibt, sondern dies entweder selbst wahrnimmt oder, noch wirkungsvoller, seine Stimmrechte dem Dachverband der Kritischen Aktionärinnen und Aktionäre überträgt. Für rund dreißig Aktiengesellschaften (u. a. Bayer, DaimlerChrysler, Deutsche Bank, RWE und Siemens) haben sich in der Bundesrepublik Aktionäre zusammengeschlossen, die mit ihrer Stimme in Hauptversammlungen das oft rücksichtslose Gebaren dieser Unternehmen anprangern und eine sozial verantwortliche, entwicklungs- und naturverträgliche Geschäftspolitik fordern. Sie verurteilen den Export von Rüstungsgütern, monieren den unzureichenden Gesundheits- und Umweltschutz in hiesigen Werken und in Fabriken in Entwicklungsländern, kritisieren den Bau von umweltschädlichen Großprojekten und machen so deutlich, dass ein Teil der Kapitalgeber nicht mit dem Geschäftsgebaren des Vorstands einverstanden ist. Ihr Auftreten bereichert seit den achtziger Jahren mit großer Regelmäßigkeit das Bild der Jahreshauptversammlungen.

Abgesehen davon, dass die Kritischen Aktionäre deutlich am Image der Großkonzerne kratzen, haben sie einige Achtungserfolge erzielt. Auf den Hauptversammlungen der Unternehmen Bayer, Merck und RWE beantragten sie, den Umweltschutz und die Produkthaftung als zentrale Unternehmensziele in die Satzungen aufzunehmen – ein Vorschlag, für den zwischen drei und acht Prozent des Kapitals stimmten. 1996 ermöglichte die Übertragung der Stimmrechte größerer Aktienpakete eines Erben sogar, dass die Tagesordnungen der Jahreshauptversammlungen der Bayer AG, Deutsche Bank und Merck um eine ganze Reihe von kritischen

Punkten ergänzt werden mussten. Darin hieß es unter anderem: »§ 2 der Satzung wird wie folgt ergänzt: Ziel der Unternehmensführung ist der Umweltschutz. Daher werden keine gesundheitsgefährdenden und umweltschädigenden Produkte vertrieben, sichere Produktionsmethoden gewählt, ein geringer Energieverbrauch angestrebt und Abfallmengen gering gehalten. Entstehender Abfall wird sicher entsorgt, eine Verschmutzung von Wasser, Luft und Boden darf nicht erfolgen.«

Mit ihrer Arbeit zielen die Kritischen Aktionäre auf jene Großunternehmen, die zusammengenommen den allergrößten Teil des in bundesrepublikanischen Unternehmen investierten Aktienkapitals auf sich vereinigen. Der Kauf deutscher Aktien, sei es in Form privater Vermögensverwaltung oder als Kauf von Investmentfondsanteilen, bedeutet damit in aller Regel ein Investment in jene Unternehmen, denen die Kritischen Aktionäre vorwerfen können, dass sie gravierende gesundheitliche Schäden an Mitarbeitern und Konsumenten hierzulande und in den Entwicklungsländern in Kauf nehmen oder eine oft bedenkenlose Zerstörung der Umwelt zu verantworten haben.

Beispiel: Die Bayer AG

Mitte 1999 hatten über 400 000 Anleger ihr Geld in die Bayer AG investiert. Rund 66 % des investierten Kapitals stammten nach eigenen Angaben von institutionellen Anlegern, also von Investmentfonds, Pensionsfonds, Banken und Versicherungen. Der Anteil der institutionellen Anleger bei Bayer ist damit über die Jahre stetig gestiegen. 44 % des gesamten Kapitals stammt aus dem Ausland. Das Kapital der Bayer AG ist breit gestreut, Großanleger, die allein einen Einfluss auf die Geschäftsführung nehmen könnten, gibt es nicht. Durch den hohen Anteil an institutionellen Anlegern ist vielen Anlegern gar nicht bewusst, dass sie von den Gewinnen des Chemieriesen profitieren. Denn während der Name Bayer AG auf den Depotlisten von Privatanlegern und in den halbjährlich von den Investmentfonds herausgegebenen Inventarlisten erscheint und so eine Investition in die Bayer-Aktie noch nachvollziehbar ist, bleibt unbekannt, wohin Versicherungsprämien oder Gelder von Pensionsfonds fließen.

Das Unternehmen ist auf den Gebieten Kunststoffe, Chemie, Pharmazie und Pestizide tätig. Wichtigste Umsatzträger sind dabei der Chemie- und der Pharmabereich. Die Chemiebranche umfasst die Herstellung von Polyurethanen, Lackrohstoffen und Kunststoffen. In der Pharmabranche werden rezeptpflichtige und rezeptfreie Medikamente sowie Diagnostika hergestellt. Eine weltmarktbeherrschende Rolle hat Bayer mit seinen Produkten aus der Sparte »Landwirtschaft«, denn das Unternehmen ist einer der weltgrößten Hersteller von Insektiziden und der zweitgrößte Anbieter von Fungiziden.

Aufgrund seiner Produktpalette und seines Geschäftsgebarens ist Bayer in den vergangenen Jahrzehnten wiederholt in die Kritik unterschiedlicher Gruppen von Betroffenen und deren Unterstützern gekommen. Grundsätzlich ist aus ökologischer Sicht zu kritisieren, dass ein Großteil der Produktion bei Bayer der Chlorchemie zuzurechnen ist. Damit basiert die Produktion des Unternehmens auf einer Chemikalie, die in der Produktion energieaufwendig, in der Verarbeitung und im Transport gefährlich, in der Anwendung oft gesundheitsschädlich ist und in der Entsorgung die Emission von Dioxinen verursachen kann. Umweltschutzorganisationen wie Greenpeace raten deshalb zu einem Ausstieg aus der Chlorchemie und fordern von den Chemieunternehmen, dass sie engagiert zu Alternativen, die es in vielen Bereichen bereits gibt, forschen. Bayer antwortet auf diese grundsätzliche Kritik mit einem verstärkten Werbeaufwand für seine Produkte. Eine schrittweise Umstellung auf einen umweltfreundlicheren Grundstoff ist noch nicht einmal in Ansätzen zu erkennen.

Neben diesen grundsätzlichen Bedenken an den Bayer-Produkten war der Konzern in den letzten Jahren immer wieder in Skandale verwickelt, die nahe legen, dass das Unternehmen mehrfach fahrlässig mit der Gesundheit der Mitarbeiter und

Verbraucher umging. In Japan verkaufte der Konzern neben anderen Unternehmen unbehandelte Präparate für Bluterkranke, was zur Folge hatte, dass sich dort zwischen 1983 und 1985 22000 Menschen mit dem HIV-Virus infizierten. Bayer hatte damals die unbehandelten Medikamente verstärkt in Japan verkauft, nachdem in anderen Ländern wie z. B. den USA diese Präparate wegen der Gefahr einer HIV-Übertragung nicht mehr zum Verkauf zugelassen waren. 1994 brachte das Unternehmen das Saatgutbehandlungsmittel »Gaucho« auf den Markt, das in Südfrankreich auf Sonnenblumenfeldern ausgebracht wurde. Bald darauf starben 40 % aller französischen Bienenvölker. 1999 verbot der französische Landwirtschaftsminister nach massiven Protesten der französischen Imker die Verwendung des Pestizids auf Sonnenblumenfeldern. Es wird jedoch nach wie vor zur Behandlung von Getreide- und Mais-Saatgut verwendet.

2001 sorgte der Skandal um den Cholesterinsenker Lipobay für Schlagzeilen. Das Unternehmen musste das Medikament Lipobay zurückrufen, weil es im Zusammenhang mit der Einnahme von Lipobay zu Todesfällen gekommen war. Recherchen im Anschluss an diesen Pharmaskandal zeigten, mit welchen zum Teil fragwürdigen Methoden das Unternehmen versucht hatte, den Absatz dieses Medikaments zu fördern. So senkten von der Industrie bezahlte Forscher den Grenzwert für einen medikamentös zu behandelnden Cholesterinwert ab, was die Zahl der für das Medikament in Frage kommende Patienten erhöhte.

Zudem verarbeitet die Bayer-Tochter H. C. Starck große Mengen des Minerals Coltan aus dem Kongo. Der Abbau des von der Elektronikindustrie in Handys und Computern verwendeten Rohstoffes findet unter menschenunwürdigen Bedingungen statt und trägt zur unkontrollierten Umweltzerstörung bei. Außerdem helfen die Einnahmen aus dem Verkauf von Coltan den anhaltenden Bürgerkrieg zu finanzieren.

Die Arbeit der Kritischen Aktionärinnen und Aktionäre zeigt, dass eine Aktienanlage als politisches Instrument genutzt werden kann, indem man auf Missstände aufmerksam macht und auf Veränderungen hinarbeitet. Dies ist auch der Grund, warum die Anlage in Aktien besonders in den USA, wo die Börsenaufsichtsbehörde streng auf die Einhaltung der Aktionärsrechte achtet und wo viele Wohltätigkeitsorganisationen, Pensionsfonds und Kirchengemeinschaften ihre Gelder in Aktien anlegen, als Instrument der gesellschaftlichen Veränderung eingesetzt wird. Diese institutionellen Anleger begannen in den siebziger Jahren mit nicht unbedeutenden Aktienpaketen ihren Einfluss auf den Jahreshauptversammlungen der Aktiengesellschaften geltend zu machen und forderten z. B., dass die Unternehmen keine Geschäfte mit dem Apartheid-Regime in Südafrika mehr tätigten.

9. Investmentfonds

Die Idee des Investmentfonds wurde Ende des 19. Jahrhunderts in England entwickelt. Damals war es nur vermögenden Anlegern möglich, ihr Kapital auf eine Vielzahl von Aktiengesellschaften zu verteilen und so das Verlustrisiko zu verringern. Denn selbst wenn eine dieser Gesellschaften bankrott ging oder Verluste machte, verlor der Investor dabei nie sein gesamtes Kapital und konnte den Verlust meist durch die positive Kursentwicklung anderer Investments wieder ausgleichen. Eine solche Streuung des Vermögens war jedoch Anlegern mit wenig Geld nicht möglich.

Mit Investmentfonds wurde dann für Kleinanleger eine Möglichkeit geschaffen, ohne das Risiko des Totalverlusts an dem chancenreichen Aktiengeschäft teilzunehmen. In diesen Fonds werden die kleinen Beträge vieler Anleger zusammengenommen und dann von einem Fondsmanagement breit gestreut angelegt. Die Anleger besitzen also Anteilscheine an einem ganzen Pool von Wertpapieren, wobei der Wert dieser Anteilscheine von dem durchschnittlichen Wert aller in diesem Pool enthaltenen Aktien abhängig ist. Auf diese Weise hat der Anleger seinen vergleichsweise kleinen Betrag auf eine Vielzahl von Aktien gestreut. Neben der Risikostreuung, die sich daraus ergibt, hat er dabei den Vorteil, dass professionelle Manager sich tagtäglich um eine möglichst gewinnträchtige Anlage bemühten, eine Mühe, die sich die entsprechenden Banken allerdings gut bezahlen lassen.

Heute bieten Banken, Vermögensverwalter und Kapitalanlagegesellschaften in aller Welt unzählige Investmentfonds an, die alle nach diesem Prinzip der Risikostreuung arbeiten. Diese Fonds beschränken sich heutzutage allerdings nicht nur auf die Investition in Aktien. Es gibt Fonds zu allen nur erdenklichen Investitionsobjekten, angefangen bei Immobilien, über GmbH-Beteiligungen, Anleihen bis hin zu Kinofilmen. Nach wie vor spielen Aktienfonds allerdings eine prominente Rolle bei den Fondsangeboten der Banken. Neben Fonds, die weltweit in Aktien investieren, gibt es Spezialfonds, die nur in bestimmte Segmente des Aktienmarktes investieren, also z. B. nur in deutsche Aktiengesellschaften oder nur in Unternehmen, die in der Strom- und Wasserversorgung tätig sind. Zunehmend werden auch Emerging Market Fonds angeboten, die gezielt in Schwellenländern und in Osteuropa investieren.

Die Sicherheit und die Rendite einer Anlage in einem Investmentfonds ist abhängig von dem Segment, in dem ein Fonds anlegt. Es gibt sehr sichere Fonds, die z. B. nur in erstklassigen Staatspapieren anlegen, und Fonds mit einem hohen Risikopotential, die z. B. nur in GmbH-Anteile, in Vietnam oder in Kleinunternehmen in Indien anlegen. Entsprechend breit ist bei Fonds die Auswahl von einer risikoreichen bis zu einer sicheren Anlage. Prinzipiell gilt, dass auch hier ein hohes Risikopotential mit hohen Gewinnchancen einhergeht, während die sichere Anlage in der Regel bedeutet, dass keine überdurchschnittlichen Gewinne erzielt werden.

Im Hinblick auf die Liquidität gilt, dass Fondsanteile prinzipiell täglich verkauft werden können. Es muss jedoch darauf geachtet werden, dass beim Kauf der Investmentfondsanteile Gebühren bezahlt werden müssen, die sich erst nach einer gewissen Zeit amortisieren. Außerdem wechseln je nach Art des Fonds auch hier Phasen des Gewinns mit Phasen des Verlusts ab und es wäre fatal, die Anteile mit Verlust verkaufen zu müssen. Auch hier gilt die

Faustregel, dass ein Anleger eine Perspektive von fünf bis zehn Jahren haben sollte.

Für alle Fonds gilt, dass ein Anlageausschuss regelmäßig über die zukünftige Investitionsstrategie berät und dass halbjährlich Rechenschaftsberichte an die Investoren verschickt werden, in denen alle zum Stichtag enthaltenen Titel sowie alle im letzten halben Jahr an- und verkauften Positionen aufgelistet sind. Damit ist die Anlage in Investmentfonds eine vergleichsweise transparente Geldanlage.

Ein Blick in die Halbjahresberichte bundesdeutscher und luxemburgischer Investmentfonds zeigt allerdings, dass bei den allermeisten Fonds die Frage nach der Natur-, Entwicklungs- und Sozialverträglichkeit einer Investition nicht gestellt wird. Auswahlprinzip ist hier lediglich die Gewinnerwartung. So finden sich in den Fonds zahlreiche Aktien und Anleihen, deren Emittenten in keiner Weise zu einer zukunftsfähigen Entwicklung beitragen, sondern dieser zum Teil sogar vehement entgegenwirken. Besonders auffällig ist dies bei den »Emerging Market Fonds«. So begrüßenswert es prinzipiell ist, dass privates Kapital aus den Industriestaaten in diesen Ländern investiert wird, so muss gerade in diesem Fall darauf geachtet werden, unter welchen Umständen hier gewirtschaftet wird oder werden muss. Ausgeschlossen werden sollte dabei aus den oben genannten Gründen die Investition in Anleihen überschuldeter Staaten und diktatorischer Regime sowie in Wirtschaftsunternehmen, die die rücksichtslose Ausbeutung der menschlichen und natürlichen Ressourcen dieser Länder betreiben.

Das Instrument des Investmentfonds wird jedoch, zunächst in den angelsächsischen Ländern, aber inzwischen auch in geringem, aber deutlich ansteigendem Maß auf dem europäischen Festland dazu verwandt, Geld nach ethischen Kriterien anzulegen. Da über Fonds Geld gezielt in bestimmten Unternehmen angelegt wird und dem Investor darüber Rechenschaft abgelegt werden muss, wo sein Geld investiert ist, bieten Fonds die Möglichkeit, dass Investitionen nach Kriterien des sozial-, natur-, und entwicklungsverträglichen Wirtschaftens ausgewählt werden. Auf diese Weise waren in Deutschland Ende 2001 bereits rund 2,5 Mrd. € in ökologisch arbeitende Unternehmen z. B. aus dem Bereich der regenerativen

Energien investiert, was zum damaligen Zeitpunkt 0,375 % des gesamten in Deutschland in Investmentfonds angelegten Kapitals ausmachte. Durch die Auflage zahlreicher weiterer Fonds mit ökologischen Kriterien oder mit einer Spezialisierung auf das Segment der regenerativen Energie wurden im Jahr 2001 Umweltfonds zu dem am schnellsten wachsenden Fondssegment in Deutschland.

Beispiel: Umweltkontor Renewable Energy Aktiengesellschaft

Noch in den achtziger Jahren galt Windenergie als eine Verbindung von alternativem Wirtschaften und Ingenieurskunst. Windkraft wurde von Menschen betrieben, die es aus Gründen der nachhaltigen Entwicklung für unerlässlich hielten, Alternativen zur herkömmlichen auf fossilen Brennstoffen beruhenden Energieerzeugung zu finden und umzusetzen.

Dies war auch die Überzeugung der Gründer des Umweltkontors 1995 in Erkelenz am Niederrhein.

Die Entwicklung des Unternehmens zeigt, dass sich die Rahmenbedingungen in den letzten 15 Jahren zugunsten alternativer Energieträger gewandelt haben und das Engagement in der Windenergie inzwischen nicht nur unter Umweltgesichtspunkten eine rationale Entscheidung ist, sondern auch aus finanziellen Gründen Sinn hat. Aus der Neugründung wurde innerhalb von 7 Jahren ein Ingenieur- und Finanzdienstleister, der den Bau von Windparks projektiert und parallel dazu die Finanzierung organisiert, indem er Finanzprodukte wie geschlossene Windkraftfonds oder Risikokapitalfonds auflegt. Seit 1995 realisierte das Unternehmen die Aufstellung von insgesamt 130 Windkraftanlagen mit einer Leistung von insgesamt 117 Megawatt und gehört damit zu den größten auf dem deutschen Windenergiemarkt. Das Unternehmen ist zudem im europäischen Ausland, vor allem in Spanien und Griechenland, aber auch in Frankreich, Italien, der Türkei, Nordirland und Kroatien sowie im Offshore-Bereich aktiv. Außerdem werden seit einigen Jahren Projekte in der Solarenergie, der Biomasse und Wasserkraft umgesetzt.

Für den Anleger bietet das Unternehmen zweierlei Beteiligungsmöglichkeiten. Zum einen besteht die Möglichkeit einer Direktbeteiligung, z. B. an einem Fonds zu Realisierung von bestimmten Projekten aus den Bereichen Wind, Sonne, Biomasse und Wasserkraft. Hier kann sich der private Anleger z. B. als Kommanditist an den Erträgen der Stromeinspeisung beteiligen. Zum anderen ging die Firma Umweltkontor im Jahr 2000 an die Börse und entwickelte sich dort in einem von Kursverlusten geprägten Umfeld am Neuen Markt zu einem Wachstumswert und fand so die Aufmerksamkeit auch vieler konventioneller Analysten und Fondsmanager. Neben anderen Aktien aus dem Bereich der regenerativen Energien trug die Kursentwicklung der Umweltkontor AG dazu bei, dass sich ökologisch orientierte Investmentfonds in Deutschland im Vergleich zum Marktdurchschnitt sehr gut entwickelten.

10. Lebensversicherungen und die private Rentenversicherung

Lebensversicherungen und die nun aufkommenden Produkte der privaten Altersvorsorge sind die am weitesten verbreiteten Instrumente der Geldanlage. Sie dienen hauptsächlich dazu, zusätzlich zu den Ansprüchen aus der gesetzlichen Rentenkasse eine Einkommensquelle für das Alter anzusparen. Für Selbständige stellen Lebensversicherungen sogar häufig die wichtigste Alterssicherung dar und sichern zudem die finanzielle Existenz einer Familie im Fall des Todes des Haupterwerbstätigen ab. Beide, Lebensversicherungen und die private oder betriebliche Altersvorsorge, gehören damit zu den langfristigen Geldanlagen mit einem besonderen Akzent auf Sicherheit. In über Jahrzehnte reichenden Sparverträgen wird in monatlichen oder jährlichen Versicherungsbeiträgen Geld angespart, das meist ab dem 60. oder 65. Lebensjahr zuzüglich einer Verzinsung dem Versicherten zur Verfügung steht. Während bei Lebensversicherungen die Auszahlung in einer einmaligen Summe geschehen kann, muss sich die Auszahlung im Fall der öffentlich geförderten Altersvorsorge in Raten lebenslang fortsetzen.

Wie werden die über 500 Mrd. €, die allein von Lebensversicherungen in Deutschland verwaltet werden, angelegt?

Die Beitragszahlungen der Versicherten werden auf dreierlei Art verwendet. Mit einem Teil werden die Kosten wie z. B. die Provision des Vermittlers bezahlt, mit einem weiteren Teil werden Rückstellungen für den Fall des frühen Todes des Versicherten gebildet und ein dritter Teil fließt in den so genannten Deckungsstock. Aus diesem wird durch den Kauf von Wertpapieren die gegenüber dem Kunden garantierte Mindestverzinsung erwirtschaftet.

Die in den beiden letzten Bereichen entstehenden Gewinne werden Überschüsse genannt. Mit der Anlage der Überschüsse versucht die Versicherungsgesellschaft, über die garantierte Verzinsung des Kapitals hinaus eine möglichst hohe Rendite für ihre Kunden zu erzielen.

Für Risikoanteil, Deckungsstock und Überschüsse gelten eine Reihe gesetzlicher Vorschriften, in denen festgelegt wird, in welche Art von Wertpapieren und zu welchem Prozentsatz in bestimmten Arten von Wertpapieren angelegt werden darf. Dabei sind die Vorschriften für den Deckungsstock etwas strenger als für die Überschüsse. So dürfen z. B. lediglich 5 % des Deckungsstocks, doch 20 % der Überschüsse außerhalb der Europäischen Union angelegt werden. Für den Deckungsstock und für die Überschüsse gilt, dass u. a. in Staatsanleihen, Pfandbriefe, Aktien, Unternehmenskredite, Bankkredite, Grundstücke und Investmentfonds investiert werden darf. 2,5 % des im Deckungsstock und in den Überschüssen verwalteten Vermögens darf in nichtbörsennotierte Wertpapiere, also z. B. in Anteile einer GmbH investiert werden.

Der Katalog zulässiger Anlagearten für den Deckungsstock von Lebensversicherungen ist allerdings erst seit 1994 im Zuge der Anpassung an die in der EU geltenden Richtlinien so breit, und seitdem werden die Gelder der Versicherten zunehmend auch im Aktienbereich angelegt. Nach wie vor fließt ein Großteil der Gelder aus dem Deckungsstock jedoch in inländische Staatspapiere und Pfandbriefe, also Papiere, die entweder durch einen Immobilienwert oder vom Bund, einem Bundesstaat oder einer Kommune besichert sind. Sie sind damit in Papiere mit höchst möglicher Sicherheit investiert. Die Überschüsse hingegen werden auch in riskanteren und renditeträchtigeren Investments wie z. B. Aktien oder Investmentfonds angelegt.

Eine Sonderform der Kapitallebensversicherung mit Risikoanteil stellt die so genannte fondsgebundene Lebensversicherung dar. Hier werden die Beitragszahlungen nach Abzug der Kosten in Investmentfonds investiert und am Ende der Laufzeit zuzüglich der Gewinne, die in den Fonds erwirtschaftet wurden, ausgezahlt. Bei dieser Variante gibt es allerdings keine garantierte Mindestverzinsung. Die Auszahlungssumme hängt ganz von dem Erfolg oder Misserfolg der Investmentfonds ab. Durch den Verkauf von Fondsanteilen entstehen zudem zusätzliche Kosten.

Gelder, die in die Produkte der staatlich geförderten Altersvorsorge eingezahlt werden, können in private Rentenversicherungen, Bankguthaben und Anteile von Investmentfonds investiert werden. Da es sich auch hier um langjährige Verträge mit einer Auszahlungsverpflichtung zum Ende der Laufzeit handelt, ist davon auszugehen, dass diese Gelder ebenfalls in auf Sicherheit und Langfristigkeit angelegte Instrumente investiert werden, jedoch je nach Produkt mit einem höheren Anteil von Aktien als dies bisher bei Lebensversicherungen der Fall ist.

Für die Anlagen aus Lebensversicherungen und Angebote der privaten Altersvorsorge ergeben sich damit die ethischen Probleme, die oben zu den konventionellen Wertpapieranlagen erörtert worden sind. Für sie treffen dabei vor allem die im Zusammenhang mit Pfandbriefen, Staatspapieren, Papieren öffentlicher Institutionen und großer Aktiengesellschaften wie der Bayer AG oder Deutschen Bank AG aufgezeigten Probleme zu.

Da Anbieter der staatlich geförderten privaten Rente der gesetzlichen Pflicht unterliegen, den Anleger schriftlich darüber zu informieren, ob und wie bei der Geldanlage ethische, soziale und ökologische Belange berücksichtig werden, besteht für sie jedoch eine höhere Transparenz bezüglich ethischer Investmentkriterien als bei herkömmlichen Lebensversicherungen.

11. Direktbeteiligungen

Neben dem Kauf von börsennotierten Aktien oder Anteilen an Aktienfonds gibt es eine Reihe weiterer Möglichkeiten, sich an Unternehmen zu beteiligen. Da diese Formen der Beteiligung nicht über eine Börse vermittelt werden, nennt man sie zusammenfassend »Direktbeteiligungen«. Sie sind in aller Regel damit verbunden, dass sie nicht börsentäglich veräußert werden können, sondern das Kapital zumeist über Jahre gebunden bleibt. Die Liquidität ist also gering, und dem Kapitalgeber ist anzuraten, sich vor dem Engagement über die vertraglich festgelegten Kündigungsmöglichkeiten zu informieren.

Die Sicherheit von Direktbeteiligungen hängt sehr stark von der Art des Projekts ab. Besonders junge Unternehmen mit innovativen ökologischen Produkten rangieren jedoch eher am unteren Ende der Sicherheitsskala. Windparks gelten als sicherer, weil es für sie eine Abnahmegarantie für den erzeugten Strom zu einem kostendeckenden Preis gibt. Wie bei börsennotierten Aktien beruht der finanzielle Reiz dieser Anlagen vor allem auf der Aussicht auf überdurchschnittliche Gewinne, die möglich sind, wenn dem Unternehmen auf Dauer ein durchschlagender Erfolg beschieden ist. Um keine bösen Überraschungen zu erleben, ist es allerdings dringend ratsam, sich ein Bild über die Erfolgschancen des Vorhabens und die unternehmerischen Qualitäten des Managements zu machen.

Die gängigsten Formen von Direktbeteiligungen sind die nicht-börsennotierte Aktiengesellschaft, Anteile an einer Kommanditgesellschaft und stille Gesellschaftsanteile an einer GmbH & Co. KG.

Im Folgenden sollen die rechtlichen Rahmenbedingungen für diese gängigsten Varianten sowie für den Erwerb von Genossenschaftsanteilen kurz beschrieben werden.

Die nicht börsennotierte Aktiengesellschaft

Junge Unternehmen gründen sich zunehmend als Aktiengesellschaften. Dies hat den Vorteil, dass sie von vornherein eine rechtliche Struktur besitzen, die sie für einen Börsengang und den damit verbundenen breiten Zugang zu Anlegerkapital benötigen. Sie haben einen Aufsichtsrat, der als die von den Anlegern in der Jahreshauptversammlung gewählte Vertretung der Anteilseigner fungiert und der den geschäftsführenden Vorstand kontrolliert. Zudem gilt auch für nicht börsennotierte Aktiengesellschaften die Pflicht zur Veröffentlichung der Bilanzen sowie von Informationen zum Geschäftsverlauf und der weiteren Geschäftsplanung.

Die Unternehmensaktien selber werden von den Gründern entweder direkt einer bestimmten Gruppe von Anlegern wie z. B. den Mitarbeitern, Lieferanten und Kunden zum Kauf angeboten, oder sie werden über ein Emissionshaus einem größeren Anlegerkreis zugänglich gemacht und in der Folge von privaten Händlern außerhalb der Börse an- und verkauft. Oft werden diese außerbörslichen Titel wenig gehandelt, sodass sowohl An- als auch Verkauf sich über Wochen oder Monate erstrecken kann.

Die Kommanditgesellschaft (KG)

Eine Kommanditgesellschaft besteht einerseits aus Komplementären, die für Gesellschaftsschulden auch mit ihrem Privatvermögen haften und in aller Regel die Geschäftsführung übernehmen, und andererseits aus Kommanditisten, bei denen die Haftung auf ihre Einlage begrenzt ist und die nicht an der Geschäftsführung teilhaben. Kommanditisten sind primär Anleger. Es besteht für die KG die Pflicht zum Erstellen eines Jahresabschlusses, der den Kommanditisten zugänglich gemacht werden muss.

Eine spezielle Form der Kommanditgesellschaft ist die GmbH & Co. KG. Hier ist der Komplementär, also der geschäftsführende und haftende Teil der KG, selbst eine Gesellschaft in der Rechtsform einer Gesellschaft mit beschränkter Haftung (GmbH). Die Geschäftsführung der KG übernimmt meistens der Geschäftsführer der GmbH. Dadurch werden alle beteiligten Personen vom Risiko der unbeschränkten persönlichen Haftung befreit. Die GmbH haftet zwar zunächst einmal unbeschränkt für die Verbindlichkeiten der KG, die Gläubiger dürfen sich jedoch nur an das Gesellschaftsvermögen der GmbH halten.

Für die GmbH auch innerhalb der GmbH & Co. KG-Konstruktion ergeben sich zwei unterschiedliche Beteiligungsmöglichkeiten:

Typischer stiller Gesellschafter

Der stille Gesellschafter beteiligt sich an einer Gesellschaft in der Weise, dass die Einlage in das Vermögen des tätigen Gesellschafters übergeht und er selber am Gewinn des Unternehmens teilnimmt. Ist nichts anderes vereinbart, wird er auch am Verlust beteiligt, der direkt von seinem Kapitalkonto abgebucht wird. Der stille Gesellschafter haftet jedoch nicht für Geschäftsschulden. Er kann eine Kopie des Jahresabschlusses verlangen und muss dessen Richtigkeit durch die Einsicht in die Bücher prüfen dürfen. Der Vertrag ist in der Regel auf unbestimmte Zeit geschlossen. Der Verkauf einer stillen Beteiligung bedarf der Zustimmung aller Mitgesellschafter. Eine stille Beteiligung sollte immer schriftlich festgehalten und bei größeren Beträgen durch einen Notar beurkundet werden.

Atypischer stiller Gesellschafter

Wenn dem stillen Gesellschafter im Gesellschaftsvertrag weit gehende Rechte und Befugnisse eingeräumt werden, spricht man von einer atypischen stillen Gesellschaft. Während der typische stille Gesellschafter an Gewinn und Verlust beteiligt ist, partizipiert der atypische stille Gesellschafter darüber hinaus an Wachstum und Minderung der stillen Reserven und des Firmenwertes. Er kann an der Geschäftsführung beteiligt werden, und es ist sogar möglich, dass diese ihm vollständig übertragen wird. Der Wert der Einlage steigt oder fällt im Verhältnis zum Wert des gesamten Unternehmens.

Grundsätzlich ist es bei allen diesen Formen der Unternehmensbeteiligungen möglich, die Einlage wegen grob fahrlässigen Verhaltens der Geschäftsführung fristlos zu kündigen.

Die Genossenschaft

Die Genossenschaft ist ein wirtschaftlicher Verein mit mindestens sieben Mitgliedern. Eine neu gegründete Genossenschaft muss in das Genossenschaftsregister eingetragen werden und unterliegt einer Reihe von gesetzlichen Auflagen wie z. B. der Führung und Veröffentlichung jährlicher Bilanzen. Den Gläubigern gegenüber wird nur mit dem Genossenschaftsvermögen gehaftet. Zweck einer Genossenschaft ist nicht die Erwirtschaftung eines möglichst hohen Gewinns, sondern die Förderung der Mitglieder. Man beteiligt sich an einer Genossenschaft, indem man Mitglied wird. Von anderen Gesellschaftsformen unterscheidet sie sich vor allem durch die großen Mitspracherechte, die sie ihren Mitgliedern einräumen muss. Auf der Generalversammlung, dem höchsten Organ, hat im Gegensatz zu anderen Gesellschaftsformen jeder Genosse eine Stimme. Die Mehrheit errechnet sich also nach Köpfen und nicht nach dem Umfang der kapitalmäßigen Beteiligung.

Aufgrund der demokratischen Struktur und der Solidarität unter den Mitgliedern, die in der Rechtsform der Genossenschaft angelegt sind, wurde diese Rechtsform von vielen basisdemokratischen Initiativen wie der GLS-Gemeinschaftsbank, Oikocredit, aber auch der links-alternativen Tageszeitung die tageszeitung (taz) gewählt und hat sich für diese Projekte auch bewährt. Für kleine Initiativen ist es allerdings ein Nachteil, dass es bei der Gründung und Führung einer Genossenschaft viele Vorschriften zu beachten gibt, die Aufwand und Kosten verursachen. Steuerliche Verlustzuweisungen sind nicht möglich.

Weitere Formen der Direktbeteiligung

Weitere Beteiligungsformen sind die Gesellschaft bürgerlichen Rechts **GbR** und **GbR mbH**. Sie ist die loseste aller Gesellschaftsformen, denn es bedarf für das Zustandekommen einer GbR noch nicht einmal eines schriftlichen Vertrags. Genauso wenig müssen Jahresbilanzen veröffentlicht werden, die Mitglieder haben jedoch einen Anspruch auf Einsicht in die Bücher. Der Vorteil dieser Rechtsform ist, dass durch den geringen Verwaltungsaufwand die Kosten gering gehalten werden können. Nachteilig ist für den Anleger, dass er prinzipiell nicht nur mit der Anlagesumme haftet, sondern darüber hinaus auch mit seinem Privatvermögen. Diese private Haftung ist auch dann nicht vollkommen ausgeschlossen, wenn es sich um eine GbR mit beschränkter Haftung (GbR mbH) handelt.

Es ist zudem auch möglich, einem Unternehmen ein **privates Darlehen** zu gewähren, bei dem ein Zinssatz vereinbart (aber nicht garantiert) wird. Falls es die geschäftliche Entwicklung zulässt, wird er jährlich ausgeschüttet. Es gibt jedoch keine Sicherheit für die Rückzahlung eines solchen Privatdarlehens im Falle des Konkurses, da das Geld wie echtes Eigenkapital des Unternehmens behandelt wird. Für ein junges Unternehmen ist ein solches Darlehen sehr wertvoll, weil es in Kreditverhandlungen mit Banken als zusätzliche Sicherheit akzeptiert wird.

Ein solches privates Darlehen kann auch mit einer Gewinnbeteiligung verknüpft werden; es wird dann **partiarisches Darlehen** genannt. In diesem Fall werden auf das Darlehen vergleichsweise geringe Zinsen gezahlt. Kommt das Projekt in die Gewinnzone, wird jedoch zusätzlich eine Gewinnbeteiligung an den Darlehensgeber ausgeschüttet.

III. Wo fehlt das Geld der Investoren?

Wie oben gezeigt fließt ein bedeutender Teil der 3,5 Billionen € Geldvermögen, die Anleger hierzulande investieren, unkontrolliert in Bereiche, in denen sozialer und ökologischer Schaden angerichtet werden kann. Für viele Menschen ist dies ein sehr unbefriedigender Zustand, der in deutlichem Missverhältnis zu den Überzeugungen und dem Engagement der Anleger steht.

Der Schaden, den diese Gelder bei ökologisch und sozial verantwortungsloser Verwendung anrichten, ist allerdings nur ein Aspekt. Hinzu kommt, dass auf der anderen Seite die Gelder von Anlegern dringend für sinnvolle Investitionen benötigt werden. Während auf der einen Seite Kredite für sozial unverantwortliche Projekte wie z. B. den Bau des Drei-Schluchten-Staudamms in China vergeben werden, fehlt auf der anderen Seite Kapital für Projekte zur Zukunftssicherung. Die Auseinandersetzung um die Folgen privater Geldanlagen muss deshalb über die Beschreibung von Negativbeispielen hinausgehen und sich in einem zweiten Schritt damit befassen, wie die Macht der Geldanleger positiv genutzt werden kann. Im Kern stellt sich hier die Frage, wo Kredite und Investitionen so eingesetzt werden können, dass sie zu einer für alle Menschen zukunftsfähigen Entwicklung beitragen.

1. Welche Bereiche sind für eine sozial und ökologisch tragfähige Entwicklung entscheidend?

Die Antworten auf diese Frage ergeben sich aus einer Reihe von Studien, die sich mit Umsetzungsvorschlägen für eine ökologisch und sozial tragfähige Entwicklung befassen. Eine der bedeutendsten Veröffentlichungen ist hier die 1996 von Misereor und dem Bund für Umwelt und Naturschutz Deutschland (BUND) herausgegebene und vom Wuppertal Institut für Klima, Umwelt, Energie erarbeitete Studie »Zukunftsfähiges Deutschland«. Aber auch der jährlich erscheinende Bericht des World Watch Instituts zeigt gangbare Wege in Richtung auf eine ökologisch tragfähige Entwicklung auf. Während bei diesen Berichten die Frage der Ökologie im Vordergrund steht, beschäftigt sich der seit 1989 ebenfalls jährlich herausgegebene Bericht über die Entwicklung der Menschheit der Vereinten Nationen (UNDP-Bericht) vornehmlich mit entwicklungspolitischen und sozialen Aspekten. Über die rein wirtschaftliche Größe des Bruttoinlandsprodukts und anderer wirtschaftlicher Kennzahlen hinausgehend, versucht dieser Bericht in einem Entwicklungsindex den Grad der menschlichen Entwicklung in einem Land zu messen und aufzuzeigen, welche Maßnahmen die Entwicklung, verstanden als die Erweiterung der Lebensmöglichkeiten von Menschen, begünstigen. In diesen Index werden dabei bewusst auch die Industrieländer einbezogen, unter denen im Hinblick auf Merkmale wie Lebenserwartung, Gleichberechtigung von Mann und Frau, Bildung und Gesundheitsversorgung teilweise große Unterschiede bestehen.

Investitionen für die menschliche Entwicklung

Für die Entwicklungsländer nennt der Bericht das Gesundheitssystem, die Ausbildung, die Intensivierung der Landwirtschaft und den Aufbau einer arbeitsintensiven Kleinindustrie sowie eines Kleinkreditwesens als die Bereiche, in denen Finanzmittel dringend benötigt werden. Die Autoren konstatieren zudem auf der Grundlage von über Jahrzehnte hinweg gesammeltem statistischen Material, dass die Förderung dieser Bereiche allen Bevölkerungsschichten zugute kommen muss, wenn sie dauerhaft den gewünschten Effekt erzielen sollen. Es hat sich auch gezeigt, dass Förderungen besonders wirksam sind, wenn sie sich gezielt an Frauen richten.

Konkret bedeutet dies, dass nach dem UNDP-Bericht Gelder in die Gewährung einer kostenlosen Primar- und Sekundarschulbildung und in die medizinische Grundversorgung fließen sollten. Wichtig ist, dass das Ausbildungsangebot auch die Mädchen erreicht. Die Förderung der Ausbildung und der medizinischen Versorgung sollte sich an den Bedürfnissen der benachteiligten Bevölkerung orientieren. Förderlich ist eine kostenlose medizinische Grundversorgung einschließlich eines Impfprogramms, das auch die Armen auf dem Land und in den Städten erreicht. Eher hinderlich ist dagegen die Konzentration auf einen aufwendigen medizinischen Apparat in den Großstädten, der nur auf die Krankheiten der Reichen ausgerichtet ist.

Neben Ausbildung und Gesundheit ist es wichtig, Strukturen zu schaffen, die der Bevölkerung einen möglichst gleichberechtigten Zugang zu den Produktionsmitteln wie Land und Kapital (hier vor allem Bankkredite), aber auch zu modernen Kommunikationsmitteln wie dem Internet gewähren. Besonders die Stärkung von Kleinbauern ist wichtig, weil sich gezeigt hat, dass sie ihr Land wesentlich intensiver nutzen als Großgrundbesitzer, die dazu neigen, einen Teil ihrer Ländereien brach liegen zu lassen. Eine Umverteilung des Landbesitzes an kleine Familienbetriebe, wie sie in Ansätzen in Brasilien, Südafrika und Kenia umgesetzt wurde, bewirkt eine Förderung der Landwirtschaft und damit die Schaffung von Arbeitsplätzen auf dem Land (besonders in den Entwicklungsländern werden sie dort dringend benötigt). Dadurch verbessert sich sowohl die Ernährungssituation eines Landes als auch die politische Stabilität, und gerade die politischen Risiken spielen für Investitionen aus dem Ausland eine entscheidende Rolle.

Neben der Landwirtschaft sind auch Investitionen in den Aufbau und die Ausweitung der Kleinindustrie wichtig. Sie dienen eher dem Ziel einer langfristig positiven Entwicklung als nur eine kapitalintensive, hoch technisierte Industrie, die sich an den Rationalisierungsmustern der Industriestaaten orientieren. Eine solche arbeitsintensive Kleinindustrie und Landwirtschaft benötigt für ihren Aufbau allerdings auch ein entsprechendes Bankensystem, das auf die Vergabe von Kleinkrediten, auf die Beratung von bäuerlichen

Familienbetrieben und kleinen bis mittelständischen Unternehmen spezialisiert ist.

Selbstverständlich kann nicht die komplette Wirtschaft eines Entwicklungslandes auf Kleinbauern und Kleinindustrie beruhen. Für den Aufbau einer leistungsfähigen Infrastruktur, eines Abwassersystems und einer flächendeckenden Energieversorgung sind kapitalintensive Projekte unumgänglich. Wenn möglich sollten hier im Hinblick auf die gerechte Verteilung der Leistungszugänge und unter Berücksichtigung des Umweltverbrauchs dezentrale Lösungen bevorzugt werden, die den natürlichen Reichtum eines Landes nutzen. Langfristig haben Solar- und Windkraft oder Kleinwasserkraftwerke mehr Aussicht auf Erfolg als Kraftwerke, die auf der Basis importierter fossiler Rohstoffe betrieben werden und oft mit der Vernichtung von Ökosystemen einhergehen.

Die wesentlichen Bereiche, in denen gemäß des UNDP-Berichts Kapital vordringlich in Entwicklungsländern sinnvoll eingesetzt werden kann und muss, sind damit umrissen.

Investitionen für Arbeitsplätze und Umweltschutz

Auch in den Industrieländern gibt es eine ganze Reihe vernachlässigter Bereiche, in denen sozial und ökologisch tragfähige Investitionen dringend benötigt werden. Die speziellen Probleme, die hier gezielt mit Investitionen angegangen werden müssen, sind Arbeitslosigkeit und Umweltzerstörung. Außerdem gilt es, die allgemein zugängliche medizinische Versorgung zu sichern und die Pflege der älteren Bevölkerung zu gewährleisten.

Für den Umweltschutz zeichnet sich mit zunehmender Deutlichkeit ab, dass nachsorgender Umweltschutz in Form von Katalysatoren, Rauchgasentschwefelungsanlagen und aufwendigem Recycling enorme Mittel verschlingt. Investitionen in diesem Bereich sind durchaus sinnvoll und nötig, weil sie punktuell die Umweltbelastungen senken. Langfristig jedoch hat es mehr Sinn, Entwicklungen zu stärken, die von vornherein den Verbrauch von Energie, Material und Schadstoffen verringern. Langfristig und global gesehen, geht es weniger um die Reduzierung von Schadstoffen am Ende von Produktionsketten (end of the pipe), als darum, den Umweltverbrauch weltweit auf ein Maß abzusenken, das ein gleiches Wohlstandsniveau im Süden wie im Norden zulässt, ohne dass es zu einer ökologischen Katastrophe kommt. Das bedeutet aber, dass die Industriestaaten lernen müssen, in der industriellen Produktion und individuellen Mobilität wesentlich weniger Energie, Material und Umweltressourcen zu verbrauchen, als bisher.

Erforderlich sind deshalb verstärkte Investitionen in jene Technologien, die in den Bereichen Verkehr, Innenraumheizung, Wärmedämmung und industrielle Produktion den Energieverbrauch und damit auch die CO_2-Emissionen drastisch senken. Technologien zur Gewinnung von regenerativer Energie wie der Solartechnik und der Windenergie, aber auch der Nutzung und Ausweitung von Energiesparmaßnahmen kommt hier eine bedeutende Rolle zu. Außerdem gilt es, den Materialverbrauch und Schadstoffausstoß insgesamt durch neue Produkte und Konzepte, die weniger auf den Verbrauch als auf die langfristige Nutzung von Gütern ausgerichtet sind, zu senken. Unternehmen, die konsequent Ressourcen schonende Maßnahmen dieser Art umsetzen und damit nach dem Prinzip der Ökoeffizienz arbeiten, haben dadurch oft sogar einen Kostenvorteil gegenüber der Konkurrenz.

Ein weiteres wichtiges Element des vorsorgenden Umweltschutzes ist die Umstellung der Landwirtschaft, in der heute noch in hohem Maße Kunstdünger, Pflanzenschutzmittel und Pharmaka eingesetzt werden. Die Entwicklung hin zu naturverträglichem Landbau und artgerechter Tierhaltung könnte wesentlich dazu beitragen, den Schadstoffeintrag in Boden und Grundwasser zu reduzieren, das Artensterben einzudämmen und den Einsatz von Antibiotika zu reduzieren.

Für die Bekämpfung der Arbeitslosigkeit, die wie die Umweltzerstörung zunehmend zu einem globalen Problem wird, gibt es keine Patentlösung. Sicher ist lediglich, dass der Ausbau von Ausbildung, Forschung und Entwicklung sowie die Unterstützung von kleineren und mittleren Unternehmen die Schaffung ausreichender Beschäftigungsmöglichkeiten begünstigen. Für Investoren ist es wichtig zu wissen, dass Unternehmen, die intensive Weiterbildungsprogramme für ihre Mitarbeiter umsetzen, einen bedeutenden Beitrag zur Arbeitsplatzsicherung leisten. Zum einen tragen qualifizierte Mitarbeiter wesentlich zur Wettbewerbsfähigkeit bei. Zum Zweiten haben Arbeitnehmer, die von ihrem Unternehmen regelmäßig geschult wurden, im Falle von Arbeitslosigkeit eine bessere Chance bei der Arbeitssuche.

Auch Investitionen in die Gründung von dezentralen Dienstleistungsunternehmen haben einen positiven Beschäftigungseffekt und ergeben in vielen Fällen auch umweltpolitisch Sinn. Dienstleistungen wie das Reparieren von Elektrogeräten, das Verleihen von Berufskleidung oder das Betreiben von Waschsalons bringen eine intensivere Nutzung von Produkten mit sich und verringern damit Energie-, Materialverbrauch und Schadstoffausstoß zugunsten einer höheren Qualität und Lebensdauer. Auch die Erweiterung des Angebots öffentlicher Verkehrsmittel schafft Arbeitsplätze und führt zusätzlich zu einer Entlastung der Umwelt.

Investitionen in das Gesundheits- und Pflegesystem

Viele Industrieländer haben in den letzten Jahrzehnten ein leistungsfähiges, für alle zugängliches Gesundheits- und Altenpflegesystem aufgebaut. Das Hauptproblem besteht heute darin, dieses zunehmend teurer werdende System auf Dauer zu finanzieren. Kostendämpfende Maßnahmen ohne Benachteiligung sozial Schwächerer bei gleichzeitiger Aufrechterhaltung und Ausbau eines leistungsfähigen medizinischen Angebots schließen u. a. vorbeugende Maßnahmen, prophylaktische Diagnose, häusliche Pflege und die am Menschen orientierte Erforschung und Weiterentwicklung der Medizin ein. Eine steigende Anzahl zum großen Teil junger Unternehmen engagiert sich mit Heimpflegeangeboten oder der Entwicklung und Produktion sanfter Heil- und Pflegemittel.

2. Wie kann privates Kapital eine zukunftsfähige Entwicklung unterstützen?

Wie kann ein Anleger oder eine Anlegerin dazu beitragen, dass sein oder ihr Erspartes in Bereiche fließt, die die menschliche Entwicklung voranbringen, anstatt sie zu beeinträchtigen. Und wie kann eine Investition dazu beitragen, dass die Beeinträchtigung der Natur durch menschliche Aktivitäten auf einem langfristig zumutbarem Niveau reduziert wird? Mit der Beantwortung dieser Fragen betritt man Neuland in der Finanzwirtschaft, in der die ethische Frage des moralisch guten oder verwerflichen Handelns bisher nicht gestellt wurde. Die Frage ist jedoch in diesem Zusammenhang berechtigt, denn das Anlegen von Geld ist eine Handlung mit ethischen Implikationen ähnlich wie der Kauf von Konsumgütern.

Damit die Antwort auf die Frage nach den Möglichkeiten einer vertretbaren Geldanlage auf solidem Fundament gebaut ist, sollen zunächst zwei Erklärungsmuster für die ethische Bewertung von Handlungen eingeführt werden.

IV. Die Werte des ethischen Investments

1. Kleiner Exkurs über das ethisch Gute und Schlechte

Die weit verbreitete Praxis, Geld ohne jede ethische Bindung anzulegen, hat einerseits zur Folge, dass ein beträchtlicher Teil des angelegten Kapitals an ethisch fragwürdige Bereiche weitergegeben wird. Andererseits führt sie dazu, dass vielen sozialen und ökologischen Initiativen Geldmittel fehlen.

Stellen rein finanzielle Kriterien eine unzureichende Orientierung für eine zukunftsfähige Geldanlage dar, so ergibt sich im nächsten Schritt die Frage, welche Kriterien außer Rendite, Sicherheit und Verfügbarkeit bei der Geldanlage eine Rolle spielen sollen. Zum einen bedeutet die Aufstellung von nichtfinanziellen Investitionskriterien eine Entscheidung für einen ethischen Wertekatalog. Zum Zweiten müssen diese Werte so in Kriterien gefasst werden, dass sie auf wirtschaftliche Tätigkeiten im Allgemeinen und Finanztransfers im Besonderen anwendbar sind.

Viele Menschen sind heute der Ansicht, dass ethische Wertvorstellungen eine Frage subjektiver Entscheidungen sind. Was man zu tun und zu lassen hat, so wird argumentiert, kann weder aus überkommenen Traditionen gefolgert werden noch gibt es rational schlüssige Begründungen dafür. Die Entscheidung für oder gegen eine bestimmte Werthaltung ist damit analog zu der Entscheidung für oder gegen eine bestimmte Musikrichtung zu verstehen. Ethik ist letztlich eine Frage des Geschmacks.

Im Kontext ethischer Geldanlagen übernehmen Banken oft diese Argumentation. Es könne keine ethischen Geldanlagen geben, weil Ethik subjektiv sei und deshalb kein verbindlicher Kriterienkatalog für solche Geldanlagen aufgestellt werden könne, heißt es.

Die Ansicht von der Subjektivität der Ethik entwickelte sich als Gegenreaktion in jener Zeit, in der traditionelle Lebensregeln weit in das Leben des Einzelnen eingriffen und so persönliche Bereiche wie Sexualität und Glaubensinhalte unter Androhung teilweise drakonischer Strafen bestimmten. Die Ansicht, Ethik sei eine Frage des Geschmacks, ist so gesehen eine verständliche Reaktion in Zeiten des Niedergangs traditioneller Moralvorstellungen. Mit dieser Gegenreaktion, die im Extrem ethischen Regeln jeden Anspruch auf allgemeine Gültigkeit absprechen will, geht aber auch einher, dass ein Unterschied zwischen jenen Bereichen der Ethik gemacht werden muss, in denen Fragen des persönlichen Lebensstils behandelt werden, und jenen Bereichen, in denen Ethik grundlegende Normen des Miteinanderlebens aller Menschen benennt. So gibt es gute Gründe dafür, die Vorliebe für eine homosexuelle oder für eine heterosexuelle Partnerschaft als eine Angelegenheit zu behandeln, in der jeder den eigenen Neigungen nachgehen können sollte.

Auf der anderen Seite gibt es aber auch jene Bereiche der Ethik, in denen Grundnormen behandelt werden und in denen die These von der Subjektivität von Ethik Grenzen findet. Hier geht es um existentielle Fragen wie das friedliche Zusammenleben der Menschen, die Verteilung von Lebenschancen und die Bewahrung von Lebensgrundlagen. Solche Fragen können nicht dem persönlichen Geschmack überlassen werden.

Diese Grundnormen sind dabei keine Ausnahmeerscheinung in Extremsituationen, sondern begegnen uns in vielen alltäglichen Handlungen sowie in juristischen und politischen Auseinandersetzungen. Man denke nur an die Versuchung, in die uns bei der Parkplatzsuche ein freistehender Behindertenplatz führt, oder daran, in welche Konflikte wir kommen, wenn wir erleben, dass vor unseren Augen ein Ausländer gedemütigt oder misshandelt wird. Ebenso steht hinter sehr vielen wirtschaftspolitischen Kontroversen die Frage nach der gerechten Verteilung von Gütern. Ethische Auseinandersetzungen bestimmen also nach wie vor unseren Alltag. Die weit verbreitete Meinung, Ethik sei subjektiv, hat daran nichts geändert. Wir argumentieren und handeln ständig auf der Grundlage von Werten und Normen, die uns als eine Art Kompass auf unserer tagtäglichen Gratwanderung zwischen dem ethisch Guten und Schlechten führen.

Grundwerte wie Gerechtigkeit und die Unversehrtheit von Leben können gar nicht anders als allgemein gültig interpretiert zu werden. Es ist sinnlos, Gerechtigkeit als einen subjektiven, auf eine einzelne Person anzuwendenden Maßstab zu nehmen, denn der Wert Gerechtigkeit impliziert eine wie auch immer im Einzelnen ausformulierte Gleichbehandlung *aller* Menschen. Gerade der Mensch, der auf seinem subjektiven Lebensstil besteht, pocht auf ein allgemeines Recht.

Ähnliches gilt für die Unversehrtheit menschlichen Lebens. Die Achtung vor dem menschlichen Leben impliziert die Forderung an *alle* Menschen, sich gewaltlos zu verhalten. Es ist sinnlos, diese Werte als private Vorliebe zu äußern. Grundlegende ethische Werte enthalten per se einen Anspruch auf Allgemeingültigkeit.

Damit ist allerdings die Frage noch nicht gelöst, *welche* dieser allgemeinen Werte allgemein erhoben werden und wie ein solcher Katalog von Grundwerten in allgemein nachvollziehbarer Weise begründet werden kann.

In der Geschichte der Ethik gibt es zwei Ansätze, eine solche Begründung zu liefern. Diese sollen beide hier kurz erläutert werden.

Der eine, zweckethische (teleologische) Ansatz geht davon aus, dass die moralische Bewertung einer Handlung nur von ihren Folgen abhängt. Sind diese tatsächlichen, wahrscheinlichen oder beabsichtigten Folgen einer Handlung oder einer Handlungsregel gut, so ist sie unter ethischen Gesichtspunkten zu befürworten, sind sie schlecht, sollte sie unterlassen werden. Eine Spielart der Zweckethik ist der Utilitarismus, der sich vom »größten Glück der größten Zahl« als oberster Maxime leiten lässt. Es gibt unter den Vertretern dieser auf den Zweck der Handlung gerichteten Ethik unterschiedliche Ansichten darüber, was gute und was schlechte Folgen sind. Vorherrschend ist allerdings die Ansicht, dass gute Folgen angenehme Empfindungen sind und schlechte Folgen Schmerzen darstellen. Eine gute Handlung ist demnach eine solche, die für die

Menschen zu mehr angenehmen Empfindungen führt als zu unangenehmen. Damit begründet sich das moralisch Gute letztlich durch etwas Außermoralisches, denn das Angenehme oder Unangenehme ist in sich nicht moralisch, sondern es sind empirische Wahrnehmungen. Einflussreiche Vertreter dieser Zweckethik sind die englischen Philosophen Jeremy Bentham und John Stuart Mill, die einen nicht unbedeutenden Einfluss auf die wirtschaftliche Entwicklung Englands im 19. Jahrhundert hatten.

Pflichtethiker halten dieser Zweckethik entgegen, dass es auch in sich gute Handlungen bzw. Handlungsregeln gibt, deren Verwirklichung unabhängig von den Folgen ethisch zu befürworten ist. So sei es z. B. unabhängig von den Folgen in sich gut, die Wahrheit zu sagen oder Gerechtigkeit zu üben. Klassische Formen einer Pflichtethik finden sich in allen Weltreligionen; auch der Philosoph Immanuel Kant war ein Pflichtethiker.

Beide Ansätze führen zu Problemen, denn eine strikte Befolgung würde dazu führen, dass eine Handlung auch dann ethisch geboten ist, wenn unser moralisches Empfinden dazu neigt, sie zu verurteilen.

Zunächst ist es sicherlich eine Schwäche der Folgenethik, dass wir in den allerwenigsten Fällen alle Wirkungen kennen, die unser Handeln auf das Glück oder Unglück anderer Menschen hat. Die deutlichste Schwäche der (utilitaristischen) Zweckethik liegt jedoch darin, dass sie auch ungerechte Handlungen befürwortet. Dies wird an folgenden Beispielen deutlich: Die Bewohner einer Stadt haben beschlossen, ihren Energieverbrauch zu halbieren, indem u. a. die Raumtemperatur in allen Innenräumen auf 18 Grad Celsius reduziert wird. Nach einigen Monaten gemeinsamer Anstrengungen ist das Ziel erreicht. Eine einzelne Bewohnerin der Stadt macht aber nicht mit. Sie heizt ihre Zweizimmerwohnung weiter auf 24 Grad Celsius. Ein (utilitaristischer) Zweckethiker hätte auf der Grundlage seines Systems kein Argument, diese Handlung zu verurteilen, denn die Folgen, die eine um sechs Grad höhere Raumtemperatur in einer einzigen Wohnung einer großen Stadt für die Energieeinsparung der Stadt hat, sind minimal. Das Argument, dass ein solches Verhalten ungerecht ist, weil andere Menschen frieren, während eine Bewohnerin im Warmen sitzt, beruht auf dem inneren Wert, dem man der Gerechtigkeit zuschreibt, der aber für einen reinen Utilitaristen nicht zählt, da für ihn nur die Folgen ausschlaggebend sind.

Utilitaristen haben versucht, dieses Manko zu beseitigen, indem sie jene Handlung oder Handlungsregeln befürworten, die das größte Glück für die *größte Zahl von Menschen* zur Folge hat. Aber auch dieser Zusatz würde die Frau in ihrer warmen Zweizimmerwohnung nicht verurteilen können. Im Gegenteil: Da ihre warme Wohnung zum höheren Glück für eine Bewohnerin der Stadt führt, gleichzeitig das Glück der anderen Menschen aber nicht geschmälert wird, wäre ihre Handlung sogar ethisch geboten.

Genauso wenig könnte man mit Hilfe dieses Zusatzes ein Wirtschaftssystem verurteilen, das viele Reiche reicher und damit glücklicher macht, während es wenige Arme ärmer macht. Der Wert der Gerechtigkeit ist ein Wert in sich und kann deshalb nur über eine Pflichtethik gefordert werden.

Aber auch die Pflichtethik hat Nachteile. In der praktischen Anwendung ergibt sich aus diesem Ansatz z. B. das Problem, dass moralische Pflichten in einer konkreten Situation zu einander widersprechenden Handlungsanweisungen führen können. So können z. B. das Gebot, nicht zu töten, und das Gebot, Gerechtigkeit zu üben, zu der Handlungsempfehlung führen, einen Diktator zu töten und ihn nicht zu töten. Für einen Zweckethiker wäre die Lage dagegen klar: Führt sein Tod zum Glück vieler Menschen, ist das Opfer eines Menschen, sogar wenn sie oder er unschuldig sein sollte, legitim. Ein im Alltag häufig auftretender Konflikt entsteht zwischen den beiden Regeln, einerseits andere Menschen nicht zu verletzen und andererseits stets die Wahrheit zu sagen. Diese Widersprüche können nur durch die Festlegung einer Rangordnung der einzelnen Gebote gelöst werden. Wer aber sollte diese Rangordnung festlegen? In den meisten Religionen ist nichts Derartiges vorgegeben. Und es ergeben sich andauernde Auseinandersetzungen über die Gewichtung der einzelnen Gebote im Konfliktfall.

Um den Konflikt der Wertegewichtung zu überwinden, entwickelte Immanuel Kant ein System, das auf einer einzigen Regel beruht, dass jeder nur nach derjenigen Maxime handelt, von der man zugleich wollen kann, dass sie zum allgemeinen Gesetz werden könne (»kategorischer Imperativ«). Lügen und Gewaltsamkeit verbieten sich nach dieser Regel gleichermaßen, denn niemand kann vernünftigerweise wollen, dass Unwahrhaftigkeit oder Gewaltsamkeit zum allgemeinen Gesetz erhoben werden, da er in einer solchen Situation ständig von Gewalttätigkeit und Unwahrhaftigkeit umgeben wäre. Kant ging dabei so weit, auch in extremen Situationen Wahrhaftigkeit zu fordern. Auch jemand, der in einem despotischen Regime einen unschuldig Verfolgten in seinem Haus versteckt, ist verpflichtet, den an seiner Tür anklopfenden Verfolgern den Aufenthaltsort des Verfolgten preiszugeben.

Das Problem der sich widersprechenden Regeln innerhalb eines Wertesystems ist damit nicht befriedigend gelöst. Genauso wie wir den Utilitaristen nicht darin folgen können, dass eine Handlung, die zu einer ungleichen Verteilung menschlichen Glücks führt, ethisch geboten sein soll, kann sich unsere Vorstellung vom ethisch Richtigen und Falschen nicht damit abfinden, dass wir ungeachtet der Konsequenzen für das Wohlergehen von Menschen einer ethischen Regel folgen sollen.

Für die Entwicklung einer tragfähigen Ethik im Allgemeinen und für die Aufstellung eines Wertekatalogs für ethische Geldanlagen im Besonderen erscheint es angesichts dieser Überlegungen sinnvoll, von beiden Richtungen jene Bestandteile aufzunehmen, die für eine akzeptable ethische Richtschnur brauchbar sind. Bestimmte Grundwerte wie Gerechtigkeit, Freiheit und die Unversehrtheit von Leben werden bei unseren Handlungen immer leitend sein müssen, wenn sie Anspruch darauf erheben, im ethischen Sinne »gut« zu sein. Zudem ist es aber unerlässlich, die Folgen unserer Handlungen für das Glück anderer Menschen in unsere Überlegungen einzubeziehen und unsere Handlungen und Investitionen daran auszurichten.

Bei der Aufstellung und Beurteilung ethischer Investmentkriterien ist es eine Hilfe, sich dieser beiden Ethikkonzepte bewusst zu sein. Sie stellen jenseits subjektiver Meinungsäußerungen zwei Wege der Begründung für das ethisch Gute und Schlechte dar und verweisen gerade in ihren jeweiligen Schwächen auf das ethisch Unabdingbare: die Unverletzlichkeit bestimmter Grundwerte und die Berücksichtigung der Folgen unserer Handlungen.

2. Ein weltweit gültiger Wertekonsens

Der Theologe Hans Küng hat mit seinem Projekt »Weltethos« den Versuch unternommen, über religiöse und weltanschauliche Grenzen hinweg einen Wertekatalog aufzustellen, der aufgrund seines religiösen Hintergrunds zwar pflichtethisch geprägt ist, dessen Forderungen aber an den Folgen für das Wohlergehen der Menschen orientiert sind. Sein Ausgangspunkt ist, dass es angesichts der zunehmenden Globalisierung der Wirtschaft und der einhergehenden Unterordnung ethischer Normen unter das ökonomische Kalkül unerlässlich ist, einen globalen Konsens über Werte zu entwickeln, um aus dieser Position heraus ethische Forderungen an die Globalisierung stellen zu können.

Das Projekt »Weltethos«, das einen solchen Konsens vorsieht, beruht auf der Auseinandersetzung mit Vertretern unterschiedlichster Religionen unter Berücksichtigung auch nicht religiöser Weltanschauungen. Ziel ist, einen Grundkonsens gemeinsamer Werte und Maßstäbe aufzustellen, in dem sich alle Menschen, gleich welcher Religion, Weltanschauung oder Nation, mit ihren eigenen Traditionen wiederfinden können. Wichtig ist ihm dabei, dass bei diesem Bemühen um einen ethischen Grundkonsens die Unterschiede nicht verwischt werden. Die verschiedenen Glaubensrichtungen sollen in ihren zum Teil sehr verschiedenen Glaubensinhalten, Riten und Lebensstilen bestehen bleiben. Auf dem Boden dieser Vielfalt soll aber im Hinblick auf die drängenden Probleme der ganzen Menschheit nach Gemeinsamkeiten gesucht werden, die sich aus dem Inneren der Religionen und aus weltlichen Bestrebungen wie der Umsetzung der Menschenrechte selbst ergeben.

Auf der Grundlage der vier in allen Religionen zu findenden und mit der allgemeinen Erklärung der Menschenrechte übereinstimmenden ethischen Regeln: »Du sollst nicht töten«, »Du sollst nicht

stehlen«, »Du sollst nicht lügen« und »Du sollst nicht Unzucht treiben« werden in dieser Erklärung die folgenden »Vier unverrückba-
ren Weisungen« entwickelt:

1. Die Verpflichtung auf eine Kultur der Gewaltlosigkeit und der
   Ehrfurcht vor allem Leben,
2. die Verpflichtung auf eine Kultur der Solidarität und eine gerechte Wirtschaftsordnung,
3. die Verpflichtung auf eine Kultur der Toleranz und ein Leben in
   Wahrhaftigkeit und
4. die Verpflichtung auf eine Kultur der Gleichberechtigung und
   die Partnerschaft von Mann und Frau.

Diese vier Weisungen werden in einem zweiten Schritt konkret auf
aktuelle Probleme wie z. B. institutionelle Gewalt und Umweltzerstörung, die ungerechte Verteilung materieller Güter, die Verdre-
hung der Wahrheit durch Massenmedien und die sexualisierte Gewalt bezogen.

Ausdrücklich wird dabei erwähnt, dass es oft auch Führer und
Anhänger von Religionen sind, die Aggression, Fanatismus und
Hass schüren und damit zum Verstoß gegen diese Werte beitragen.

Viele internationale Konzerne entschuldigen ihr ethisch frag-
würdiges Verhalten in außereuropäischen Ländern oft damit, dass
dort andere Wertvorstellungen herrschen, an die sich das Unternehmen, will es in dem fremden kulturellen Kontext bestehen, an-
passen muss. Bestechung oder Verstöße gegen Menschenrechte
werden so oft mit dem Hinweis auf die kulturelle Vielfalt erklärt.
Da es keinen weltweit gültigen Wertekatalog gibt, gibt es keine
Grundlage, auf der man diese Verstöße verurteilen kann, heißt es
zur Rechtfertigung. Es ist das Verdienst des Projekts Weltethos, diesem Argument den Boden entzogen zu haben. Die Verletzung von
Grundwerten, der viele Konzerne oft tatenlos zusehen oder an der
sie selbst direkt und indirekt beteiligt sind, lässt sich nicht mit der
Subjektivität von Ethik rechtfertigen. Sie sind auch aus der Sicht
außereuropäischer Kulturen unentschuldbare Verbrechen.

3. Ethische Werte und Wirtschaftspraxis

Wie können diese sehr allgemeinen und weit reichenden ethischen Forderungen bei der Auswahl geeigneter Investitionsobjekte angewandt werden? Es ist sicher nicht praktikabel, angesichts der vier Forderungen des Weltparlaments der Religionen auf die Suche nach *dem* ethisch guten Unternehmen zu gehen. Dies liegt daran, dass diese Kriterien zu wenig spezifisch sind, um auf konkrete Investitionsentscheidungen anwendbar zu sein. Zum Zweiten wird sich kein Unternehmen finden, das diesen Forderungen in jeder Hinsicht entspricht. Für die Anwendung in der Geldanlage bedarf es deshalb zum einen einer Ableitung dieser Werte hin zu den konkreten Anwendungsbereichen, zum anderen macht es Abstufungen erforderlich, mit deren Hilfe krasse Verstöße von weniger eklatanten unterschieden werden können.

So muss *Friedfertigkeit* im wirtschaftlichen Zusammenhang vordringlich mit der Produktion und dem Handel von Waffen in Verbindung gebracht werden. *Gerechtigkeit* ist in wirtschaftlichen Zusammenhängen überall dort relevant, wo Gruppen oder Organisationen mit unterschiedlichen Interessen und Einflussmöglichkeiten aufeinander treffen. Dies gilt für die Auseinandersetzung zwischen Arbeitnehmern und Arbeitgebern, aber auch für das Verhältnis zwischen Marktteilnehmern mit großer Marktmacht und Kunden und Lieferanten mit wesentlich geringerer ökonomischer Macht. Gerechtigkeit spielt aber auch dort eine Rolle, wo Teile der Bevölkerung aufgrund gesellschaftlicher Vorurteile oder eingefahrener Rollenmuster an der Entwicklung ihrer Fähigkeiten behindert werden. Festigt das Verhalten eines Unternehmens diese Benachteiligung oder ist es bereit, durch besondere Förderung ausgleichende Gerechtigkeit zu üben? Die *Wahrhaftigkeit* in ökonomischem Zusammenhang spielt dort ein Rolle, wo das ökonomische Eigeninteresse eine Verschleierung oder Beschönigung von Tatsachen nahe legt, so wie es oft beim Verkauf von Waren und der Bemühung um Beteiligungskapital und Krediten der Fall ist.

Die *Bewahrung der Schöpfung* betrifft den verantwortlichen

Umgang mit allen von dem Unternehmen ausgehenden Umwelt-auswirkungen.

Für die detaillierte Aufstellung von Kriterien muss versucht wer-den, die wesentlichen Verstöße gegen den vom Weltparlament der Religionen aufgestellten Wertekatalog auszuschließen und umge-kehrt Unternehmen hervorzuheben, die durch ihre Aktivitäten zur Umsetzung dieser Werte im Wirtschaftsleben beitragen. Die Aus-einandersetzung darüber, wie dies geschehen kann, soll zunächst mit einem Blick auf die drei Grundformen der ethischen Geldan-lagen begonnen werden.

V. Die drei Grundformen der ethischen Geldanlage

Die Angebote ethischer Geldanlagen lassen sich in **Förderspar-möglichkeiten**, **Direktbeteiligungen** und ethische **Investment-fonds/Lebensversicherungen** einteilen.

1. Fördersparmöglichkeiten

Bei Fördersparmöglichkeiten erhalten Projekte oder Unternehmen, die in zukunftsfähigen Bereichen tätig sind, zinsgünstige Kredite. Anleger, die sich für eine solche Form der Geldanlage entscheiden, bekommen dabei weniger Zinsen auf ihre Spareinlage als bei einem vergleichbaren konventionellen Angebot, ihr Kapital wird aber direkt zur Unterstützung eines förderungswürdigen Projekts eingesetzt. Hierbei wird ein doppeltes Ziel verfolgt: Sie erzielen eine Rendite etwa in Höhe des Inflationsausgleichs; zugleich fördern sie mit ihrem Kapital ein ökologisch und sozial verantwortliches Projekt direkt.

Diese Form ethischer Geldanlagen findet in aller Regel außerhalb oder am Rande der konventionellen Finanzmärkte statt. Hier vermitteln Alternativbanken zwischen interessierten Anlegern und Projekten, die Kapital benötigen. Die Bank übernimmt nicht nur die Überprüfung der Kreditwürdigkeit, sondern untersucht auch, ob das Projekt bestimmten Förderkriterien entspricht. Die Anonymität zwischen Geldanlegern und Kreditnehmern ist insofern durchbrochen, als dem Investor die Projekte über Beschreibungen bekannt sind.

Konkret werden Darlehen z. B. an Genossenschaften in Entwicklungsländern, für den Aufbau von gemeinschaftlichen Wohn- und Arbeitsformen, für freie Schulen oder für Frauenprojekte vergeben. Im Umweltbereich werden vor allem in den Industrieländern z. B. die Photovoltaik, der ökologische Landbau oder der Bau von Niedrigenergiehäusern gefördert. In Deutschland waren 2001 rund 500 Mio. € in Fördersparprodukten angelegt.

Beispiel für ein Fördersparprodukt

Oikocredit finanziert eine genossenschaftliche Krankenversicherung auf den Philippinen. Der philippinische Staat gibt jährlich lediglich ca. 3 € pro Kopf für das öffentliche Gesundheitswesen aus. Das staatliche Krankenversicherungssystem der Regierung erreicht nur 3 % der Bevölkerung und zahlt höchstens 30 % der Krankenhauskosten. Daher sind die Menschen auf ihre privaten Mittel bei der Bezahlung von Arzthonoraren, Medikamenten und Krankenhausrechnungen angewiesen. Dies bedeutet für weite Teile der Bevölkerung, dass sie keinen Zugang zu ärztlicher Behandlung haben.

Angesichts dieser Lage wurde 1991 die genossenschaftliche Krankenversicherung Cooperative Health Program (CHP) auf der Insel Mindanao gegründet. Die Versicherung steht allen offen und ist ihren Preis wert. Der Jahresbeitrag der Mitglieder entspricht den Kosten für einen durchschnittlichen Krankenhausaufenthalt, gegen einen kleinen Aufpreis werden auch Familienmitglieder versichert. Dafür gibt es kostenlose Untersuchungen, verbilligte Medikamente und eine großzügige Deckung der Kosten von Krankenhausaufenthalten. Die Krankenkasse war von Anfang an sehr beliebt. Innerhalb weniger Wochen nach Gründung traten 5000 Menschen bei, in den folgenden Jahren sind es Hunderttausende geworden. Für die ersten Krankenhausbauten bekam die CHP Starthilfe von Oikocredit.

2. Direktinvestitionen

Bei Direktinvestitionen sucht ein Unternehmen entweder selbst oder über einen Vermittler Beteiligungskapital für ein bestimmtes Projekt. Mit dem Investor wird ein Vertrag zur Überlassung einer bestimmten Summe vereinbart, für die er im Gegenzug eine Beteiligung an den Gewinnen des Unternehmens erhält. Windparks und andere Formen der regenerativen Energie waren in der Bundesrepublik mit Abstand das beliebteste Ziel von Direktanlegern. Von den insgesamt ca. 1,85 Mrd. €, die in ökologische Direktbeteiligungen investiert wurden, flossen bis Ende 1999 ca. 1,74 Mrd. € in diesen Bereich.

Investitionen in Windparks und andere Projekte der Förderung regenerativer Energien werden von den Anlegern deshalb bevorzugt, weil sie mit überschaubaren Risiken verbunden sind. So ist die Abnahme des Stroms zu einem kostendeckenden Preis über eine Regelung zur Einspeisevergütung auf europäischer Ebene vorgeschrieben. Bei Windkraftanlagen liegen die Jahresrenditen zudem zwischen 4 % und 9 %. Damit erleiden Anleger in diesem Bereich keine so deutlichen Renditeeinbußen wie bei Förderkrediten.

Direktinvestitionen in Unternehmen, die es sich zum Ziel gesetzt haben, innovative Produkte wie z. B. ein Solarauto zu entwickeln und auf den Markt zu bringen, sind dagegen riskanter, da die Kosten für die Entwicklung kaum kalkulierbar sind und ein Markt für solche Produkte noch nicht existiert.

Zur Minderung dieses Risikos sind **Beteiligungsfonds** ins Leben gerufen worden, die nach dem Prinzip von Aktienfonds funktionieren: Das Kapital mehrerer Anleger wird gesammelt und dann risikomindernd in mehrere Projekte investiert. Die schwache Entwicklung eines Teils der Projekte wird durch die gute Entwicklung an anderer Stelle kompensiert.

Beispiel für eine Direktbeteiligung

Die Phönix SonnenStrom AG hat ihre Wurzeln in einer Initiative des Bundes der Energieverbraucher. Dieser Bund, der sich der Verbreitung regenerativer Energieformen verpflichtet fühlt, rief 1994 eine Solarinitiative mit dem Ziel ins Leben, die Sonnenenergie zu fördern. Es wurden Einkaufsplattformen gebildet, die es Endverbrauchern ermöglichten, Solarkollektoren direkt vom Hersteller zu beziehen. Zudem wurden Solarschulen errichtet, in denen sog. Phönix-Solarberater ausgebildet werden. Die heute 500 Beraterinnen und Berater sind als Solarinstallateure und Multiplikatoren tätig. Sie bilden neben anderen Vertriebsschienen den wichtigsten Grundstock des Vertriebsnetzes der Phönix SonnenStrom AG, die im November 1999 aus der Initiative hervorging. In Folge gab es zwei Kapitalerhöhungen, die sich an die Solarberater und Mitarbeiter des Unternehmens richteten, die oft jahrelange unentgeltliche Pionierarbeit geleistet haben. Die erste öffentliche Kapitalerhöhung fand im Januar 2001 statt. Die Aktie wurde bei dem von einem außenstehenden Wirtschaftsberater ermittelten Ausgabekurs von 12 € deutlich überzeichnet. Die Papiere werden seitdem im außerbörslichen Bereich von »grünen« Finanzdienstleistern gehandelt. Im Jahr 2003 plant das Unternehmen an die Börse zu gehen.

Die Firmengeschichte bestimmte auch die beiden heutigen Tätigkeitsbereiche der Gesellschaft, die Installation und den Vertrieb von netzgekoppelten SonnenStrom-Anlagen. Zusätzlich lässt die Firma Solarziegel anfertigen, für die sie Lizenz- und Vertriebsrechte besitzt. In allen Tätigkeitsbereichen führt das Unternehmen Projekte für Privatpersonen durch, wie die Installation von Photovoltaikanlagen auf Dächern von Privathäusern, nimmt aber auch die Installation von Großanlagen etwa einer 145 kW-Anlage für die Berliner Wohnungsbaugesellschaft oder eine 110 kW-Anlage für die Eissporthalle Germering bei München vor.

3. Investmentfonds/Lebensversicherungen (Investmentprodukte)

Während die beiden zuvor genannten Formen der ethischen Geldanlagen auf dem so genannten primären Kapitalmarkt getätigt werden, auf dem das Geld der Anleger direkt in Unternehmen und Projekte fließt, betätigen sich Investmentfonds und Lebensversicherungen in aller Regel auf dem über die Börse abgewickelten sekundären Kapitalmarkt. Hier werden Schuldtitel und Aktien gehandelt, ohne dass die dazugehörigen Unternehmen direkt daran beteiligt sind. Nicht die Unternehmen, sondern der Verkäufer eines Wertpapiers erhält das Geld aus dem Verkauf eines Papiers. Die Unternehmen ziehen nur insofern einen Vorteil aus dem sekundären Kapitalmarkt, als er die Aufnahme von Investitionsgeldern für sie wesentlich erleichtert.

Bei ethischen Investmentfonds geht es also nicht um eine direkte Förderung eines Unternehmens und es gibt auch keinen direkten Kontakt zwischen den Unternehmen, in die investiert wird, und dem Anleger. Es handelt sich vielmehr um eine Anlage, bei der aus ethischen oder ökologischen Gründen bestimmte wirtschaftliche Aktivitäten wie z. B. der Bau von Waffen ausgeschlossen und andere bevorzugt werden. So investieren diese Fonds z. B. in Unternehmen, deren Produkte einen Beitrag zum Umweltschutz leisten oder die durch ein konsequentes Umweltmanagement ihre Umweltauswirkungen minimieren.

Die Motivation liegt hier für den Anleger darin, dass er zwar eine konventionelle Rendite anstrebt, doch dies nicht um jeden Preis. Er möchte sicher sein, dass bestimmte Bereiche bei seiner Investition ausgeschlossen und andere bevorzugt werden. In Deutschland waren Ende 2001 allein über Investmentfonds rund 2,5 Mrd. € in ethische Geldanlagen angelegt.

Beispiel für eine AG, die sich für einen Ökofonds eignet

The Body Shop produziert Kosmetika, die weltweit in über 1500 eigenen oder im Franchise-Verfahren geführten Läden verkauft werden. Seit Eröffnung des ersten Ladens in Brighton 1976 hat sich das Unternehmen einer sorgfältigen Auswahl der Ingredienzien, dem weit gehenden Verzicht auf im Tierversuch getesteten Stoffen und der Unterstützung von Menschenrechtsanliegen verschrieben. Als das Unternehmen 1984 an die Börse ging, wurde es sehr schnell zum Lieblingskandidaten für Umweltfonds. Es gibt eine Schätzung aus den frühen neunziger Jahren, der zufolge die Aktie des Body Shop in dieser Zeit aufgrund der starken Nachfrage von ökologisch orientierten Anlegern zwei- bis dreifach überbewertet war.

Durch das Franchise-Verfahren expandiert das Unternehmen schnell und die Gewinne steigen stetig. Außerdem hat es ein ausgeprägtes Umwelt- und Sozialprofil. Es bietet z. B. einen Nachfüllservice für seine Produkte an, verwendet Naturstoffe, setzt sich vehement gegen den Einsatz von Tierversuchen für Kosmetika ein und wirbt nicht mit idealisierten Frauengestalten, sondern mit Kampagnen für Menschen- und Umweltschutzanliegen sowie mit Sprüchen wie: »Es gibt nur ein sicheres Rezept gegen Falten: Lächeln Sie nie!«

Die Begeisterung der ethischen Investoren wurde jedoch auch auf die Probe gestellt. Klagen über große Mengen Haarshampoo, die aus einer Fabrik in den USA direkt in einen Fluss ausgeleitet wurden, und über die werbewirksam herausgestellte Zusammenarbeit mit lokalen Produzenten in Entwicklungsländern, die tatsächlich jedoch nur einen minimalen Anteil am Umsatz ausmachten, kratzten an dem guten Image des alternativen Unternehmens. Hinzu kamen gegen Ende der neunziger Jahre wirtschaftliche Schwierigkeiten, die dazu führten, dass das Gründerehepaar Anita und Gordon Roddick den Platz für einen extern angeworbenen Vorstandsvorsitzenden frei machte, jedoch nach wie vor im Vorstand vertreten ist.

Nach diesen Krisen geht das Body Shop weiter seinen Weg

als wirtschaftlich erfolgreiches und nach wie vor in ökologischen und sozialen Themen außergewöhnlich engagiertes Unternehmen, das aus seinen Fehlern gelernt hat, ohne seine Ideale aufgegeben zu haben.

VI. Die Kriterien der ethischen Geldanlage

1. Die historische Entwicklung ethischer Investmentkriterien

In Großbritannien und in den Vereinigten Staaten entwickelte sich die Aufstellung ethischer Kriterien für Kapitalanlagen zunächst an den konkreten Lebensregeln christlicher Gemeinschaften. So forderten Methodisten und Quäker in England und den USA zu Beginn des 20. Jahrhunderts von ihren Banken, dass die Gemeindegelder nicht in Rüstungsunternehmen, nicht in die Glücksspiel- und Suchtmittelindustrie oder in Pornographie investiert werden, da dies im krassen Gegensatz zu ihren Grundüberzeugungen steht.

In den siebziger Jahren wurde das Instrument des ethisch selektiven Investments in den USA von der Anti-Apartheidbewegung und den Aktivisten gegen den Vietnamkrieg aufgenommen. Hier wurden politische Ziele als Anlagekriterien formuliert. Es sollten keine Investitionen nach Südafrika oder in Unternehmen, die Geschäfte in dem Apartheidstaat betrieben oder dort Tochtergesellschaften unterhielten, fließen. Ebenso sollte kein Geld in die Rüstungsindustrie und in Unternehmen, die Zulieferer für die Kriegführung in Vietnam waren, gehen. Ziel war, das Regime in Südafrika und die Nutznießer des Vietnamkriegs wirtschaftlich zu schwächen. Der so von Anlegern und Konsumenten ausgehende wirtschaftliche Druck auf die Regierung in Pretoria war dabei ein nicht unwesentlicher Faktor im erfolgreichen Kampf gegen die Apartheid.

Zusätzlich nahm **die erste Generation ethischer Fonds** in den USA Negativkriterien wie die Diskriminierung von Frauen oder

Minderheiten, Tierversuche, unverantwortliche Marketingmethoden und Kernkraft auf. In den achtziger Jahren folgte die Forderung nach umweltverantwortlichem Wirtschaften. Ethische Geldanlagen in Form von umweltverträglichen Geldanlagen entstanden nun zum ersten Mal auch auf dem europäischen Festland, wo zunächst in Dänemark (1987) und später auch in Schweden, der Bundesrepublik Deutschland, den Niederlanden, Belgien, Österreich, Luxemburg, Norwegen, der Schweiz und Frankreich Ökofonds und ökologische Lebensversicherungen aufgelegt wurden.

Die Berücksichtigung des Umweltschutzes in Investitionsentscheidungen wurde dabei in der nun **entstehenden zweiten Generation ethischer Investmentfonds** zum ersten Mal nicht mehr nur über Ausschlusskriterien, sondern über Positivkriterien formuliert. Es sollten bevorzugt Aktien von Unternehmen gekauft werden, die aktiv zur Schonung der natürlichen Ressourcen beitrugen.

Der weltweit erste ökologisch orientierte Fonds, der 1982 in den USA aufgelegte New Alternative Fund, verfolgte die Strategie, gezielt in Unternehmen zu investieren, die im Bereich der umweltfreundlichen Energiegewinnung tätig sind. Die später aufgelegten »grünen« Fonds in den USA, England und danach auch auf dem europäischen Festland nahmen durchgängig Positivkriterien in ihre Richtlinien auf. Typische ökologische Positivkriterien waren und sind dabei z. B. Recycling, Energieeinsparung, Emissionsverminderung, Entwicklung von Umwelttechnologien, Abfallbeseitigung oder öffentliche Verkehrsmittel.

Die **dritte und bisher erfolgreichste Generation von Ökofonds** wurde mit Hilfe des Öko-Effizienz-Konzepts geschaffen. Dieser Begriff wurde 1992 vom World Business Council for Sustainable Development (WBCSD) geprägt, einer weltweiten Vereinigung von Unternehmern, die ihre Verantwortung für die Umwelt erkannt haben und 1992 auf dem Weltumweltgipfel in Rio de Janeiro die Seite der Unternehmer vertraten. Mit Öko-Effizienz wird ein unternehmerisches Handeln umschrieben, das sich gleichzeitig an ökonomischer und ökologischer Effizienz orientiert. Typische Merkmale öko-effizienten Wirtschaftens sind z. B. die Reduzierung

des Material-, Energie- und Wasserverbrauchs, die Reduzierung to-
xischer Emissionen und die Erhöhung der Recyclingfähigkeit der
Produkte sowie weitere Maßnahmen, die zu einer Reduzierung von
Kosten oder zu höheren Einnahmen durch größere Nachfrage
führen und die gleichzeitig negative Umweltauswirkungen reduzieren. Öko-Effizienz-Fonds haben Instrumentarien entwickelt, um
Unternehmen zu analysieren, die öko-effizient arbeiten. Da die
Einschätzung von Merkmalen wie dem Wasser- oder Energieverbrauch allerdings stark von den Produkten eines Unternehmens abhängt, geschieht eine solche Öko-Effizienz-Analyse jeweils innerhalb einer Branche mit dem Ziel, jene Unternehmen für den Fonds
auszuwählen, die eine überdurchschnittliche Leistung im Bereich
der Ökologie (»Best in Class«-Ansatz) aufweisen können. In den
meisten Fällen wird diese Öko-Effizienz-Analyse um eine Untersuchung von sozialen Aspekten wie der Situation der Mitarbeiter,
Kunden und Anrainer ergänzt. Auch hierbei werden die Unternehmen innerhalb einer Branche miteinander verglichen und die besten ausgewählt.

Nachhaltigkeitsfonds

Nachhaltigkeitsfonds arbeiten ebenfalls nach dem »Best in Class«-
Ansatz und sind von daher vergleichbar mit Öko-Effizienz-Fonds.
Ausgangspunkt für die Analyse der »Nachhaltigkeit« eines Unternehmens ist für sie jedoch eine Untersuchung nach ökologischen,
sozialen und ökonomischen Kriterien. Gesucht werden dabei Unternehmen, die in allen drei Bereichen überdurchschnittlich abschneiden und damit ein langfristig für Umwelt, Menschen und
auch ökonomisch tragfähiges Wachstum erhoffen lassen. Oft haben
diese Fonds allerdings nur schwache Negativkriterien, sodass es ihnen möglich ist, auch in Großunternehmen wie DaimlerChrysler
oder Bayer zu investieren, solange diese sich innerhalb ihrer Branche unter den Besten positionieren können.

Ökologische Branchenfonds

Neben diesen drei Generationen von Ökofonds werden Investmentfonds angeboten, die sich auf eine bestimmte, für den ökologisch ausgerichteten Investor interessante Branche spezialisieren. Diese Fonds investieren dann z. B. nur in Unternehmen aus den Bereichen Umwelttechnologie oder regenerative Energien. In Umwelttechnologiefonds finden sich solche von Filterherstellern über Abfallentsorger, Recyclingunternehmen bis hin zu Windkraftunternehmen. Da diese Fonds teilweise keine Negativkriterien berücksichtigen, kann es sein, dass sie auch in Unternehmen investieren, die in Bereichen tätig sind, die für manche ethisch orientierten Anleger nicht akzeptabel sind, wie z. B. die Atomkraft.

Einige Fonds haben sich noch weiter spezialisiert: Sie investieren nur in Unternehmen, die als Hersteller oder Projektierer von Anlagen im Bereich der Solarenergie, Windkraft oder anderen Formen der regenerativen Energien tätig sind und damit einen Beitrag dafür leisten, Kapital für diesen ökologisch bedeutsamen Industriezweig bereitzustellen.

Bei beiden Varianten handelt es sich streng genommen um Branchenfonds, also Investmentfonds, die sich auf eine Branche, von der man sich in Zukunft überdurchschnittlich hohe Gewinne erhofft, konzentrieren. Sie unterscheiden sich damit vom Konzept her nicht von einem Fonds, der ausschließlich in Medizintechnik- oder Rohstoffunternehmen investiert.

Für alle Formen ethischer Investmentfonds gilt selbstverständlich, dass neben der ökologischen und sozialen Analyse immer auch klassische ökonomische Investmentkriterien wie die Gewinnerwartung und das Kurs-Gewinnverhältnis berücksichtigt werden, bevor sie in den Fonds aufgenommen werden.

2. Zur Beurteilung von Kriterienkatalogen

Die kontinuierliche Verbreitung des »Best in Class«-Ansatzes hat dazu geführt, dass sich die Vorgehensweise ökologisch und sozial arbeitender Fonds ähnelt. Trotzdem gibt es nach wie vor signifikante Unterschiede in der ethischen Qualität der Fonds. Folgende Merkmale geben Hinweise darauf, wie ernst es ein Anbieter mit der Umsetzung von ökologischen und sozialen Themen in der Geldanlage tatsächlich meint.

Negativkriterien

Negativkriterien, die aufgestellt werden, um Investitionen in Suchtmittel, Rüstungsgüter und das Glücksspiel zu verhindern, bildeten den historischen Anfang ethischer Geldanlagen.

In den vergangenen Jahrzehnten fand eine lebhafte Diskussion um die Inhalte ethischer Geldanlagen statt. Dies hatte zur Folge, dass die klassischen Ausschlusskriterien ergänzt oder ersetzt wurden durch Themen wie Kinderarbeit und Umweltzerstörung. Gleichzeitig wurden die Instrumente, mit deren Hilfe Unternehmen ökologisch und sozial bewertet werden können, stark verfeinert. Es werden ökologische Kennzahlen verglichen, Maßnahmen der Mitarbeiterförderung eingeschätzt und die Wirksamkeit von Anti-Korruptionsmaßnahmen untersucht.

Die Berücksichtigung von Ausschlusskriterien ist und bleibt jedoch nach wie vor unverzichtbar für eine ethische Geldanlage, die diesen Namen verdient. Sie sind das wichtigste Unterscheidungsmerkmal zwischen ethischem und konventionellem Investment. Denn nur dann, wenn ein Unternehmen allein aus ethischen Gründen und völlig unabhängig von seiner wirtschaftlichen Situation von einer Investition ausgeschlossen wird, ist der Bruch mit dem traditionellen Verständnis von Geldanlagen, bei dem allein ökonomische Kriterien ein Rolle spielen dürfen, tatsächlich vollzogen.

Dementsprechend benutzt auch der überwiegende Teil der Fonds

Ausschlusskriterien, die heute in den meisten Fällen Rüstungsgüter, den Bau und das Betreiben von Atomkraftwerken sowie die Entwicklung und Anwendung der Gentechnologie betreffen.

Fonds ohne diese Ausschlusskriterien investieren dagegen durchaus in ethisch fragwürdige Hersteller von Rüstungsgütern, Atomkraftwerken oder Unternehmen, die von der WHO als stark giftig eingestufte Pestizide herstellen. Möglich ist dies, solange das Unternehmen noch gewisse Positivkriterien erfüllt oder z. B. zu den »Besten« innerhalb seiner ethisch fragwürdigen Branche zählt. So geschieht es in der Praxis tatsächlich, dass ökologisch und sozial ausgerichtete Fonds in den »ökosozialsten« Autobauer oder Rüstungsproduzenten investieren.

Ökologische Positivkriterien

Die ökologischen Kriterien umfassen in der Regel die Punkte Umweltmanagement, die Umweltauswirkungen der Produkte und diejenigen aus der Produktion. Unterschiede ergeben sich bei den Fonds jedoch darin, ob absolute Maßstäbe gesetzt werden. Einige Fonds fordern lediglich ein im Vergleich zu den Konkurrenten der gleichen Branche überdurchschnittliches Abschneiden in diesen drei Bereichen. Andere verbinden dieses relative Kriterium mit einem absoluten Maß. So werden bestimmte Branchen oder Produktgruppen von vornherein ab- oder aufgewertet oder konkrete Ansprüche formuliert. So soll z. B. ein für den Fonds in Frage kommendes Unternehmen in besonderem Maß dazu beitragen, die Lebensdauer von Produkten zu verlängern oder die Nutzungseffizienz zu verbessern, indem es Dienstleistungen anstelle des Verkaufs von Produkten anbietet.

Soziale Positivkriterien

Im sozialen Bereich sind die Unterschiede zwischen den Fondsanbietern deutlicher als bei den ökologischen Kriterien. Dies liegt zum einen daran, dass es hier keinen einheitlichen Ansatz gibt, zum anderen aber auch daran, dass die Anbieter unterschiedliche Prioritäten setzen.

Soziale Positivkriterien orientieren sich zunächst an dem so genannten »Stakeholder«-Prinzip, also an dem Gedanken, dass neben den Aktionären auch die Mitarbeiter, Kunden, Lieferanten und Anrainer einen berechtigten Anspruch auf Berücksichtigung ihrer Interessen haben. Ein Kriterienkatalog umfasst demnach Punkte wie den Verbraucherschutz, die Mitarbeiterbeteiligung, den Umgang mit Lieferanten und den Dialog mit Kunden.

Fonds mit einem deutlichen Sozialprofil heben sich dadurch hervor, dass sie Arbeitnehmerrechte und besonders das Recht auf kollektive Lohnverhandlungen explizit anführen und dieses Kriterium auch auf die Zulieferer in Entwicklungsländern ausdehnen. Ein im Hinblick auf die sozialen Kriterien schwächerer Fonds beschränkt sich hingegen auf Kriterien wie flache Hierarchien und Mitarbeiterbeteiligungsprogramme. Ein weiteres Indiz für die Konsequenz, mit der soziale Aspekte bei der Auswahl von Unternehmen für einen Ethikfonds berücksichtigt werden, ist die Berücksichtigung von Kriterien, die auf die besondere Situation der Entwicklungsländer und von Frauen als Arbeitnehmerinnen eingehen.

Die Kriterien des Natur-Aktien-Index (NAI)

Zur Aufnahme eines Unternehmens in den 1997 aufgelegten Natur-Aktien-Index (NAI) müssen mindestens zwei der folgenden vier Positivkriterien erfüllt werden:

1. Das Unternehmen bietet Produkte oder Dienstleistungen an, die einen wesentlichen Beitrag zur ökologisch und sozial nachhaltigen Lösung zentraler Menschheitsprobleme leisten, wie z. B.:
   – regenerative Energieerzeugung,
   – biologische Landwirtschaft,
   – effiziente Wassertechnik,
   – sozial-ökologisch orientierte Forschung, Finanzierung und Beratung oder
   – Armutsbekämpfung.

2. Das Unternehmen ist Branchenvorreiter im Hinblick auf die Produktgestaltung, wie z. B.:
   - Lebensdauer und Nutzungseffizienz,
   - Produktsicherheit,
   - Recyclingfähigkeit oder
   - Ersatz gefährlicher Stoffe.

3. Das Unternehmen ist Branchenvorreiter im Hinblick auf die technische Gestaltung des Produktions- und Absatzprozesses, wie z. B.:
   - Minimierung des Energie- und Rohstoffverbrauchs,
   - Umweltverträglichkeit als Unternehmenspolitik,
   - ständige und nachhaltige Verbesserung der Umweltleistungen.

4. Das Unternehmen ist Branchenvorreiter im Hinblick auf die soziale Gestaltung des Produktions- und Absatzprozesses, wie z. B.:
   - Schaffung von Ausbildungs- und Arbeitsplätzen,
   - Sicherheit und Gesundheitsschutz am Arbeitsplatz,
   - überdurchschnittliche Weiterbildungsmöglichkeiten,
   - besondere Sozialleistungen sowie
   - Förderung von Frauen, ethnischen und sozialen Minderheiten

Ausgeschlossen sind Unternehmen, die eines oder mehrere der folgenden Negativmerkmale erfüllen: Atomenergie, Waffenproduktion, Diskriminierung von Frauen, sozialen oder ethnischen Minderheiten, Kinderarbeit und Zwangsarbeit, Tierversuche, Gentechnologie in der Lebensmittelproduktion, Erzeugung von ausgesprochen umwelt- oder gesundheitsschädigenden Produkten, wie z. B. Pestizide, fossile Kraft- und Brennstoffe oder FCKW.

Die Kriterien von Fördersparprodukten

Eine fördernde ethische Geldanlage zielt auf eine moderate Rendite in Verbindung mit der direkten materiellen Unterstützung eines Projekts ab. Die Kriterien werden deshalb in der Regel so gefasst, dass sie förderungswürdige Projekte identifizieren, die kaum eine Chance haben, über konventionelle Geldanlagen oder über staatliche Unterstützung ausreichend Mittel zu erhalten.

Um die Förderungswürdigkeit zu gewährleisten, müssen diese Projekte Elemente enthalten, die innerhalb rein marktwirtschaftlicher Gegebenheiten nur schwer zu realisieren sind. Sie sollten sich deshalb in eine der drei folgenden Kategorien einordnen lassen:

1. Maßnahmen des Ausgleichs gegenüber wirtschaftlich Benachteiligten, wie Menschen in Entwicklungsländern oder Immigranten,
2. Entwicklung, Herstellung oder Vertrieb von zukunftsfähigen Produkten, für die es derzeit noch kaum einen Markt gibt,
3. Initiativen z. B. in den Bereichen Kultur, Bildung, Frauen oder Soziales, die keine oder eine zu geringe öffentliche Förderung erhalten.

Darüber hinaus geht es bei den Fördersparbriefen darum, eine andere, solidarische Form des Wirtschaftens zu praktizieren. Elemente des solidarischen Wirtschaftens sollten deshalb auch bei den Projekten selber realisiert werden. Merkmale wie die Teilhabe möglichst vieler Menschen an den Gewinnen des Unternehmens, eine genossenschaftliche oder in anderer Weise demokratische Organisation, die Beteiligung von Frauen an Entscheidungsprozessen gehören deshalb ebenfalls zu den spezifischen Kriterien dieser Form der ethischen Geldanlage.

3. Auf der Suche nach dem ethisch guten Unternehmen – Die Operationalisierung

Nimmt man den Kriterienkatalog eines Ökofonds auf der einen Seite und die über ein Unternehmen zusammengetragenen Informationen auf der anderen, so stellt sich heraus, dass die Aufstellung von Kriterien allein für die Bewertung eines Unternehmens nicht ausreicht. Was sind umweltfreundliche Produkte? Wie beurteilt man, ob der Produktionsprozess eines Unternehmens umweltfreundlicher ist als der eines anderen, und wie lässt sich die Arbeitssicherheit in einer Produktionsstätte bewerten? Dies sind nur einige Fragen, die bei der Bewertung eines Unternehmens auftauchen. Um sie zu beantworten, entwickelten Institute und Spezialabteilungen von Finanzdienstleistern Systeme zur sog. Operationalisierung.

Bei der Operationalisierung geht es um eine vergleichende Bewertung von Unternehmen anhand eines einheitlichen Rasters. Dafür werden einzelne Teilgebiete definiert und innerhalb dieser Kriterien so dargestellt, dass sie durch Ja/Nein-Entscheidungen oder mit Punkten bewertet werden können. Aus den daraus entstehenden Teilbewertungen – oft ergänzt um beschreibende Hinweise zu speziellen Aspekten – ergibt sich ein Gesamtbild des untersuchten Unternehmens, das einem ethisch orientierten Anleger die Entscheidung für oder gegen eine Investition in ein bestimmtes Unternehmen erleichtert.

Konkret werden in einem solchen Verfahren Aspekte bewertet, wie z. B. die Höhe der Emissionen von Schadstoffen und des Energie- und Wasserverbrauchs sowie das Umweltschutzmanagement, das Einbeziehen von Mitarbeitern im Umweltschutz sowie die Entsorgung und Recyclingfähigkeit der Produkte. Je nach Branche gehört zu diesem Themenkomplex auch die Frage nach dem Einsatz von Tierversuchen und nach Aktivitäten im Bereich der Gentechnologie.

Im sozialen Bereich werden je nach Recherchetiefe vor allem Mitarbeiterbeteiligungsprogramme, die Mitbestimmungsmöglichkeiten der Mitarbeiter, die Spendentätigkeit an Wohltätigkeitsorganisationen, die Maßnahmen gegen Korruption, Kinder- und Zwangsarbeit sowie der Einsatz von Qualitätssicherungssystemen wie der ISO 9000-Norm zum Schutz der Verbraucher bewertet.

Andere, auf dem sozialen Gebiet strengere Ansätze fragen zusätzlich nach dem sozialen Wert der Produkte, der Lohnhierarchie, nach den Mitbestimmungsmöglichkeiten auch in Zulieferbetrieben, nach speziellen Förderprogrammen für Frauen in den Unternehmen, nach dem Schutz von Verbrauchern in Entwicklungsländern.

Institute, die Recherchedienstleistungen für ethische Investoren anbieten, stellen ihre auf diese Weise ermittelten Untersuchungsergebnisse in Form eines **Umwelt- und Sozialratings** zur Verfügung. Sie orientieren sich damit an den Verfahren zur Ermittlung der Kreditwürdigkeit eines Unternehmens oder eines Staates, bei denen Noten innerhalb einer Skala vergeben werden. Analog zu dem Verfahren der Kreditratingagenturen veröffentlichen sie für jedes Unternehmen eine Endnote, in der alle ökologischen und sozialen Aspekte des Unternehmens zusammengefasst sind. Dies ermöglicht es, eine Rangfolge der Unternehmen innerhalb einer Branche aufzustellen, die sowohl den Unternehmen als auch den Investoren zeigt, wie sie im Vergleich zu ihren Konkurrenten abschneiden. Es hat sich in der Vergangenheit gezeigt, dass gerade dieses Ranking – also die abstufende vergleichende Bewertung für Unternehmen – einen Ansporn für Verbesserungen hervorruft.

Rating-Beispiel: oekom research

Rating zur Sozial- und Kulturverträglichkeit der KarstadtQuelle AG

oekom r|e|s|e|a|r|c|h

Corporate   Responsibility-Rating

Karstadt Quelle AG

→ **Rating: B-**
→ **Rank: 2**   out of
                      30

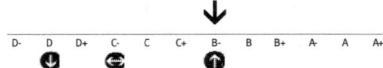

| D- | D | D+ | C- | C | C+ | B- | B | B+ | A- | A | A+ |

→   **oekom research AG**
     Analyst: Kristina Modée
     Waltherstr. 29/ III Rgb.
     D-80337 München
     Fon: ++49/89/544184-0
     Fax: ++49/89/544184-99
     Email: modee@oekom.de
     Web: http:/ /www.oekom.de

Last modification: 09/2000

© oekom research

62000106

Quelle: oekom research AG

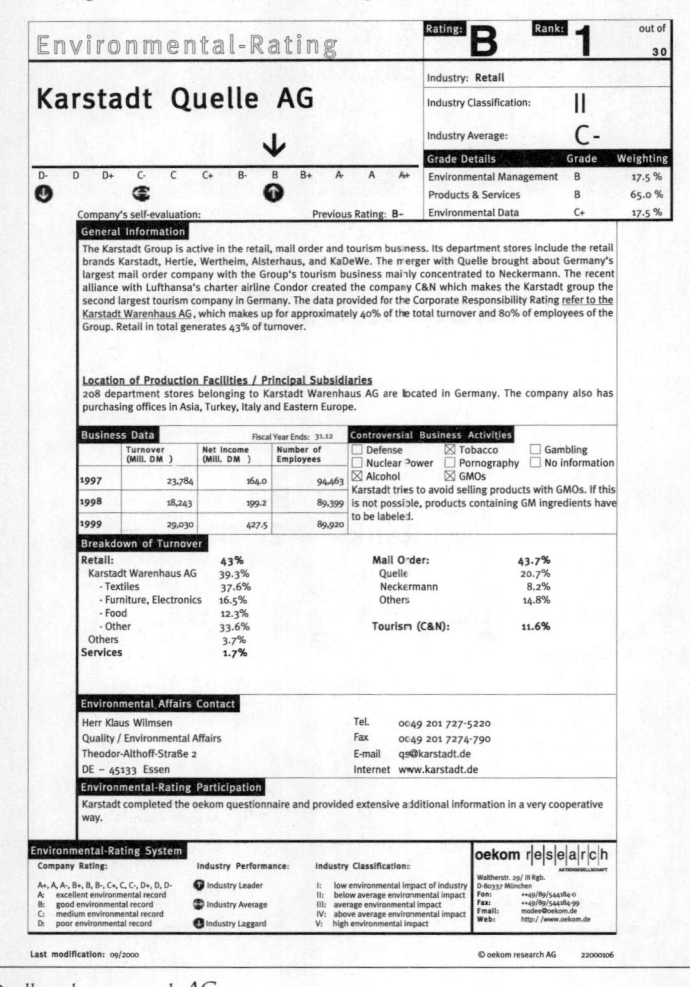

Quelle: oekom research AG

Probleme der Operationalisierung

So einleuchtend die oben beschriebene Vorgehensweise zur ethischen Bewertung auf den ersten Blick ist, so sehr wirft sie in der Bewertungspraxis Probleme auf, die die verschiedenen Anbieter auf unterschiedliche Weise lösen. Für den Investor ist es wichtig zu wissen, welche Lösungen einem Produkt zu Grunde liegen, denn alle Lösungen haben schwer wiegende Konsequenzen für die ethische Qualität einer Investition.

Während es bei Negativkriterien darum geht, Unternehmen an einem absolut gesetzten Kriterium zu messen, das entweder erreicht wird oder nicht und im letzteren Fall dazu führt, dass ein Unternehmen nicht in den Fonds aufgenommen wird, zielen die an Positivkriterien orientierten Ratings darauf ab, eine relative Einstufung von Unternehmen im Hinblick auf ihre Konkurrenten vorzunehmen. Hier wird z.B. verglichen, wie viel Engagement die Firma A bei der Substitution von Tierversuchen im Vergleich zur Firma B an den Tag legt. Einige Ratings enthalten aber auch in ihren Positivkriterien Momente einer absoluten Beurteilung. Es kann z.B. ein bestimmter Standard fixiert werden, den ein Unternehmen erreichen muss, um eine Mindestnote zu bekommen.

Einige Operationalisierungen arbeiten stärker mit qualitativen Einschätzungen, indem sie in Texten beispielhaft auf Stärken und Schwächen eingehen. Andere hingegen arbeiten mehr quantitativ und legen das Gewicht auf in Zahlen gefasste Bewertungen. Ein Bewertungssystem, das rein quantitativ ausgerichtet ist, läuft Gefahr, sich zu sehr an messbare Phänomene zu halten, die evtl. den Inhalt nur ungenügend erfassen. Kann z.B. die »Frauenfreundlichkeit« eines Unternehmens über die Anzahl der Frauen in Führungspositionen erfasst werden, oder ist es hier nicht auch wichtig, in Gesprächen mit Mitarbeiterinnen ein Stimmungsbild zu erreichen? Eine Dominanz der qualitativen Bewertung hingegen führt zu einem Mangel an Nachvollziehbarkeit für Außenstehende. Generell ist es schwerer, Merkmale der Sozialverträglichkeit quantitativ zu fassen als die eher naturwissenschaftlich orientierten Merkmale der Umweltverträglichkeit.

Die meisten Operationalisierungen sehen eine Verrechnung der Bewertung von Teilbereichen zu einer Gesamtnote vor. Diese lässt einen schnellen Vergleich zu und ermöglicht, ein Unternehmen mit einer einzigen Zahl auf einer Skala einzuordnen. Ein solches Vorgehen bereitet aber grundsätzliche Schwierigkeiten, wenn man so unterschiedliche Bereiche wie Rüstung, Entwicklung und Belegschaft zu einer Endnote zusammenzufassen versucht. Ist es wirklich möglich, die Negativpunkte, die ein Unternehmen im Bereich Rüstung erhält, weil es militärisch relevante Güter herstellt, aufzurechnen gegen die Pluspunkte, die es bekommt, weil es Tagesstätten für die Kinder seiner Mitarbeiter eingerichtet hat?

Aus der Sicht einer Pflichtethik, bei der es um die Erfüllung von Grundwerten geht, ist eine solche Aufrechnung unmöglich. Legt man jedoch eine rein utilitaristische Ethik zugrunde, bei der es nicht um die Erfüllung von Werten, sondern nur um den Gesamtnutzen einer Handlung geht, ist gegen eine solche Vorgehensweise weniger einzuwenden.

Bei der Bewertung der Sozialverträglichkeit muss über die Rolle, die die austeilende und die ausgleichende Gerechtigkeit in einem solchen Bewertungsverfahren spielt, nachgedacht werden. Sollen in diesem Bereich im Sinne der austeilenden Gerechtigkeit alle Anspruchsgruppen gleich behandelt werden oder sollen im Sinne der ausgleichenden Gerechtigkeit jene Anspruchsgruppen mit geringer ökonomischer Macht bei der Bewertung ein höheres Gewicht bekommen? So haben z. B. hoch qualifizierte Mitarbeiter in Unternehmen insofern eine Machtposition, als das Unternehmen sie dringend für seinen Erfolg braucht und sie schwer zu ersetzen sind. Mitarbeiter in Tochterfirmen oder bei Zulieferern in Entwicklungsländern haben keine solche Position. Sie üben meist leicht zu erlernende Tätigkeiten aus und können aufgrund des großen Angebots an Arbeitskräften jederzeit ersetzt werden. Ein Unternehmen, das für seine hoch qualifizierten Mitarbeiter im Norden großzügige Mitarbeiterbeteiligungsprogramme anbietet, handelt zwar im Sinne der austeilenden Gerechtigkeit, bezieht sich dabei aber auf eine Anspruchsgruppe, von der es in hohem Maße abhängig ist, und handelt damit aus eigenem Interesse. Eine großzügige Behandlung der Arbeitnehmer in Entwicklungsländern ist unter dem Aspekt der ausgleichenden Gerechtigkeit höher zu veranschlagen, denn hier geht es um Mitarbeiter, die eine geringe ökonomische Macht haben und nur über wenig Möglichkeiten verfügen, ihre Situation zu verbessern, da ihre Interessen bedeutend weniger mit dem Firmeninteresse korrelieren.

Vergleichbares gilt für die Bedienung der Interessen der Verbraucher im Norden, etwa durch Qualitätssicherungssysteme, und der Verbraucher im Süden, etwa bei dem Verzicht auf unzulässige Werbung für Muttermilchersatzprodukte. Im Sinne einer ausgleichenden Gerechtigkeit müssten bei einer ethischen Bewertung eines Unternehmens die Interessen der Verbraucher in den Entwicklungsländern deutlich höher veranschlagt werden als die der ohnehin mächtigen Verbraucher im Norden, während unter dem Aspekt der austeilenden Gerechtigkeit eine Gleichbehandlung beider Gruppen ausreicht.

4. Auf der Suche nach dem ethischen Unternehmen – die Recherche

Ausgangspunkt der Recherchen zur Überprüfung der Umwelt- und Sozialverträglichkeit eines Unternehmens sind die Unterlagen, die die Firma im Rahmen seiner Öffentlichkeitsarbeit publiziert bzw. aufgrund gesetzlicher Vorschriften herausgeben muss. Die Qualität dieser Unterlagen ist sehr unterschiedlich und hängt stark von der Gesetzgebung der Staaten ab, in denen das Unternehmen an der Börse notiert ist. Alle börsennotierten Aktiengesellschaften geben mindestens einmal jährlich einen von einem Wirtschaftsprüfer testierten Bericht über den Geschäftsverlauf heraus, in dem jedoch wenig auf ethische Aspekte eingegangen wird. Über den Geschäftsbericht hinaus veröffentlichen Unternehmen Imagebroschüren, Unternehmensleitlinien, Produktkataloge oder Firmengeschichten und in zunehmendem Maße auch Umwelt- und Sozialberichte.

Alle Aktiengesellschaften, die an einer US-amerikanischen Börse gehandelt werden, müssen zusätzlich die strengen Veröffentlichungsvorschriften der dortigen Börsenaufsicht, der Security and Exchange Comission (SEC), erfüllen. Jedes Unternehmen muss unter anderem in einem so genannten 10-K-Bericht eine detaillierte Beschreibung seiner Aktivitäten einschließlich der Beschaffungs- und Vertriebswege geben und die Gehälter des Führungspersonals veröffentlichen. Auch anhängige oder in jüngster Zeit entschiedene Gerichtsverfahren werden dort aufgeführt.

Darüber hinaus müssen für die Bewertung eine Reihe von Detailinformationen eingeholt werden. Das wichtigste Instrument zur Informationsbeschaffung ist hier ein zum Teil standardisierter, zum Teil auf die Branche abgestimmter Fragebogen, der je nach Tiefe der Recherche bis um die dreißig Seiten umfasst. Darin werden die in der Operationalisierung ausgearbeiteten Merkmale wie Umwelt- und Sozialkennzahlen abgefragt.

Die Beantwortung dieses Fragebogens ist für die Bewertung des Unternehmens zentral. Er kann jedoch aus mehreren Gründen nicht die einzige Informationsbasis für eine Recherche darstellen. Zum einen werden an Unternehmen versandte Fragebögen in den seltensten Fällen vollständig und sehr oft gar nicht beantwortet. Die Mitarbeiter des Rechercheinstituts stehen dann vor dem Problem, wie sie mit dieser Verweigerung umgehen sollen. Berücksichtigen sie ein Unternehmen wegen der Informationsverweigerung nicht, kann es passieren, dass ein sonst ethisch interessantes Unternehmen unerwähnt bleibt. Versuchen sie trotz der unzureichenden Datenlage eine Bewertung, laufen sie Gefahr, ihre Einschätzung auf einer zu dünnen Datenbasis abzugeben. Problematisch ist außerdem, dass der Wahrheitsgehalt der Auskünfte des Unternehmens in den meisten Fällen nicht kontrolliert werden kann. Ein Rating, das sich zu sehr an ihnen orientiert, läuft Gefahr, nur das Bild zu reproduzieren, das das Unternehmen von sich selber entwirft.

Eine Überprüfung der Unternehmensinformation von außen ist deshalb notwendig. Sie findet zumeist aufgrund von systematisch gesammelten Presseberichten, Internetrecherche und durch direkten Kontakt zu Nicht-Regierungsorganisationen (NGOs) statt. Besonders NGOs wie Gewerkschaften, Umweltverbände oder Dritte-Welt-Gruppen ergänzen das Bild des Unternehmens um die Sichtweise der betroffenen Stakeholder. Denn Glaubwürdigkeit erhalten Behauptungen z. B. über das Betriebsklima in einem Unternehmen nur durch die Aussagen der Angestellten und ihrer Vertreter selbst. Gleiches gilt für die Situation der Anrainer und der von den Aktivitäten in Entwicklungsländern Betroffenen. Zu einer glaubwürdigen Recherche gehört es, möglichst authentische Stimmen von außen einzuholen.

Aufgrund dieser in der Recherche auftretenden und meist nur teilweise gelösten Probleme wurde bereits ein Qualitätsmanagement für ethische Recherche vorgeschlagen, das zu mehr Transparenz von Ratingmethoden führen und Auskunft über den Grad der unternehmensunabhängigen Verifizierung geben soll.

VII. Was bewirken ethische Geldanlagen?

Für eine Beschreibung der tatsächlichen oder möglichen Wirkungen ethischer Geldanlagen muss die zuvor eingeführte Unterscheidung zwischen Fördersparbriefen, Direktinvestitionen und Investmentprodukten wieder aufgenommen werden, denn die Stoßrichtungen dieser drei Varianten unterscheiden sich wesentlich.

1. Die Wirkung von Fördersparprodukten

Aufbau eines alternativen Geldkreislaufs

Fördernde ethische Geldanlagen, die als zinsreduzierte Kredite vergeben werden, verschaffen Unternehmen, Projekten und Genossenschaften einen direkten finanziellen Vorteil. Sie ermöglichen, dass Ideen umgesetzt und die Gründungsphase leichter bewältigt werden können sowie dass Projekte auf sichereren finanziellen Füßen stehen und deshalb schneller ausgebaut werden. Sie erleichtern, sichern und beschleunigen zugleich den Ausbau zukunftsfähigen Wirtschaftens. Konkret fördern sie den Einsatz regenerativer Energien wie Wind- und Solarkraft und helfen bei der Entwicklung und Verbreitung des Waldorfschulsystems. Zahlreichen ökologisch arbeitenden Bauernhöfen ermöglichen sie das Überleben, und auch der Vertrieb von biologischen Nahrungsmitteln wird zum Teil über zinsgünstige Kredite finanziert.

Im gesellschaftlichen Bereich sind es vor allem Wohnprojekte für sozial Benachteiligte und kleine Gewerbe- und Dienstleistungsunternehmen, die mit dem Geld sozialverantwortlicher Anleger unterstützt werden. Behindertenwohnungen, Fahrradwerkstätten, Frauenkooperativen, Geburtshäuser, Kindertagesstätten und zahllose Initiativen, die ein selbstbestimmtes und solidarisches Arbeiten umsetzen und gleichzeitig sinnvolle und oft heilsame Produkte und Dienstleistungen anbieten, erhalten Kredite oder Beteiligungskapital.

Diese Beispiele zeigen, dass fördernde ethische Geldanlagen in sehr vielen Bereichen wirksam werden und Grundbedürfnisse wie Bauen und Wohnen, Nahrungsmittelversorgung, Stromversorgung und Kinderbetreuung abdecken.

Anderes Wirtschaften beschränkt sich jedoch nicht nur auf alternative Projekte und das Angebot zukunftsfähiger Produkte und Dienstleistungen, sondern schließt auch den Umgang mit Geld ein. Dies bedeutet, dass neben dem konventionellen Geldtransfer zwischen Produzenten, Banken und Konsumenten ein eigenständiger Geldkreislauf entstanden ist, in dem Geld ein Mittel zur Entwicklung einer alternativen Wirtschaftsweise ist und das nur noch wenige Berührungspunkte mit dem konventionellen Finanzsystem und einer möglichst hohen Renditeerwartung aufweist. Fördernde ethische Geldanlagen sind so gesehen ein wesentlicher Baustein bei der Realisierung einer anderen, solidarischen und – im wahrsten Sinne des Wortes – tragfähigen Wirtschaftsweise.

Der alternative Geldkreislauf

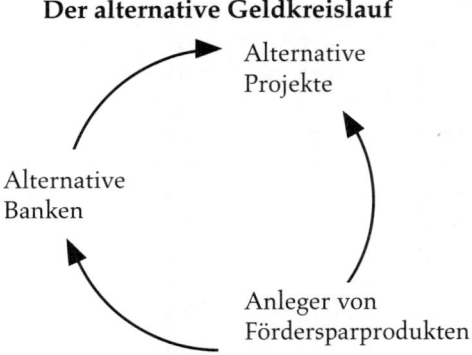

Geldanlage als soziales Engagement

Über die konkrete Unterstützung alternativen Wirtschaftens hinaus tragen fördernde Investitionen dazu bei, eine andere Einstellung zu Geldanlagen entstehen zu lassen. Die konventionelle Anlageberatung geht davon aus, dass Anleger sich so wenig wie möglich mit ihrer Geldanlage befassen möchten und vor allem an einer hohen Rendite interessiert sind. Anbieter fördernder ethischer Geldanlagen brechen mit diesem Dogma, indem sie zeigen, dass Kunden durchaus dafür gewonnen werden können, ihre Geldanlage als ein Engagement zu verstehen, bei dem es nicht nur um die Rendite geht.

Sie fördern eine solche verantwortliche Einstellung zu Geld durch aktive Öffentlichkeitsarbeit und eine intensive Information ihrer Kunden. Durch ausführliche Beschreibungen der Projekte wird deutlich, dass Geldanlagen ein Instrument zur Beeinflussung gesellschaftlicher Entwicklungen sein können und nicht auf die anonyme Verwaltung von Vermögen reduziert sein müssen. Außerdem wird klar, dass sich der »Gewinn« einer Geldanlage nicht allein an den ausgeschütteten Zinsen, sondern auch an der gesellschaftlichen Wirkung messen lässt.

Die Anbieter fördernder ethischer Geldanlagen leisten durch ihre Öffentlichkeitsarbeit, die auf eine breite Resonanz in den Medien stößt, deshalb einen wichtigen Beitrag dafür, dass die herkömmliche Form der Geldanlagen in der Öffentlichkeit zur Diskussion gestellt und über Alternativen nachgedacht wird. Abgesehen von einem zunehmenden Volumen ethischer Anlagen, hat dies konkret dazu geführt, dass sich einige kirchliche Banken und Sparkassen an den sozialen Auftrag in ihren Statuten erinnert haben und Sparbriefe aufgelegt haben, aus denen Förderkredite vergeben werden.

Wird den konventionellen Finanzmärkten Geld entzogen?

Als Argument gegen fördernde ethische Geldanlagen wird oft angeführt, dass sie dem konventionellen Bankensystem keine Finanzmittel entziehen. Aus Sicht der Anleger wird ihr Geld zwar tatsächlich so weit wie möglich außerhalb der konventionellen Finanzmärkte geführt und kann deshalb auch nicht in ethisch problematischen Bereichen investiert werden. Angesichts der vergleichsweise geringen Volumina von in der Bundesrepublik rund 500 Mio. € in Fördersparmöglichkeiten hat dies jedoch keinerlei Auswirkungen auf die globalen Geld- und Kapitalmärkte. Kein Rüstungsunternehmen wird deswegen in Finanznot geraten und kein Chemiekonzern wird dadurch auf die Entwicklung umweltfreundlicherer Pflanzenschutzmittel umstellen müssen. Tatsächlich können diese Geldanlagen gegenwärtig und auch in absehbarer Zukunft also nichts verhindern. Ihre Bedeutung besteht vor allem in der Stärkung des alternativen Sektors und weniger in der Beeinflussung des konventionellen Sektors. Diese Aufgabe obliegt eher den ethischen Investmentprodukten.

Beispiel: Wohnen und Arbeiten in einer ehemaligen Kaserne

Im Jahr 1978 räumte die französische Armee drei Kasernen in Konstanz am Bodensee. Der Wohnraum in der Stadt ist bis heute teuer, da der nahe gelegene See dazu einlädt, Ferienhäuser und Wohnungen zu kaufen, und das Bauland entlang der Schweizer Grenze knapp ist. Die Evangelische Studentengemeinde in Konstanz setzte sich deswegen dafür ein, eine der Kasernen in billigen Wohnraum umzuwandeln, musste aber bald erkennen, dass dies nur mit Eigeninitiative und handwerklichen Improvisationskünsten gelingen kann, denn der Umbau, der laut einem Gutachten 14 Mio. DM kosten sollte, durfte nur 3 Mio. DM kosten, wenn die Mieten erschwinglich bleiben sollten. So beschränkte man sich auf das Wesentliche: Warmwasserversorgung, Bäder und Zentralheizung mussten funktionieren, die Fenster und Türen sollten dicht schließen. Nach wenigen Monaten konnten tatsächlich die ersten Menschen zu Mieten unter 6 DM pro Quadratmeter in die ehemalige Chérisy-Kaserne einziehen. Das Projekt wuchs. Eine Tagesstätte für vierzig Kinder kam hinzu, eine Kinderkrippe, ein Jugendlokal, ein Kino, ein Elektrobetrieb, eine Schreinerei, ein Maurerbetrieb. Getragen wird all dies von der neu gegründeten Neue Arbeit GmbH.

1991 geriet das Projekt in Schwierigkeiten: Der Bund, der die Räume dem Projekt für zehn Jahre überlassen hat, wollte die Kaserne verkaufen. Die Neue Arbeit GmbH kam zwar als Käuferin in Frage, aber keine der regionalen Banken war bereit, ihr einen Kredit zu geben. Hier sprang die Ökobank ein. Sie war nicht nur bereit, einen Förderkredit zu günstigen Konditionen zu vergeben, sondern ließ sich auch auf das rechtlich komplizierte System der Verantwortlichkeiten ein, das aus dem Solidargedanken des Projekts erwachsen war und das von allen konventionellen Instituten abgelehnt wurde. Die Bank vergab Förderkredite in Höhe von insgesamt 5 Mio. DM und half damit, die Neue Arbeit GmbH langfristig auf finanziell sichere Füße zu stellen.

Heute haben 35 Menschen in der alten Kaserne einen festen Arbeitsplatz gefunden. Außerdem erhalten jährlich 25 Menschen über das »Hilfe-zur-Arbeit«-Programm die Möglichkeit, zu arbeiten und sich auszubilden. Für viele dieser Menschen ist dies eine Chance, ihre Alkoholabhängigkeit und Obdachlosigkeit zu überwinden und in einer der Wohnungen in der ehemaligen Chérisy-Kaserne ein anderes Leben zu beginnen. 40 % von ihnen finden nach diesem Jahr einen regulären Arbeitsplatz.

2. Die Wirkung von Direktinvestitionen

Vergleichbar mit den Fördersparprodukten ist auch die Auswirkung von Direktinvestitionen konkret nachvollziehbar. Die Anleger stellen hierbei einem Unternehmen direkt, also nicht über die Vermittlung der Börse, Kapital zur Verfügung. Im Gegenzug werden sie an den Gewinnen des Unternehmens beteiligt. Bei ökologischen Direktbeteiligungsangeboten handelt es sich oft um junge Unternehmen, für die das Kapital von privaten Investoren einen wesentlichen Baustein zur Verwirklichung ihrer Ziele darstellt. Bankkredite sind für sie, wenn sie nicht z. B. durch die Deutsche Ausgleichsbank öffentlich gefördert werden, schwer zugänglich und teuer. Die Zinszahlungen belasten die jungen Unternehmen gerade in der Aufbauphase und bremsen die nötige rasche Weiterentwicklung. Mit dem Geld privater Investoren kann hingegen das Eigenkapital erhöht werden und mit den Ausschüttungen gewartet werden, bis das Unternehmen Gewinne abwirft. Direktinvestitionen haben damit ebenfalls einen Fördereffekt, indem sie ökologisch sinnvolle Vorhaben oft erst ermöglichen.

Konkret haben private Investoren in der Bundesrepublik wesentlich dazu beigetragen, dass heute mit rund 10 000 Anlagen 0,8 % der Elektrizität in der Bundesrepublik über Wind- und Solarenergie und Kleinwasserkraftwerke erzeugt werden. Sie haben Gelder in einstelliger Milliardenhöhe Unternehmen zur Verfügung gestellt, die diese Anlagen projektierten und den Verkauf des erzeugten Stroms abwickelten. Letztlich trugen diese Investoren auch dazu bei, dass einige der Unternehmen nun als Aktiengesellschaften firmieren und über den Börsengang Mittelzuflüsse erhielten, die ihnen eine weitere Expansion erlauben. Der Erfolg zahlreicher Unternehmen aus dem Bereich der regenerativen Energie zeigt deutlicher als jedes andere Beispiel, dass ethisch motivierte Investoren etwas bewirken können und dabei nicht unbedingt auf Rendite verzichten müssen.

3. Die Wirkung von Investmentprodukten

Ihre Grenzen

Ethische Investmentprodukte sind in ihren Wirkungen weniger greifbar als Direktinvestitionen und Fördersparmöglichkeiten. Sie haben allerdings eine größere Breitenwirkung und reichen tiefer in den konventionellen Finanzmarkt hinein.

Ökologische Fonds oder Lebensversicherungen verschaffen nach heutigen Erkenntnissen fortschrittlichen Unternehmen nur in Ausnahmefällen einen direkten finanziellen Vorteil. Da die Wertpapierkäufe über die Aktien- oder Rentenbörse getätigt werden, geht das Geld der Anleger, mit der Ausnahme von Neuemissionen oder Kapitalerhöhungen, an den Verkäufer des Papiers und nicht an das Unternehmen selbst.

Ein direkter Fördereffekt entsteht nur für wenige junge, stark expandierende Aktiengesellschaften, die regelmäßig Kapitalerhöhungen vornehmen und hierbei auf einen Kreis von Investoren und Investmentfondsmanagern stoßen, die aus ethischen *und* finanziellen Gründen stark am Kauf der neuen Papiere interessiert sind. Diese Unternehmen können durch die erhöhte Nachfrage durch ethische Investoren bei einer Kapitalerhöhung tatsächlich mehr Geld erhalten, als es ohne diesen Effekt möglich gewesen wäre. Konkret scheint gut geführten Unternehmen aus dem Bereich der regenerativen Energien dieser Fördereffekt zugute zu kommen.

Positiver Imageeffekt durch Aufnahme in einen Ökofonds

Die Aufnahme in einen Öko- oder Ethikfonds und das gute Abschneiden bei einem Öko-Rating kann für ein Unternehmen einen positiven Imageeffekt bedeuten. Diesen wird es sich besonders dann zu Nutze machen können, wenn ethisch motivierte Anleger und Ökofonds zur Zielgruppe seiner Investor-Relationsarbeit gehören oder gegenüber seinen Kunden mit ökologischen Argumenten geworben wird.

Ethische Investmentfonds stellen für diese Unternehmen einen Anreiz dar, negative Umweltauswirkungen zu begrenzen, positive zu fördern und dies glaubwürdig zu dokumentieren, da es sich für seinen Kurs bzw. für den Absatz der Produkte positive Effekte erhofft. Voraussetzung für diesen Effekt ist jedoch, dass sich ethische Anleger und die für sie arbeitenden Rechercheinstitute nicht nur auf die Pressearbeit dieser Unternehmen, sondern auf die Realität in diesen Werken bezieht.

Gefahr eines Imageverlusts durch Boykottaufrufe

Es hat sich gezeigt, dass Druck von ethisch motivierten Anlegern gegen ein an der Börse notiertes Unternehmen Verhaltensänderungen bewirken kann. Unternehmen befürchten, dass öffentliche Kritik an ihren Geschäftspraktiken, wenn sie von Investoren geäußert werden, zu Kurseinbrüchen führen. Diese Sorge ist besonders dann berechtigt, wenn das Management eines ethischen Fonds öffentlich den Verkauf eines Papiers bekannt gibt, weil das Unternehmen gegen bestimmte soziale oder ökologische Mindeststandards verstößt. Damit stehen andere Ethik-Fonds im Zugzwang, die Aktie ebenfalls zu verkaufen, und es kann zu einem Kursrückgang kommen.

Vor allem US-amerikanische und britische Fondsmanager versuchen über diesen bewussten Einsatz ihrer Negativkriterien Druck auf Unternehmensleitungen auszuüben. Sie begnügen sich nicht damit, Aktien von Unternehmen, die nicht mehr den Kriterien des Fonds entsprechen, einfach nur zu verkaufen. Sie versuchen zunächst das Unternehmen davon zu überzeugen, dass bestimmte Praktiken geändert werden müssen; sollte dies nicht helfen, verkaufen sie den Titel und machen diesen Verkauf und die Gründe dafür öffentlich.

Diese Politik des »Engagements«, der aktiven Einmischung von Seiten der Kapitalsammelstellen auf die Unternehmenspolitik aus ethischen Gründen, ist in Großbritannien seit der für die Pensionsfonds eingeführten Berichtspflicht zu ökologischen und sozialen Themen weit verbreitet. Von den 25 größten britischen Pensionsfonds wollen nach Inkrafttreten dieser Berichtspflicht 21 Fonds die »konstruktive Einmischung« in die Firmenpolitik ihrer Investments einführen. Zwei Drittel dieser Fonds mit einem Gesamtvermögen von knapp 180 Mrd. Pfund setzen auf diese Strategie als Kerninstrument ihrer zukünftigen ethischen Investmentpolitik.

Wie erfolgreich eine solche Einmischung sein kann, zeigt das Beispiel des Diamantenhändlers De Beers. Im Zuge der Skandale um die Förderung von Diamanten aus afrikanischen Krisenregionen riefen Anfang 2000 Dritte-Welt-Gruppen zum Verkauf von De Beers-Aktien auf. Das Unternehmen befürchtete eine negative Auswirkung auf den Aktienkurs und das Image des Unternehmens und sah sich gezwungen, die Herkunft der gehandelten Steine transparent zu machen, um damit nachweisen zu können, dass es nicht mehr mit Steinen aus Krisengebieten handelt.

Konstruktiver Dialog zwischen Unternehmen und Ethik-Analysten

Abgesehen vom offenen Boykott kommt Rechercheagenturen oder Ethik-Research-Abteilungen innerhalb einer Bank eine wichtige Rolle bei der Beeinflussung von Unternehmen durch ethische Investorengemeinschaften zu.

Sie schreiben die Unternehmen mit einem Fragenkatalog an, in dem ökologisch und sozial relevante Informationen abgefragt werden. In den anschließenden Gesprächen und der Vorstellung der Untersuchungsergebnisse werden Schwachstellen identifiziert und Verbesserungsvorschläge gemacht. Gerade dieser Diskussionsprozess hat sich als ein fruchtbarer Weg für Veränderungen in Unternehmen erwiesen, der nicht selten dazu führt, dass die Umweltdatensammlung und die Umweltberichterstattung in Unternehmen verbessert, die Position der Umweltabteilung innerhalb des Unternehmens gestärkt wird und die Einführung eines Umweltmanagementsystems näher rückt.

Diese Beeinflussung von Unternehmen durch Investoren bezieht dabei idealerweise auch die Anliegen externer Gruppen wie z. B. Gewerkschaften, Umweltgruppen oder Dritte-Welt-Initiativen mit ein. Im Zuge der Recherche werden von ihnen Informationen zu dem Unternehmen eingeholt. Ihre Kritik an dem Unternehmen wird dann über die Kapitalgeber zur Sprache gebracht. Neben der politischen Aktion und Konsumenten-Initiativen ist dies ein dritter, nicht zu unterschätzender Ansatzpunkt, den Anliegen von Betroffenen fragwürdiger Unternehmenspraktiken Gehör zu verschaffen und auf Veränderungen hinzuwirken. Da Investmentfonds auch in solche Unternehmen investieren, die keine Konsumgüter herstellen, erreichen sie Unternehmen, die die Konsumentenbewegung bisher nicht erreichen konnte, wie Unternehmen der Spezialchemie, der Sondermüllentsorgung oder Filterhersteller.

Das Einbeziehen dieser Gruppen findet bei den zurzeit in der Bundesrepublik vertriebenen Fonds zwar erst ansatzweise statt. Dies wird aber in Zukunft ein wichtiger Prüfstein dafür sein, wie ernst es den Anbietern mit der Umsetzung der Kriterien ihrer Öko- oder Ethikfonds ist.

Soziale und ökologische Themen in den Zentren der Finanzmacht

Die Auflage eines Ethikfonds oder einer ökologischen Lebensversicherung bedeutet, dass in einer konventionellen Bank in kleinem Rahmen Themen wie Umwelt- und Sozialverträglichkeit eine Rolle spielen. Fondsmanager, Finanzanalysten und Portfolioverwalter sehen sich durch die Auflage eines Fonds mit ethischen Kriterien in der ungewohnten Situation, berücksichtigen zu müssen, ob ein Unternehmen Rüstungsgüter oder Produkte der Chlorchemie herstellt, bevor sie ein Papier empfehlen oder an- und verkaufen. Und sie stehen angesichts der Aufmerksamkeit, den diese Form der Geldanlage in den Medien hat, unter dem Druck, Skandale um diesen Fonds zu vermeiden.

Banken verfügen in aller Regel nicht über das Know-how, das zur ökologischen und sozialen Einschätzung von Unternehmen nötig ist, und sind deshalb gezwungen, dieses Wissen entweder von Instituten einzukaufen oder im eigenen Haus Kapazitäten für diesen Bereich bereitzustellen. Beide Lösungen führen dazu, dass Informationen und Perspektiven, die bisher unbekannt waren und als sachfremd empfunden wurden, einen kleinen Personenkreis in den Banken erreichen und dort in das Handeln auf den Finanzmärkten aufgenommen werden. Ökologische und soziale Themen haben so eine Chance, in den Zentren der Finanzmacht Bedeutung zu erlangen. Eine solche Entwicklung ist bei den deutschen Banken mit Ökofonds im Angebot in Ansätzen zu erkennen. In der Schweiz ist diese Entwicklung inzwischen wesentlich weiter gediehen. Hier zeichnet sich ab, dass das für die Verwaltung von Umweltfonds benötigte Wissen auch in andere Bereiche wie z. B. in die Kreditabteilung einfließt und dort für die Entwicklung ökologischer Kreditrichtlinien eingesetzt wird und so zu konkreten Folgen in der Kreditvergabe der Banken führt.

Darüber hinaus setzt die Auflage eines Ökofonds ein Signal nach außen. Es zwingt die Konkurrenten, sich zu dieser Innovation zu verhalten und zu entscheiden, ob sie mitziehen, beobachtend abwarten oder die Entwicklung ignorieren. Potentiell steigt mit jeder Neuauflage eines Ethikfonds bei denjenigen, die sich noch nicht zur Auflage eines solchen Fonds entscheiden konnten, die Befürchtung, einen Trend zu verpassen, denn gerade ein so kompliziertes Produkt wie ein Öko- oder Ethikfonds verschafft den Ersten am Markt einen schwer aufzuholenden Vorsprung an Glaubwürdigkeit und Erfahrung.

Wissenschaftliche Untersuchungen zu dem konkreten Veränderungspotential, das ethisch motivierte Anleger auf Aktiengesellschaften haben, werden in Zukunft mehr über den Zusammenhang von ethischem Investment und dem Umwelt- und Sozialverhalten von Unternehmen aussagen können.

Der Unterschied zwischen Konsumentenbewegung und ethischem Investment

Die beschriebenen Wirkungsweisen ethischer Geldanlagen weisen starke Parallelen zu der Konsumentenbewegung auf. Diese versucht ebenfalls mit Hilfe von Instrumenten, wie dem Boykott, der Vergabe von Umweltsiegeln und Code of Conducts, Unternehmen zu mehr Sozial- und Umweltverträglichkeit zu bewegen. Die Einflussmöglichkeiten dieser beiden Initiativen verteilen sich jedoch sehr unterschiedlich.

Die Ausgaben des Einzelnen für alltägliche Konsumgüter wie Kaffee oder Kleidung sind nicht nur abhängig vom Einkommen des Konsumenten, sondern auch in hohem Maße vom Verbrauch dieser Güter. Die Ausgaben für Verbrauchsgüter durch Konsumenten mit hohem Einkommen haben deshalb Grenzen, die unabhängig von seiner Kaufkraft bestehen. Schließlich müssen der Kaffee getrunken, Kleidung getragen und Schränke untergebracht werden. Dies führt zu einer relativ gleichmäßigen Verteilung des Konsums alltäglicher Verbrauchsgüter und damit auch zu einer relativ demokratischen Verteilung der Einflussmöglichkeiten.

Bei der Geldanlage gibt es einen solchen begrenzten Nutzen nicht. Die Unterschiede zwischen den Privatvermögen liegen um ein Vielfaches höher als die Ausgaben für alltägliche Konsumgüter. Dementsprechend sind bei Geldanlagen auch die Einflussmöglichkeiten ungleich verteilt. Der überwältigende Einfluss liegt hier in den Händen weniger sehr vermögender Menschen, reicher Institutionen und Sammelstellen von Kapital wie Investmentgesellschaften und Pensionsfonds. Selbst eine große Anzahl privater Anleger und Anlegerinnen mit kleinem und mittlerem Vermögen kann gegen diese Übermacht wenig ausrichten. Für die zukünftige Entwicklung wird es deshalb entscheidend sein, dass sich die Idee, Geld umwelt- und sozialverantwortlich anzulegen, bei den großen institutionellen Anlegern durchsetzt. Zu diesen gehören neben Pensions- und Investmentfonds auch kirchliches Vermögen, Stiftungen, Universitäts- und Gewerkschaftskassen etc. Die Erfolge der ethischen Geldanlagen in den USA beruhen genau darauf, dass sich diese Institutionen der Bewegung der Kritischen Aktionäre und bewusster Geldanleger angeschlossen haben.

VIII. Die Rendite ethischer Geldanlagen

Was kommt unter dem Strich bei ethischen Geldanlagen heraus? Ist der Ertrag geringer, gleich hoch oder gar höher als bei konventionellen Anlagen? Diese Frage wurde in den letzten Jahren immer wieder heftig diskutiert. Die Meinungen gehen dabei weit auseinander. So wird auf der einen Seite behauptet, ethische Geldanlagen schnitten langfristig besser ab als konventionelle, weil Unternehmen, die ökologisch und sozial verantwortlich arbeiten, in den kommenden Jahren entscheidende Wettbewerbsvorteile hätten. Im direkten Widerspruch dazu steht die Ansicht, dass ethische Geldanlagen grundsätzlich schlechter abschnitten, weil die Berücksichtigung von Ethik in der Geldanlage nicht mit der Erzielung eines optimalen Gewinns zu vereinbaren sei.

Um eine angemessene Antwort auf die Frage nach der Rendite ethischer Geldanlagen zu finden, ist es unumgänglich, zwischen den Angeboten zu differenzieren. Zum einen lässt sich ein Vergleich nur innerhalb einer Kategorie von Anlageprodukten ziehen, denn nur so werden Anlagemöglichkeiten mit vergleichbarer Sicherheit und Verfügbarkeit gegenübergestellt. Zum Zweiten muss zwischen Fördersparprodukten und Investmentprodukten unterschieden werden, denn den Anbietern fördernder ethischer Geldanlagen geht es nur sekundär um die Rendite und primär um die Umsetzung sozialer und ökologischer Ziele. Sie setzen deshalb ihre Zinssätze unter anderen Gesichtspunkten fest als die an konventionellen Renditen orientierten Investmentprodukte.

1. Die Rendite von Festgeld, Sparbuch und Sparbrief im Vergleich

Zunächst werden drei Standardprodukte, nämlich ein für drei Monate gebundenes Festgeld, das normale Sparbuch und ein vier Jahre laufender Sparbrief verglichen.

Da das Zinsniveau ständigen Veränderungen unterworfen ist, sind die angegebenen Zahlen natürlich historisch. Hier geht es aber lediglich um den Vergleich zwischen verschiedenen Anbietern, und es ist davon auszugehen, dass die hier abgebildeten Differenzen auch in Zukunft Gültigkeit haben werden.

Konditionen von drei Standardprodukten			
Name der Bank	3 Monate Festgeld (Mindestanlagen)	Sparbuch (3 Monate) (Mindestanlage)	Sparbrief (vier Jahre Laufzeit)
Umweltbank	-	2,9 % (ab 500 €)	4,25 % (500 €)
Ökobank	2,2 % (5000 €)	1,00 % (ab 5 €)	3,3 % (ab 1000 €)
GLS-Bank	2 % (15 000 €)	2 % (ab 1 €)	3,6 % (ab 500 €)
DGM Ev. Darlehns-Genossenschaft Münster	2,7 % (5000 €)	1,25 % (ab 10 €)	4,5 % (ab 2500 €)
Postbank	2,2 % (5000 €)	1,25 % (ab 2 €)	4,1 % (ab 2500 €)
Raiffeisenbank	2 % (5000 €)	1,00 % (ab 5 €)	4,3 % (ab 2500 €)
Deutsche Bank	2 % (5000 €)	0,75 % (ab 5 €)	4,25 % 5000 €
Bank für kleine und mittlere Unternehmen	–	–	4,5 % (ab 5000 €)

Stand: Ende April 2002

Die Tabelle zeigt, dass es bei den Festgeldkonditionen nur geringe Unterschiede zwischen konventionellen und alternativen Banken gibt. Die Zinssätze für einen über vier Jahre laufenden Sparbrief liegen lediglich um wenige Promille unter den konventionellen Angeboten, und beim Sparbuch liegt die Umweltbank mit 2,9 % sogar an der Spitze, während die Deutsche Bank das Schlusslicht bildet. Auch die Bank für kleine und mittlere Unternehmen, die ihre Aufgabe vor allem in der Schaffung von Arbeitsplätzen sieht, schneidet mit ihren Konditionen für ihren Sparbrief hervorragend ab.

2. Die Rendite fördernder ethischer Geldanlagen

Für die obige Aufstellung wurden jene Angebote der Alternativbanken gewählt, die nicht ausdrücklich einen Fördercharakter haben. Abgesehen von diesen Angeboten mit annähernd konventionellen Zinssätzen und relativ schwachem Fördercharakter werden Fördersparbriefe, Förderfestgeld und Genossenschaftsanteile angeboten, bei denen die Verzinsung teilweise deutlich unterhalb des jeweils herrschenden Zinsniveaus liegt. Dadurch erleichtert der Sparer sozial und ökologisch ausgerichteten Projekten die Kreditaufnahme. Die Zinssätze werden hier entweder auf ein von den Kunden selbst gewähltes Niveau unterhalb der in die Tabelle aufgenommenen Höchstsätze festgelegt, oder es gibt spezielle Fördersparbriefe mit deutlich niedrigeren Zinssätzen, die in Abhängigkeit vom herrschenden Zinsniveau festgelegt werden. Ein Richtwert für die Förderanlagen ist die Inflationsrate, unterhalb derer die Anlage für den Sparer einen Verlust an Kaufkraft seines Kapitals bedeuten würde. Die Inflationsrate lag von 1997–2000 im Durchschnitt bei 1,2 % im Jahr. Die Zinssätze für Förderanlagen lagen bei der Ökobank im April 2001 je nach Laufzeit zwischen 2,8 % und 3,2 %. Oikocredit, eine Anlage mit starkem Fördercharakter besonders in den Entwicklungsländern, schüttet seit 1989 in der Regel eine jährliche Dividende von 2 % aus, die jedoch nicht garantiert ist.

3. Die Rendite von Unternehmensbeteiligungen

Die Beteiligung an einem Unternehmen oder Projekt im ökologischen oder sozialen Bereich hat, wie zuvor erläutert, in vielen Fällen einen direkten Fördercharakter. Anleger sind bereit, ein im Vergleich zu konventionellen Angeboten ungünstigeres Chance-Risiko-Verhältnis einzugehen, und legen ihr Geld nicht selten für zehn Jahre und länger fest. Die Renditen, die aus diesen Beteiligungen an Windparks, Wohnprojekten und innovativen Unternehmen gezahlt werden, liegen nach Schätzungen im Allgemeinen zwischen 3 bis 6 %. Vergleiche mit der Rendite aus Beteiligungen an konventionellen Unternehmen sind hier nur sehr schwer zu ziehen, da hierfür keine Durchschnittszahlen für Unternehmen in vergleichbarer Größe vorliegen.

Eine höhere Rendite kann dann erzielt werden, wenn die Mindestanlagesumme nicht, wie bei vielen Alternativprojekten üblich, bei wenigen hundert oder tausend Euro liegt, sondern bei 15 000 € oder mehr beginnt. Eine hohe Mindestanlagesumme bedeutet, dass das Projekt mit dem Geld weniger Anleger finanziert wird und damit weniger Verwaltungsaufwand nötig ist. Die geringeren Verwaltungskosten wirken sich positiv auf die Rendite aus.

Große Gewinnchancen ergeben sich zudem, wenn ein Unternehmen, das zunächst Beteiligungskapital sucht, im Zuge einer erfolgreichen Geschäftspolitik und stetigem Wachstum an die Börse geht. Ein solcher Börsengang kann für Investoren, die sich in der Start-up-Phase an dem Unternehmen beteiligt haben, eine Rendite in zweistelliger Höhe bedeuten.

Bei allen Beteiligungen gilt es zu beachten, dass die in den Katalogen angegebene Rendite pro Jahr nicht so zu verstehen ist, dass vom ersten Jahr an diese Rendite regelmäßig ausgeschüttet wird. Es ist vielmehr so, dass in den ersten ein bis drei Jahren in der Regel keinerlei Ausschüttung stattfindet, weil das Unternehmen erst aufgebaut werden muss. Es folgen dann einige Jahre mit geringeren Ausschüttungen, die sich bis zum Ende der Laufzeit steigern.

4. Die Rendite von ethischen Investmentprodukten

Rentenpapiere

Erfolgt die Auswahl von Rentenpapieren nach ethischen Kriterien, so werden Gelder gezielt bei Emittenten angelegt, in deren Statuten festgelegt ist, dass die über den Kapitalmarkt aufgenommenen Gelder einem sozialen oder ökologischen Zweck zugeführt werden müssen. Auf der anderen Seite werden Emittenten gemieden, bei denen nicht ausgeschlossen werden kann, dass mit dem Geld der Anleger auch das Militär oder problematische Großprojekte in Entwicklungsländern mit finanziert werden. Die unten stehende Tabelle zeigt, dass bei gleicher Bonität und gleicher Laufzeit **keinerlei finanzielle Nachteile** für Anleger bestehen, die ihre Rententitel nach ökologischen und sozialen Gesichtspunkten auswählen.

Vergleich von DM-Anleihen (zehnjährige Laufzeit und einem Standard & Poor's-Rating von AAA)			
Emittent	**Zins**	**Laufzeit**	**Rendite***
Eurofima (Europäische Gesellschaft für Eisenbahnmaterial)	6 %	1996–2006	5,067 %
Europarat (Europäische Entwicklungsbank)	6 %	1993–2003	4,621 %
Bundesrepublik Deutschland	6 %	1996–2006	4,641 %
Niedersachsen	6,625 %	1996–2006	4,803 %
Weltbank	7,125 %	1995–2005	4,72 %
Kreditanstalt für Wiederaufbau	6 %	1996–2006	4,764 %

* *Erzielte Rendite bei einem Verkauf am 25. April 2002*

Aktienfonds

Lässt sich der Unterschied von Zins und Rendite konventioneller und alternativer Anlageformen bei Sparbuch, Festgeld, Sparbriefen und Rentenpapieren klar erkennen, so wird es bei einem Vergleich der Rendite konventioneller und ökologisch und/oder sozialverträglich arbeitender Aktiengesellschaften bzw. Aktienfonds komplizierter.

An welcher Messlatte sollen diese Fonds gemessen werden? Wie soll das bei Ethikfonds evtl. bestehende höhere Risiko in den Vergleich einbezogen werden? Wie bewertet man den höheren Rechercheaufwand, der mit dem Management eines Ethikfonds verbunden ist?

Die zahlreichen Studien, die es zu dieser Frage gibt, gehen unterschiedlich mit diesen Problemen um und kommen dementsprechend auch zu unterschiedlichen Ergebnissen. So zeigte die 1992 von Carlos Joly abgefertigte Studie, dass die Ethikfonds in den USA mehrheitlich besser abschnitten als der S&P-500-Index, ein Börsenindex, der den Verlauf der Kurse der 500 größten Aktiengesellschaften in den USA abbildet. Drei Jahre später wiederum wies Mark White nach, dass alle US-amerikanischen Ethikfonds schlechter abschnitten als der S&P-500-Index.

Trotz dieser Widersprüche lassen die Beobachtungen der Öko- und Ethikfonds in den USA und Großbritannien, wo man auf eine wesentlich längere und damit repräsentativere Zeitspanne zurückblicken kann als bei den deutschen Ökofonds, folgende Aussagen über die Rendite von ethischen Fonds und Aktiengesellschaften zu:

1. Aktienfonds, die nach ökologischen und/oder sozialen Kriterien anlegen, können eine gleich gute oder sogar bessere Performance als vergleichbare konventionelle Investmentfonds erzielen. So waren in Großbritannien z. B. die beiden von NPI verwalteten Ethikfonds »Pension Global Care« und »Global Care Income Unit Trust«, die beide relativ strenge ethische Kriterien befolgen, im Jahr 1996 auch im Vergleich zu konventionellen Fonds die Drittbesten innerhalb ihrer Kategorie. Im deutschsprachigen Bereich waren es

vor allem der Ökovision und der KD Fonds Öko-Invest, die langfristig überdurchschnittliche Renditen in ihrem Marktsegment erzielten.

Auf der anderen Seite ist es aber auch nicht von der Hand zu weisen, dass, genauso wie viele konventionelle Fonds, eine Reihe von ökologisch ausgerichteten Fonds schlechter abschnitten als der entsprechende Index oder der Durchschnitt der Investmentfonds ihrer Kategorie.

2. Neben dem Vergleich von ökologischen mit konventionellen Investmentfonds liefert der Vergleich aller ökologisch arbeitenden Aktienfonds untereinander interessante Erkenntnisse. So zeigt sich, dass jene Fonds, die z. B. aufgrund strengerer Kriterien eher in kleine und mittlere Unternehmen anlegen, nicht schlechter, sondern teilweise sogar deutlich besser abschneiden als jene, die das Geld ihrer Kunden in Großunternehmen investieren. Zieht man einen Vergleich der konventionellen Fonds aus diesen Segmenten so zeigt sich, dass hier je nach Zeitraum mal die Fonds mit Großunternehmen, mal jene mit kleineren Unternehmen besser abschneiden.

Dies bedeutet, dass die Performance eines Ökofonds nicht automatisch mit einer größeren Auswahl und der damit zumeist verbundenen Verwässerung der ethischen Kriterien steigt. Es gibt zahlreiche Beispiele dafür, dass Fonds, die Problembranchen wie die Automobilindustrie, die Großchemie und die landwirtschaftlich genutzte Gentechnik generell ausschließen, gute Ergebnisse erzielen. Entscheidender als die Auswahlmöglichkeiten scheint für den Erfolg eines Ökofonds die Professionalität und das Engagement des hinter dem Fonds stehenden Teams zu sein.

Renditevergleich zwischen ethisch-ökologischen und konventionellen Investmentfonds mit Vertriebszulassung in Deutschland

1. Aktienfonds, ethisch-ökologisch, international

	1 Jahr	3 Jahre	5 Jahre	7 Jahre
Activest Lux Eco Tech	−20,73 %	26,39 %	40,91 %	89,31 %
CS(Lux) GI Sustainability B	−20,33 %	14,64 %		
KD Fonds Öko-Invest	−36,99 %	16,81 %	53,99 %	83,90 %
OP Topic DJ Sustainability	−15,15 %			
SAM Sustainability	−15,61 %			
Sarasin ValueSar Equity	−18,40 %			
Sun Life GP Ecological	−22,77 %	4,52 %	6,29 %	28,00 %
Swissca Green Invest	−21,28 %	1,15 %		
UBS (Lux) EF-Eco Perform	−20,20 %	18,58 %		

Aktienfonds, konventionell, international

Bester Fonds	11,63 %	72,27 %	196,61 %	314,44 %
Sektordurchschnitt	−20,74 %	5,83 %	51,75 %	116,5 %
Schlechtester Fonds	−57,15 %	−44,77 %	−12,14 %	15,74 %

2. Aktienfonds, ethisch-ökologisch, Nebenwerte international

	1 Jahr	3 Jahre	5 Jahre	7 Jahre
Focus GT Umwelttechnologie	−35,45 %	24,04 %	38,83 %	106,42 %
Ökovision	14,89 %	32,82 %	55,04 %	
SAM Sust. Pionier Fonds	−29,29 %			
SEB Invest OekoLux	−41,35 %	−1,43 %	4,98 %	34,75 %

Aktienfonds, konventionell, Nebenwerte international

Bester Fonds	3,82 %	261,27 %	277,47 %	385,52 %
Sektordurchschnitt	−30,76 %	45,26 %	87,23 %	173,32 %
Schlechtester Fonds	−66,09 %	−63,63 %	18,88 %	107,19 %

3. Gemischte Fonds, ethisch-ökologisch, international

	1 Jahr	3 Jahre	5 Jahre	7 Jahre
MI-Fonds Eco A	−2,60 %			

3. Gemischte Fonds, ethisch-ökologisch, international			
	1 Jahr	3 Jahre	5 Jahre	7 Jahre
Prime Value	4,34 %	18,11 %	44,31 %	
Sarasin OekoSar	−8,30 %	22,49 %	44,53 %	75,06 %
Gemischte Fonds, konventionell, international			
Bester Fonds	0,30 %	31,83 %	84,55 %	157,39 %
Sektordurchschnitt	−7,78 %	9,60 %	43,32 %	100,57 %
Schlechtester Fonds	−15,95 %	−5,21 %	18,2 %	56,52 %
4. Rentenfonds, ethisch-ökologisch, international			
	1 Jahr	3 Jahre	5 Jahre	7 Jahre
SEB Invest OekoRent	4,52 %	27,66 %	49,45 %	82,28 %
Rentenfonds, konventionell, international			
Bester Fonds	13,41 %	49,73 %	88,40 %	162,96 %
Sektordurchschnitt	4,24 %	20,56 %	44,02 %	85,95 %
Schlechtester Fonds	−15,28 %	2,11 %	19,50 %	33,73 %

Ein angemessener Renditevergleich ist nur zwischen Fonds mit in etwa gleicher Anlagestrategie möglich. Aus diesem Grund wurden die in Deutschland zugelassenen ökologisch-sozialen Fonds in vier Sektoren eingeteilt und dann mit dem entsprechenden Marktsegment der konventionellen Fonds verglichen. Bei den ersten beiden Kategorien handelt es sich um Aktienfonds, die international anlegen. Der Unterschied zwischen den beiden ist, dass es sich bei den ersten um Fonds handelt, die in bedeutendem Maße in Großunternehmen investieren, während sich die Fonds der zweiten Kategorie auf kleine und mittlere Unternehmen spezialisiert haben (Nebenwerte) und damit größere Chancen und Risiken bergen. Gemischte Fonds investieren in Aktien und Renten, Rentenfonds nur in festverzinsliche Werte. Es wurden nur Fonds berücksichtigt, die zum Stichtag bereits ein Jahr oder länger auf dem Markt waren.

Quelle: Standard & Poor's; Stand: Februar 2002

Der Erfolg der ökologischen und ethischen Fonds ist schwer von der Hand zu weisen: Die meisten ökologisch orientierten Fonds verzeichneten im Ein-Jahres-Vergleich gegenüber den konventionellen Fonds einen überdurchschnittlichen Gewinn. Der von der Ökobank aufgelegte und nach sehr strengen Kriterien verwaltete

»ÖkoVision« lag mit 14,89 % sogar weit über dem Ergebnis des besten vergleichbaren konventionellen Fonds. Auch über den Zeitraum der letzten drei Jahre kann sich die Wertentwicklung der ökologischen Fonds sehen lassen. Sieben von zwölf Fonds schnitten hier überdurchschnittlich ab. Im Fünfjahresvergleich waren es vier von neun. Nur über den Zeitraum von sieben Jahren liegt kein Umweltfonds über dem Durchschnitt.

Die schlechten Ergebnisse, die Umweltfonds in den ersten Jahren nach ihrer Auflage hinnehmen mussten, scheinen aus dieser Sicht Kinderkrankheiten gewesen zu sein, deren Ursache in der mangelnden Erfahrung mit dem Management solcher Fonds lag. Die neueren Ergebnisse zeigen, dass es möglich ist, mit einem Ethikfonds gute bis sehr gute Ergebnisse zu erzielen.

Es sollte jedoch niemals in Vergessenheit geraten, dass sich diese Erfolge nicht in die Zukunft fortschreiben lassen. Die hier angegebenen Renditezahlen sind vom Kursverfall an den Aktien- und Devisenmärkten nach dem 11. September 2001 beeinflusst. Sie umfassen aber auch eine Zeitspanne, die von stark ansteigenden Kursen im Bereich der regenerativen Energien zu beobachten war, der in besonderem Maße den ökologisch orientierten Fonds zugute kam. Damit reagierten die Börsenteilnehmer vielleicht deutlicher denn je zuvor auf ein ökologisches Thema. Auch für die Titel aus dem alternativen Energiebereich kann es jedoch in Zukunft z. B. aufgrund einer Überschätzung der zukünftigen Ertragschancen zu deutlichen Kursrückgängen kommen, was bei allen diesen Fonds zu Verlusten führen würde.

Aktienindices

Börsenindices haben die Aufgabe, die Entwicklung des Aktienmarktes und seiner Segmente abzubilden. Sie geben damit den grundsätzlichen Trend der Kursbewegungen an und zeigen, wie sich die Unternehmen im Durchschnitt entwickelt haben. Für Investmentfonds dienen sie als Messlatte für ihren Erfolg. Ziel eines Fondsmanagers ist es, durch eine geschickte Auswahl und rechtzeitigen An- und Verkauf der Titel besser abzuschneiden als der entsprechende Index. Dies gelingt jedoch nur ungefähr einem Drittel aller Investmentfonds. Für das ethische Investment in Europa fehlte lange Zeit ein solcher Gradmesser. Während es für US-amerikanische Titel den Domini Kinder Social Index gab, war es hierzulande nicht möglich festzustellen, ob ein Ökofonds »seinen« Index schlug oder nicht. Außerdem konnte nicht abgebildet werden, wie sich die Unternehmen aus dem ökologischen Segment im Durchschnitt entwickelten, und Vergleiche mit konventionellen Indices konnten nicht gezogen werden. Diese Vergleichsmöglichkeiten sind jedoch besonders für institutionelle Anleger unerlässlich, die z. B. Kirchenmitgliedern oder Stiftungsräten nachweisen müssen, dass ihre Gelder verantwortungsvoll verwaltet werden. Die Auflage der beiden »grünen« Börsenindices Natur-Aktien-Index (NAI) und Dow Jones Sustainability Group Index (DJSGI) sind deshalb wichtige Meilensteine auf dem Weg zu größerer Anerkennung ethischer Investmentfonds im deutschsprachigen Raum innerhalb der traditionellen Finanzwelt und bei institutionellen Investoren.

Natur-Aktien-Index (NAI)

Im Mai 1997 legten die Zeitschriften *NATUR* und *Öko-Invest* gemeinsam den deutschsprachigen Natur-Aktien-Index NAX auf. Inzwischen in NAI umbenannt, sind in dem Index 20 internationale Aktiengesellschaften versammelt. Aufgenommen wurden z. B. der Hersteller von homöopathischen Medikamenten Boiron, das Solarenergieunternehmen Astropower und die Health-Care-Firma WEDECO, die sich der Wasserdesinfektion mit ultraviolettem Licht verschrieben hat. Der Index hat strenge Auswahlkriterien, die z. B. Unternehmen ausschließen, die in ihren Betrieben gewerkschaftliche Tätigkeit unterbinden, und einen mit Vertretern von Nicht-Regierungsorganisationen besetzten Anlageausschuss, der entscheidet, ob eine Firma in den Index aufgenommen werden kann oder nicht. Für den NAI kommen vor allem kleine und mittelgroße Unternehmen mit deutlichem ökologischen und sozialen Profil in Frage. Aus diesem Grund eignet sich der Index als gute Messlatte für jene grünen Fonds, die überwiegend in Nebenwerte investieren.

Seit seiner Auflage wird er am konventionellen Aktienindex MSCI Word gemessen, der internationale Großunternehmen enthält. Als ersten Fonds auf der Grundlage des NAI legte die Securvita Finanzdienstleistungs GmbH in Hamburg im Jahr 2000 den Fonds »GreenEffects« auf.

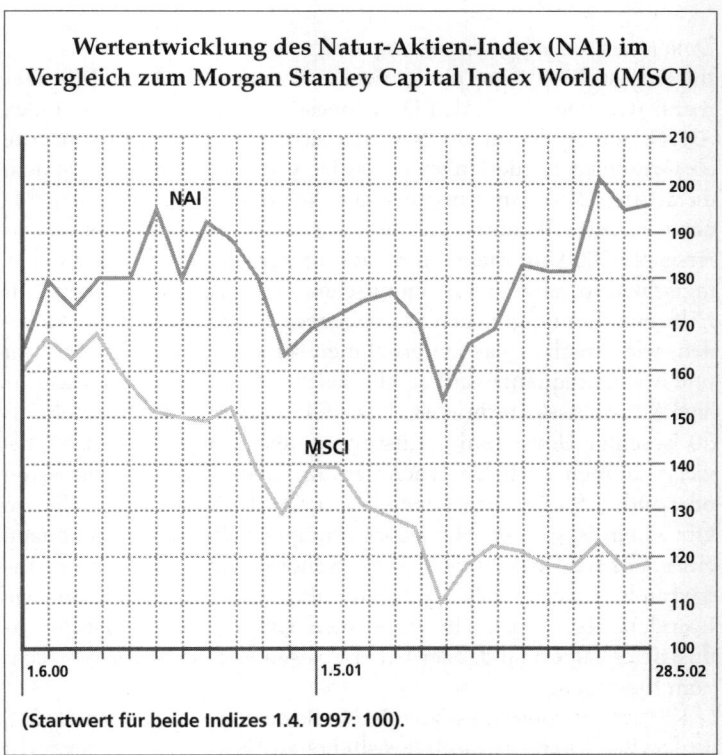

Wertentwicklung des Natur-Aktien-Index (NAI) im Vergleich zum Morgan Stanley Capital Index World (MSCI)

(Startwert für beide Indizes 1.4. 1997: 100).

Quelle: natur & cosmos

Anfang 2002 waren folgende Unternehmen in dem Nachhaltig-keitsindex enthalten: Astropower, Body Shop, Boiron, Condomi AG, Fannie Mae, Gaiam, Grontmij, Herman Miller, Horizon Organic Holding, Jenbacher, Kunert, Mayr-Melnhof Karton, NEG Micon, Severn Trent, Shimano, Timberland, Tomra Systems, Transmeta, Triodos Groenfonds und WEDECO.

Dow Jones Sustainability Group Index

Im Herbst 1999 legte die Züricher »Sustainable Asset Management«-Gruppe (SAM) den Dow Jones Sustainability Group Index (DJSGI) auf. Anders als der NAI zielt dieser Index auf Großkonzerne ab. Grundlage für den Index ist der Dow Jones World Index, in dem die 2000 größten Unternehmen der Welt enthalten sind. Die SAM-Gruppe setzt sich zum Ziel, aus dieser Gruppe von Unternehmens-riesen ca. 200 Unternehmen herauszufiltern, die gemessen an ökologischen, sozialen und ökonomischen Kriterien führend sind. Mit Hilfe eines umfangreichen Fragebogens wird versucht herauszufinden, wie ernsthaft das Unternehmen seine Umweltpolitik nimmt und wie konsequent es auf gesellschaftliche Kritik reagiert. Das einzige Ausschlusskriterium ist, dass ein Unternehmen nicht mehr als 50 % seiner Umsätze mit Rüstungsgütern bestreiten darf. Wahlweise können auch Unternehmen, die überwiegend Tabakwaren oder andere Suchtmittel herstellen, ausgeschlossen werden. Zudem gibt es ein System zur Herausfilterung der Unternehmen anhand eines Chance-Risikorasters (siehe Kriterien im Anhang unter Indexfonds). Grundsätzlich sind allerdings auch Unternehmen wie DaimlerChrysler, die in beträchtlichem Umfang in der Rüstungsindustrie engagiert sind, oder Chemieriesen wie die Bayer AG nicht vom Index ausgeschlossen.

Der Ansatz zielt auf eine relative Bewertung der Unternehmen ab. Die Unternehmen des Index sind relativ besser als jene, die nicht aufgenommen werden, und gehören zu den besten 10 % ihrer Branche. Die Ergebnisse von SAM zeigen, dass es hier noch viel Spielraum für Verbesserungen gibt. Von der Maximalpunktzahl des Sustainability-Ratings erreichen selbst die führenden Unternehmen lediglich 80 %.

Diese Vorgehensweise geht davon aus, dass durch das Rating ein Wettbewerb unter den Unternehmen um ein möglichst gutes Abschneiden auch unter sozialen und ökologischen Aspekten entsteht. Gelingt dies – und es gibt bereits Anhaltspunkte dafür, dass Großunternehmen auf diesen Anreiz reagieren –, so würde ein Prozess der fortlaufenden Verbesserung initiiert werden. Gerade weil es sich um Großunternehmen handelt, könnte dies das ökologische und soziale Verhalten in der Wirtschaft sehr zum Positiven verändern.

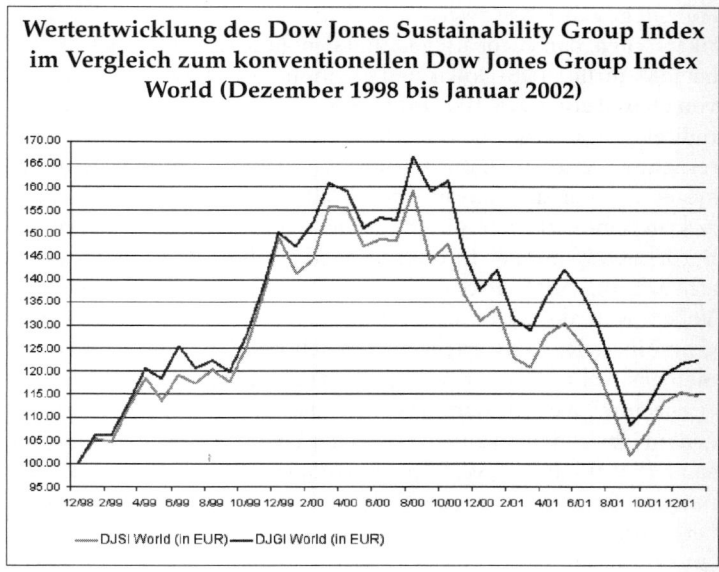

Wertentwicklung des Dow Jones Sustainability Group Index im Vergleich zum konventionellen Dow Jones Group Index World (Dezember 1998 bis Januar 2002)

Quelle: Dow Jones Sustainability Group Indexes

Anfang 2002 waren folgende deutsche Aktiengesellschaften in dem Nachhaltigkeitsindex enthalten: Allianz Holding, Adidas-Salomon, Aixtron, BASF, Bayer, Bayerische Hypo- und Vereinsbank, BMW, Continental, DaimlerChrysler, Degussa, Deutsche Bank, Deutsche Lufthansa, Deutsche Telekom, Gehe, Heidelberger Druckmaschinen, Henkel, KarstadtQuelle, Metro, mg technologies (ehemals Metallgesellschaft), Münchner Rück, Preussag, ProSieben-Sat.1 Media, RWE, SAP, Schering, Siemens, T-Online, Volkswagen.

FTSE4Good

Ende Juli 2001 legte die Financial Times-Gruppe in London eine Index-Familie mit dem Namen FTSE4Good auf. Sie orientieren sich an den diversen Indices der Financial Times Stock Indices (FTSE), dem britischen Pendant des DAX, und sollen vor allem ethisch orientierten Pensionsfonds in Großbritannien als Messlatte dienen. Aufgelegt wurden je zwei Indices für den britischen, den US-amerikanischen, den europäischen und den globalen Aktienmarkt, wobei je Währung (US-Dollar und €) ein Index mit einem Universum von 50 und einer von 100 Unternehmen geschaffen wurde. Für alle Indices gelten dieselben ethischen Kriterien. Sie dürfen keine Unternehmen enthalten, die Tabakwaren, Atomwaffen oder Waffensysteme produzieren oder Atomkraftwerke betreiben. Die Positivkriterien betreffen die Bereiche ökologische Nachhaltigkeit, Berücksichtigung der Interessen der Stakeholder sowie der Menschenrechte. An deutschen Unternehmen wurden unter anderem Volkswagen, die Deutsche Telekom und SAP aufgenommen. Aufgrund ihres Rüstungsengagements gehören DaimlerChrysler und Siemens nicht zu dem Kreis der FTSE4Good-Unternehmen.

Die durch die Indexfamilie erwirtschafteten Lizenzgebühren tragen im Übrigen nicht zum Gewinn der Financial Times-Gruppe bei, sondern werden an UNICEF gespendet. Bereits in den ersten 12 Monaten hofft man 1 Mio. US-Dollar an die Kinderhilfsorganisation der Vereinten Nationen überweisen zu können.

5. Empfehlungen an die Anleger

Die letzten Seiten haben verdeutlicht, dass vor der Entscheidung für eine bestimmte Anlage eine Reihe von Überlegungen angestellt werden müssen. Zunächst gilt es, die eigene finanzielle Situation nüchtern zu beurteilen und zu überlegen, welche Anlageform prinzipiell in Frage kommt. Dann sollten innerhalb dieser Anlageform Angebote eingeholt und die ethischen und finanziellen Vor- und Nachteile abgewogen werden.

Für die Fondsanlage ist dringend empfohlen, die Wertentwicklung des Fonds über einen Zeitraum von fünf bis zehn Jahren zu studieren. Es darf aber auch hier nie vergessen werden, dass es sich um Zahlen aus der Vergangenheit handelt, die zwar Hoffnungen und Anhaltspunkte für die Zukunft, jedoch keinerlei Garantie auf eine ebensolche Entwicklung in den künftigen Jahren geben. Die langfristigen Renditen einer Reihe hierzulande vertriebener Angebote können den Porträts aus dem Anhang entnommen werden.

Der Ertrag? – Ein Doppelzentner Weizen!

»Im Getriebe der Weltwirtschaft und des internationalen Marktes wird vergessen, dass die Grundlage der Ökonomie immer noch in einer menschen- und umweltgerechten Landwirtschaft liegt. Wird diese Grundlage zerstört, so verliert die Produktion aller übrigen Güter ihren Sinn«, heißt es in dem Verkaufsprospekt des »Landwirtschaftsfonds II Mitte« der GLS-Gemeinschaftsbank. Dieser Fonds hat sich zum Ziel gesetzt, den naturnahen Landbau zu unterstützen, der wertvolle Beiträge zur Eindämmung der Umweltschäden durch eine industrialisierte Landwirtschaft und zur Entwicklung einer menschen-, tier- und umweltgerechten Landwirtschaft darstellt und zugleich – wie der BSE-Skandal zeigt – auch zu mehr Nahrungsmittelsicherheit für den Verbraucher führt.

Allerdings ist es nicht leicht, finanzielle Unterstützung für die vielen wertvollen Initiativen zu organisieren, die sich in diesem Bereich engagieren. Da es sich um Wirtschaftsbetriebe handelt, eignen sie sich nicht für Spenden, und da es wenig zu verdienen gibt, bleiben die auf hohe Sicherheit und Rendite ausgerichteten Investoren aus.

Die GLS-Gemeinschaftsbank entwickelte deshalb eine besondere Anlagemöglichkeit, die auf die Situation dieser Höfe zugeschnitten ist. Die Hofgemeinschaften erhalten tilgungsfreie

Darlehen, d. h. Kredite, die sie nicht zurückzahlen müssen. Dies bedeutet, dass auch der Anleger sein Kapital nicht zurückerhält, es sei denn, er gerät in eine Notlage und ist auf dieses Geld dringend angewiesen. Dies ermöglicht es den tatkräftigen, aber finanzschwachen Betreibern, ihr Vorhaben durchzuführen.

Die Zinsen werden in Form von Naturalien ausgeschüttet. Der Anleger erhält von den Höfen lebenslang ökologisch angebaute Lebensmittel. Für 2500 € Einlage kann sich der Anleger jährlich ökologische Nahrungsmittel im Wert von zehn Litern Milch, fünf Kilo Brot, fünf Kilo Kartoffeln, zehn Eiern, fünf Kilo Möhren und fünf Kilo Äpfel bei einem der unterstützten Höfe abholen. Er kann die Waren aber auch über einen Einkaufsgutschein bei seinem Bioladen erhalten. Im Todesfall verfällt dieser Anspruch und kann nicht auf die Erben übertragen werden.

IX. Wie sicher ist mein Geld?

Die Sicherheit einer Geldanlage hat zwei Aspekte. Zum einen stellt sich die Frage, welches wirtschaftliche Risiko mit einer Geldanlage verbunden ist, also wie stabil die Bank, das Unternehmen oder der Anleiheemittent sind, in die investiert wird. Zum Zweiten ist fraglich, wie seriös ein Angebot ist. Hier soll es zunächst um die unterschiedlichen Grade des wirtschaftlichen Risikos bei alternativen Geldanlagen gehen.

1. Die ökonomische Sicherheit

Wie im Kapitel II beschrieben, variiert die Sicherheit von Geldanlagen je nach Anlageprodukt, wobei auf den Finanzmärkten eine geringere Sicherheit in aller Regel mit höheren Renditeerwartungen belohnt wird. Anlageberater sprechen deshalb vom Anlegerstressfaktor. Dieser ist umso höher, je größer die Schwankungen einer Anlage nach oben und unten sind.

Für ethische Geldanlagen gilt, dass es analog zu konventionellen Geldanlagen eine breite Palette von Anlagemöglichkeiten mit sehr unterschiedlichen Chance-Risiko-Profilen gibt. Die Möglichkeiten reichen von der sehr hohen Sicherheit einer AAA-Anleihe bis zur riskanten Beteiligung an einem neu gegründeten Unternehmen. Damit decken alternative Anlagen in etwa das Spektrum ab, das auch konventionelle Geldanlagen bieten.

Für die Anlage von Geldern in **Festgeld, Sparbuch** oder **Sparbrief** bei einer Bank mit ethischen Mindeststandards gilt, dass sich der Anleger darüber informieren sollte, ob die Bank einem der von den Banken selbst organisierten Einlagensicherungsfonds angehört. Dieser gewährleistet, dass die Kundeneinlagen auch dann zurückgezahlt werden, wenn die Bank zahlungsunfähig geworden ist.

Über Sicherheit von nach ethischen Kriterien ausgesuchten **festverzinslichen Papieren** gibt das Kreditrating Auskunft. Da die Auswahl für den sozialverantwortlichen Anleger bei Rentenpapieren begrenzt ist, bietet sich hier an, auch Anleihen mit Fremdwährungen wie dem US-Dollar zu kaufen. Diese enthalten zusätzlich ein Währungsrisiko. Die in diesem Buch vorgestellten Emittenten von Anleihen, die auch unter ethischen Aspekten interessant sind, haben ein AAA-Rating und begeben regelmäßig Anleihen in verschiedenen Währungen, darunter auch in Euro.

Ethisch-ökologische Investmentfonds

Für die Sicherheit einer Anlage in ökologisch oder ethisch orientierten Investmentfonds gilt zunächst das Gleiche wie für konventionelle Fonds: Rentenfonds sind prinzipiell sicherer als gemischte Fonds, die in Anleihen und Aktien investieren, und diese unterliegen wiederum prinzipiell geringeren Schwankungen als Fonds, die nur in Aktien investieren. Um das Chance-Risiko-Verhältnis eines Investmentfonds einschätzen zu können, reicht allerdings die Einordnung in eine dieser drei Kategorien nicht aus. Darüber hinaus müssen genau wie bei Renten das Währungsrisiko abgeschätzt und die Bonität und Größe der Emittenten bzw. der Unternehmen, in die der Fonds bevorzugt investiert, berücksichtigt werden.

Die in Deutschland aufgelegten Ökofonds – ob Renten-, gemischte oder Aktienfonds – legen in verschiedenen Währungen an. Die Aktienfonds legen zu einem Teil in Unternehmen aus der Euro-Zone an. Ein gewichtiger Teil der Gelder von in der Regel über 20 % wird in den USA investiert. Die Fonds bergen damit ein gewisses Währungsrisiko gegenüber dem US-Dollar.

Um die Schwankungen eines ökologisch anlegenden Aktienfonds einschätzen zu können, ist es zudem wichtig zu wissen, ob er schwerpunktmäßig in Nebenwerte oder in Großkonzerne investiert. Die Kurse von Nebenwerten tendieren dazu, stärker nach oben und unten auszuschlagen als die von Großunternehmen, sodass bei einem Fonds mit einem hohen Anteil von kleineren und mittleren Unternehmen das Chance-Risiko-Verhältnis höher ist als bei einem, der vornehmlich in Großunternehmen investiert.

Untersuchungen zur Stabilität der Entwicklung von Ökofonds im Vergleich zu konventionellen Fonds sind zurzeit noch kaum durchführbar. Dies liegt zum einen darin, dass es nur wenige Fonds gibt, die länger als drei Jahre existieren und somit eine Masse konventioneller Fonds einer nur sehr geringen Anzahl ethischer Fonds gegenübersteht. Das Problem verschärft sich dadurch, dass die ökologischen Fonds inzwischen so unterschiedliche Anlagestrategien verfolgen, dass sie für einen solchen Vergleich nicht gemeinsam betrachtet werden können.

Vergleich zwischen konventionellen und Ökofonds		
Kategorie	höchster Quartalsverlust in den letzten 3 Jahren	höchster Quartalsverlust in den letzten 4 Jahren
Aktien international (konventionell):	−40,05 %	−40,35 %
Aktien international (ökologisch):	−35,67 %	−35,66 %

Quelle: Standard & Poor's; Stand: 19. April 2002

Bei diesem punktuellen Vergleich der beiden Sektoren schneiden die Fonds mit ökologischer Titelauswahl im Hinblick auf das Risiko besser ab. Die maximal in einem Quartal eingefahrenen Verluste waren über den Zeitraum von drei bzw. vier Jahren bei den konventionell anlegenden Fonds höher. Während oft befürchtet wurde, dass in Krisenzeiten ökologische Fonds stärker von sinkenden Kursen betroffen sein würden als konventionelle, geben diese Zahlen einen Anhaltspunkt dafür, dass ein solcher Zusammenhang nicht notwendigerweise besteht. Auch nach dem 11. September 2001 war eine solche Reaktion nicht zu beobachten gewesen.

Zur Einschätzung eines Ökofonds sollten somit die gleichen Hilfsmittel zu Rate gezogen werden wie bei der Auswahl eines konventionellen Fonds. Dazu gehört die Übersicht über die Entwicklung des Fonds in den letzten Jahren, der letzte Halbjahresbericht, aus dem hervorgeht, wie stark der Fonds in Werten außerhalb der Euro-Zone investiert ist und wie viel Prozent der Gelder in jeweils einem Wert investiert sind. Sind die Gelder breit auf eine Vielzahl von Werten und Branchen gestreut, bedeutet dies mehr Sicherheit bei Kursverlusten oder Firmenzusammenbrüchen, was besonders bei der Investition in kleine und mittlere Unternehmen wichtig ist.

Bei aller Sorge um das Risiko muss allerdings daran erinnert werden, dass jedes Risiko eine entsprechende Chance birgt. Die Schwankungen des US-Dollars können bei einem Kursanstieg dieser Währung auch zu hohen Gewinnen führen, und kleine und mittlere Unternehmen können ein enormes Wachstumspotential haben, das zu schnellen und starken Kurssteigerungen führen kann. Für den Anleger ist es auch wichtig, zu einer nüchternen Einschätzung darüber zu kommen, wie viel Stress er in seiner finanziellen Situation vertragen kann.

Unternehmensbeteiligungen

Einen höheren Anlegerstressfaktor im Vergleich zur Anlage in börsennotierten Aktien oder Aktienfonds haben in aller Regel Direktbeteiligungen an Unternehmen. Diese Beteiligungen unterliegen im Unterschied zu Bankprodukten wie Festgeld, Sparbuch oder Investmentfonds nicht der Aufsicht einer staatlichen Bankaufsichtsbehörde. Das Bundesaufsichtsamt für das Kreditwesen prüft hier lediglich, ob der Anbieter eines solchen Anlageangebots unerlaubte Bankgeschäfte betreibt, d. h., ob er z. B. in seinen Verkaufsunterlagen die Zahlung fester Zinsen verspricht, was nur Banken dürfen.

Unsicher sind diese Beteiligungen vor allem deshalb, weil sie nur schwer wieder zu veräußern sind. Anders als bei börsennotierten Wertpapieren gibt es kaum einen Markt für Beteiligungspapiere. Wenn das Unternehmen in wirtschaftliche Schwierigkeiten gerät, kann die Beteiligung kaum verkauft werden. Für eine Kündigung der Beteiligung gelten in der Regel Fristen von sechs bis zwölf Monaten. Ein Totalverlust lässt sich bei einer finanziellen Schieflage des Unternehmens meist kaum abwenden.

Weil der Anleger mit seiner Beteiligung eng an das Schicksal des Unternehmens gebunden ist, sollte er vor einem solchen Engagement das Angebot einer genauen Prüfung unterziehen. Im Fall der Beteiligung an einer Gesellschaft bürgerlichen Rechts (GbR) oder an einer Genossenschaft ist es vor allem wichtig, darauf zu achten, ob die Haftung der Anleger über das eingelegte Kapital hinausgeht. Geht die Haftung über die Beteiligungssumme hinaus, kann ein Gläubiger des Unternehmens auf das Privatvermögen der Anleger zugreifen. Dieser Fall sollte unbedingt vertraglich ausgeschlossen werden.

Wie sicher Geld bei einer Direktanlage ist, hängt zudem stark von der Art des Projektes ab. Grundsätzlich sind Projekte, bei denen das Kapital in Anlagen fließt, die über das Bestehen der Gesellschaft hinaus ihren Wert behalten, sicherer als solche, in denen das Gros der Gelder z. B. in Personal- oder Entwicklungskosten fließt. Für ökologisch und sozial verantwortliche Anlagen heißt dies, dass Wohnprojekte, bei denen es um den Kauf und die Entwicklung von Grundstücken und Gebäuden geht, oder Windparks, bei denen etwa 75 % und mehr des Kapitals in Anlagen fließen, wesentlich sicherer sind als die Beteiligung an einem Dienstleistungsunternehmen, bei dem ein Großteil des Kapitals unwiederbringlich in die Personalkosten fließt. Projekte, bei denen es um die Stromerzeugung geht, haben zusätzlich den Vorteil, dass es in der Regel keine Entwicklungskosten gibt und die Abnahme des Stroms gewährleistet ist. Beteiligt man sich hingegen an einem Unternehmen, das ein neues Produkt auf den Markt bringen will, so fallen neben den erheblichen Entwicklungskosten auch zusätzlich hohe Kosten für die Vermarktung an.

Selbstverständlich sollten vor einem Engagement die in den Angebotsunterlagen gemachten Aussagen über die Rahmenbedingungen und den Stand der Planung, die Ertragsprognose, das Verhältnis von Eigen- zu Fremdkapital und die Kontrollmöglichkeiten der Anleger studiert und ggf. auf ihre Plausibilität hin überprüft werden. Kann oder will man sich mit diesen Details nicht befassen, so ist es ratsam, hierzu den Rat eines unabhängigen Fachmanns einzuholen.

Bei aller Vorsicht, die gegenüber Beteiligungsangeboten angebracht ist, muss aber betont werden, dass es eine Reihe seriöser und professionell durchgeführter Projekte gibt, in die es sich aus ökologischen und finanziellen Gründen zu investieren lohnt. Wie zuvor gezeigt, sind es schließlich gerade diese Direktbeteiligungen, die ökologisch und sozial vieles bewirken können. Es ist deshalb sehr zu begrüßen, dass sich in Deutschland einige Finanzdienstleister auf die fachmännische Prüfung und Vermittlung von Anteilen an ökologischen Unternehmen und Projekten spezialisiert haben. Diese Vermittler sind dem Anleger auf der Suche nach einer Beteiligung mit vertretbarem Risiko behilflich und haben auch einen Markt für Öko-Beteiligungen geschaffen, über den Anleger ihre Papiere bei Bedarf auch wieder verkaufen können. Hilfreich bei der Suche nach einer geeigneten ökologisch oder sozial sinnvollen Beteiligung ist auch die Fachzeitschrift *Öko-Invest* und der Informationsdienst www.ecoreporter.de.

Das Verhältnis zu Finanzderivaten

Während sich im Bereich der Unternehmensbeteiligungen für den verantwortlichen und risikobereiten Investor eine Reihe sinnvoller Anlagemöglichkeiten bieten, lassen sich die hochspekulativen Finanzderivate nur schwer mit einer ethischen Anlagepolitik verbinden. Bei diesen Finanzderivaten geht es im Kern darum, dass Wetten auf die zukünftige Entwicklung von Kursen oder Zinsen abgeschlossen werden und schon geringe Kapitaleinsätze zu hohen Gewinnen und Verlusten führen können. Der Charakter der Wette und der Umstand, dass sich mit Derivaten auch bei fallenden Kursen Gewinne machen lassen, zeigen, dass diese Anlagen nur noch einen indirekten Bezug zur realen Wirtschaft, also zu Gewinnen und Verlusten von Unternehmen oder zur wirtschaftlichen Leistungsfähigkeit eines Landes, haben.

Ethische Geldanlagen zielen hingegen generell darauf ab, die Verbindung zwischen der Geldanlage und der realen Wirtschaft wieder zu intensivieren, indem sie die Beurteilung von Produkten und Dienstleistungen im Hinblick auf ihre Zukunftsfähigkeit in direkten Zusammenhang mit der Bereitstellung von Kapital bringen. Es liegt auf der Hand, dass Finanzderivate, die genau in die entgegengesetzte Richtung streben, dem Anliegen ethisch motivierter Geldanleger eher zuwiderlaufen.

Derivate spielen im Bereich der ethischen Geldanlage deshalb eine marginale Rolle. In Ökofonds findet sich ein kleiner Anteil von Derivaten, die der Absicherung der Anlegergelder gegen Währungs- und Kursrisiken dienen. Mit dem Aufkommen von ethischen Börsenindices, wie dem DJSGI und dem FTS4Good, könnten jedoch in Zukunft auch spezielle »ethische« Derivate auf den Markt kommen, die z. B. von institutionellen Investoren zur Absicherung ihres Portfolios genutzt werden.

2. Ethische Geldanlagen und Verbraucherschutz

Einige Skandale haben gezeigt, dass sich Kapitalanlagebetrug nicht auf konventionelle Geldanlagen beschränkt, sondern dass auch Anleger, die ihr Geld sozialverantwortlich investieren möchten, sich vor unseriösen Angeboten in Acht nehmen müssen. In der Vergangenheit wurde deutlich, dass besonders bei Anbietern, die für eine ethische Geldanlage mit überdurchschnittlichem Gewinn werben, Vorsicht geboten ist. Im Folgenden werden ein paar Hinweise zum Schutz vor Kapitalanlagebetrug gegeben.

Die vielfältigen Möglichkeiten des großen und kleinen Betrugs

Die Varianten des unsauberen Verkaufs von Kapitalanlagen sind sowohl im konventionellen als auch im »grünen« Bereich vielfältig und für einen ahnungslosen Laien oft undurchschaubar. Die Unlauterkeit kann bereits darin liegen, dass potentielle Kunden nicht ehrlich über Renditeaussichten, Risiken und Kosten der Anlage aufgeklärt werden. Die oft hohen Kosten von Sparplänen werden dann nur im Kleingedruckten erwähnt, die Renditen auf eindrucksvollen Diagrammen geschönt und die in den Verkaufsunterlagen aus juristischen Gründen angeführten Risiken im Beratungsgespräch heruntergespielt.

Eine andere Variante der unsauberen Verwaltung fremder Gelder liegt darin, versteckte Kosten zu verursachen, indem Wertpapier An- und Verkäufe nur durchgeführt werden, um Profite für die Vermögensverwaltung oder die Bank einzufahren.

Andere Betrügereien beruhen darauf, dass unverantwortliche Risiken mit den Geldern der Anleger eingegangen werden. So werden ungesicherte Darlehen evtl. sogar an »befreundete« Gesellschaften vergeben, oder es wird mit Finanzderivaten spekuliert, ohne dass Kunden zuvor auf die damit zusammenhängenden Risiken aufmerksam gemacht wurden. Oft geschieht dies in dem auf Selbstüberschätzung beruhenden Vertrauen, man habe das schon alles »im Griff«. Wenn die den Anlegern versprochenen Gewinne daraufhin ausbleiben, versucht man sich evtl. eine Zeit lang dadurch zu retten, indem man die frisch eingezahlten Gelder neuer Kunden als Gewinne an die Altkunden auszahlt, eine Praxis, die über kurz oder lang zu hohen Verlusten für die Anleger führt.

Verdächtig ist auch, wenn Unternehmensbeteiligungen angeboten werden, bei denen die Kosten für die Kapitaleinwerbung oder die Kosten der Geschäftsführung vergleichsweise hoch angesetzt werden. Hier ist zu befürchten, dass das Geld der Anleger vor allem in die Provisionen der Vermittler und als Geschäftsführungsgehälter getarnt auf die Privatkonten der Initiatoren fließt.

Nicht zuletzt gibt es dann noch den handfesten offenen Betrug, bei dem die Kundengelder direkt in die privaten Taschen der Anbieter fließen. Dieser ist allerdings eben nur die plumpe und vergleichsweise seltene Variante der unseriösen Finanzvermittlung.

Wie können sich Anleger vor diesen Tricks schützen?

Eine wichtige Hilfe für den Anleger, um die Spreu vom Weizen zu trennen, sind Informationsdienste, die regelmäßig die Namen dubioser Finanzangebote bekannt geben. Für den an sozialverantwortlichen Geldanlagen Interessierten ist hier zuallererst die vierteljährlich in der Zeitschrift *Öko-Invest* erscheinende »graugrüne Liste« zu nennen. Hier führt der Chefredakteur Max Deml all jene ethischen Anlageangebote auf, die ihm Informationen verweigern, die für die Einschätzung der Seriosität des Angebots nötig sind. Die Liste ist auch unter www.oeko-invest.de im Internet abrufbar. Ein wichtiger Anlegerschutz-Informationsdienst ist zudem der »Gerlach Report« des Deutschen Finanzdienstleistungs-Informationszentrums GmbH, bei dem für 50 € Informationen zu bestimmten Kapitalanlageangeboten abrufbar sind.

Ein Schutz vor Betrügern ist neben dem Erkennen von Tricks und den Listen von »schwarzen Schafen« aber auch ein selbstbewusstes Auftreten gegenüber dem Anlageberater. Lassen Sie sich Zusammenhänge und Fachbegriffe so lange erklären, bis Sie diese wirklich verstanden haben. Scheuen Sie sich nicht, Ihren Berater nach seiner Ausbildung zu fragen, und erkundigen Sie sich, ob er für den Fall eines von ihm zu verantwortenden Verlustes von Kundengeldern versichert ist. Unbedingt sollten Sie vor Abschluss einer Geldanlage bei einem privaten Finanzberater ein schriftliches Angebot über Kosten, Risiken und Renditeerwartung vorliegen haben, auf das man sich im Streitfall beziehen kann.

Wendet man sich an eine der staatlichen Aufsicht unterliegende Bank, ist die Gefahr des offenen Betrugs wesentlich geringer. Aber auch hier ist die Aufklärung über mögliche Risiken oft unzureichend. Wie am Beispiel der Kosten für den An- und Verkauf von Wertpapier gezeigt, besteht auch hier die Möglichkeit unsauberer Praktiken. Anleger sollten unbedingt die Verkaufsunterlagen und Rechenschaftsberichte gründlich studieren und auf ein den eigenen Bedürfnissen entsprechendes Produkt drängen.

Grundsätzlich sollte man sich vor einem Verkaufsgespräch über seine eigene finanzielle Lage, seine Lebensplanung und seine Wünsche so weit wie möglich im Klaren sein. Bei sozial verantwortlichen Geldanlagen kommt hinzu, dass man sich Gedanken darüber gemacht haben sollte, welche Rolle die Rendite im Vergleich zu den ethischen Ansprüchen an die Anlage spielt und welche Bereiche des zukunftsfähigen Wirtschaftens einem besonders am Herzen liegen. Eine solche Vorbereitung ist ein guter Schutz davor, eine Geldanlage angedreht zu bekommen, die eher den Provisionsvorstellungen des Beraters als den eigenen Bedürfnissen entspricht.

3. Wer überprüft die Ethik?

Neben der Frage der finanziellen Sicherheit stellt sich das Problem, wie überprüft werden kann, ob eine Geldanlage tatsächlich auch den ethischen Ansprüchen genügt, die dem Anleger in Verkaufsprospekten und Werbebroschüren suggeriert werden. Wird das Geld wirklich in »umweltfreundlich arbeitende Unternehmen« investiert? Ist die Anlage wirklich ein »Beitrag zum ökologischen Umbau der Wirtschaft«, wie es von Seiten der Anbieter gerne behauptet wird? Wie wird die ethische Qualität einer Geldanlage für den Außenstehenden überprüfbar? Diese Fragen richten sich sowohl an die Anbieter von ethischen Anlagemöglichkeiten als auch an die Researchagenturen. Nachdem in den ersten Jahren ethischer Geldanlagen in Deutschland die Kräfte darauf verwandt wurden, sich bei privaten und institutionellen Anlegern als ernst zu nehmende Alternative zu etablieren, stehen nun, wo diese Idee den Kinderschuhen entwachsen ist, zunehmend Qualitätsstandards im Mittelpunkt der Auseinandersetzung.

Prinzipiell bestehen drei Ebenen, auf denen über die Qualitätsmerkmale von ökologischen Geldanlagen diskutiert wird: Im Auftrag des Staates reguliert das Bundesaufsichtsamt für das Kreditwesen die Zulassung von Investmentfonds in Deutschland, Verbraucherinitiativen geben Empfehlungen für Anleger, und die Anbieter diskutieren über die Einführung eines Gütesiegels, um die Spreu vom Weizen zu trennen.

Staatliche Kontrolle

Das Bundesaufsichtsamt für das Kreditwesen (BAKred), das u. a. als Aufsichtsbehörde für die Genehmigung von Investmentfonds zuständig war und inzwischen mit den Ämtern für das Versicherungswesen und für den Wertpapierhandel zur Bundesanstalt für Finanzdienstleistungsaufsicht (BAFin) zusammengeführt worden ist, hat bisher nur zwei Anbietern eine Zulassung erteilt. Man genehmige nur Fonds, bei denen die Investmentkriterien präzise formuliert und überprüfbar sind, heißt es. Was damit gemeint ist, lässt sich an den Fonds, die das Amt zugelassen hat, nämlich dem Focus Umwelttechnologiefonds und allen Fonds, die auf dem Dow Jones Sustainability Index beruhen, ablesen.

Der FOCUS Umwelttechnologiefonds legt gemäß seiner Satzung zum Großteil in Unternehmen an, deren Umsatzerlöse oder Gewinne überwiegend aus der Entwicklung, Herstellung oder dem Vertrieb von Produkten oder Dienstleistungen im Umwelttechnologiebereich stammen und die damit Beiträge zum Umweltschutz leisten. 49 % des Fondsvermögens können allerdings auch in Unternehmen investiert werden, in denen der Umwelttechnologiebereich weniger als 50 % des Umsatzes oder des Gewinns ausmacht. Unternehmen, die keinerlei Aktivitäten im Umweltbereich haben, kommen für diesen Fonds nicht in Frage.

Mit dieser Zielsetzung ist der FOCUS Umwelttechnologiefonds ein Branchenfonds im Marktsegment »Umwelttechnologie«, dessen Kriterien zwar klar definiert sind, der aber keine Ausschlusskriterien beachten muss, was für viele ethische Investoren ein wichtiges Qualitätsmerkmal ist.

Vom BAKred zugelassen sind zudem Fonds, die auf der Basis des Dow Jones Sustainability Group Index (DJSGI) arbeiten. Hier sieht das Amt die Seriosität durch die Anbindung an die international anerkannte Dow Jones-Gruppe gewährleistet. Außerdem sei man von dem Auswahlsystem überzeugt, heißt es.

Mit dieser Genehmigungspraxis erteilte das Amt gerade jenen Fonds eine Genehmigung, die keine oder im Fall von DJSGI nur sehr schwache Negativkriterien beachten und sich in der Titelauswahl nur gering von konventionellen Fonds unterscheiden. Traditionelle Kriterien der finanztechnischen Machbarkeit eines Fonds stehen für das Amt offensichtlich im Vordergrund und man ist kaum bereit, sich auf die Besonderheiten einer ethischen Begründung in der Auswahl von Titeln für einen Investmentfonds einzulassen.

Fonds, die neben Positivkriterien auch die aus ethischer Sicht für die Glaubwürdigkeit unabdingbaren Ausschlusskriterien formulieren, erhielten bisher keine Genehmigung. Ein ethischer Fonds müsste, so das Amt, den drei Ansprüchen präziser Anlagekriterien, einer umfassenden Berücksichtigung ethischer Belange und dem Grundsatz der Risikomischung entsprechen. Diese drei teilweise gegensätzlichen Anforderungen unter einen Hut zu bringen, hält man für sehr schwer, wenn nicht für unmöglich. Prinzipiell ist man aber bereit, einen Investmentfonds zu genehmigen, der allen drei Anforderungen gerecht wird.

Die in Deutschland angebotenen Öko- und Ethikfonds wurden deshalb zum Großteil in Luxemburg aufgelegt, denn die dortige Bankenaufsicht, die diese Fonds genehmigt, legt weniger strenge Maßstäbe an. Für die Überprüfung der Einhaltung der ethischen Kriterien fühlt sich allerdings die Luxemburger Behörde nicht verantwortlich. Für das Gros der in Deutschland vertriebenen Ökofonds bedeutet dies, dass es keine staatliche Kontrolle der in den Verkaufsprospekten aufgestellten ökologischen Kriterien gibt.

Der Verbraucherschutz

Angesichts der fehlenden staatlichen Überprüfung der ethischen Kriterien für die in Deutschland vertriebenen Ökofonds wird von Seiten des Verbraucherschutzes mehr Transparenz hinsichtlich der ethischen Auswahlkriterien, der Recherche und der Veranlagung der Gelder gefordert. In einem groß angelegten Test aller in Deutschland zugelassenen Ökofonds, der sowohl finanzielle als auch ethische Maßstäbe anlegte, kam das Magazin *Ökotest* im Mai 2000 zu dem Schluss, dass es sehr große Unterschiede hinsichtlich der Gründlichkeit bei der Auswahl von Ethikwerten gibt. Während einige Banken eigene For-schungsabteilungen betreiben, ist die Auswahl bei anderen kaum nach-zuvollziehen. Mehr Transparenz für den interessierten Privatanleger ist deshalb eine der Hauptforderungen von Verbraucherschützern.

Konkret geht es dabei um den problemlosen Zugang zu folgen-den Informationen, die die Verbraucherzentrale NRW 1996 formu-lierte und die bis heute Bestand haben:

• Der Anleger muss regelmäßig eine vollständige und erläuterte Übersicht über alle Unternehmen und Projekte erhalten, in die sein Geld fließt. Eine kurze, sachliche Beschreibung, die auch pro-blematische Punkte thematisiert, ist hier glaubwürdiger als die Konzentration auf einzelne positive Aspekte.

• Die Verkaufsunterlagen sollten die voll ausformulierten ethi-schen Kriterien enthalten. Diese sollten so präzise wie möglich umschreiben, welche Aktivitäten von der Investition ausge-schlossen werden und in welche Tätigkeiten bevorzugt investiert wird. Allgemeine Absichtserklärungen wie: »Die Investition er-folgt in Unternehmen, die dazu beitragen, eine saubere und ge-sündere Umwelt zu schaffen«, sind wenig hilfreich.

• Der Anleger sollte darüber informiert werden, wie die Auswahl der Unternehmen und Projekte in der Praxis vonstatten geht. Gibt es eine interne Forschungsstelle mit entsprechend qualifi-ziertem Personal, oder wird die Untersuchung von Unternehmen an ein externes Institut übergeben? In welchem Verhältnis steht das Auswahlverfahren nach ethischen Kriterien zum Auswahl-verfahren nach finanziellen Kriterien?

• Der Kunde sollte zudem darüber informiert werden, ob es ein Kontrollgremium gibt, das über die Einhaltung der ethischen Kriterien wacht, und wie dieses Gremium zusammengesetzt ist.

Gütesiegel

Um Verbrauchern Sicherheit für die ethische Qualität einer Geld-anlage zu geben, wird unter den Anbietern ethischer Geldanlagen und Researchleistungen über die Einführung eines Gütesiegels für

sozialverantwortliche Geldanlagen diskutiert. Ähnlich wie bei ökologischen Nahrungsmitteln würde ein solches Siegel Angaben über
das Verfahren bei der Auswahl der Unternehmen in einen Ökofonds machen und den Anlegern damit mehr Sicherheit in Bezug
auf die ethische Qualität des Angebots geben. Anbieter mit höherer
Transparenz und ethischer Qualität könnten sich zudem über das
Siegel gegenüber solchen mit undurchsichtigen Verfahren absetzen. Es bestehen jedoch für die Einführung eines solchen Gütesiegels noch keine konkreten Konzepte.

X. Ethische Geldanlagen für institutionelle Investoren

Kirchen, Stiftungen, Orden, gemeinnützige Vereine und Gewerkschaften befinden sich bei der Anlage ihrer Gelder in mehrfacher Hinsicht in einer anderen Situation als Privatanleger. Ein Vermögensverwalter beschrieb diesen Unterschied folgendermaßen: »Der Privatanleger kann sein Geld mit Herz anlegen, Institutionen können dies nicht.« Er umschrieb damit, dass die Finanzvorstände dieser Organisationen bei der Geldanlage keinesfalls ihren individuellen Vorlieben nachgehen dürfen. Sie tragen die Verantwortung für das langfristige Überleben der Institution, für die damit verbundenen Arbeitsplätze, für die Alterssicherung von Mitgliedern und ehemals Beschäftigten und für den Erhalt von oft traditionsträchtigen Gebäuden.

Angesichts dieser Aufgaben wäre ein Finanzvorstand in der Tat schlecht beraten, wenn er sich bei der Anlage der Gelder von persönlichen Vorlieben und Abneigungen leiten ließe. Die weitsichtige finanzielle Sicherung der Organisation muss für ihn gerade in Zeiten spärlich fließender Mittel die oberste Aufgabe sein. Abgesehen von dieser Verantwortung ist er zudem oft an eine Reihe von Vorschriften gebunden, die den Spielraum bei der Geldanlage im Vergleich zu einem Privatanleger teilweise erheblich einschränken.

1. Kirchen

Für evangelische und katholische Gemeinden, Landeskirchen bzw. Diözesen gilt allgemein das Prinzip der Mündelsicherheit.

Der Begriff »mündelsicher« entstammt dem Bürgerlichen Gesetzbuch (BGB), wo in den Paragraphen 1807 und 1808 festgelegt wird, wie ein Vormund Gelder für sein Mündel anlegen darf. In der Definition des BGB bedeutet Mündelsicherheit, dass das Geld bei einem öffentlich-rechtlichen Kreditinstitut, also bei einer Sparkasse oder Volksbank, angelegt werden muss und nur in festverzinsliche, durch inländische Grundstücke oder öffentliche Institutionen besicherte Wertpapiere investiert werden darf. Angelegt werden kann also z. B. in Pfandbriefe, Kommunalobligationen und Bundesanleihen.

Einige kirchliche Verbände haben das Prinzip der Mündelsicherheit gelockert. So ist es für die Evangelische Kirche im Rheinland seit Februar 1992 möglich, 25 % des gesamten Kapital- und Rücklagevermögens in deckungsstockfähigen Papieren anzulegen. Dies bedeutet, dass dieser Teil des Kapitals gemäß den Vorschriften für die Anlage des Deckungsstocks von Lebensversicherungen angelegt werden kann. Die Anlage in festverzinsliche Papiere beschränkt sich nach der neueren Regelung für Lebensversicherungen damit nicht mehr auf bundesdeutsche Papiere. Es kann auch in Titel investiert werden, die innerhalb der Europäischen Union zum Handel zugelassen sind. Darüber hinaus kann ein Teil des Deckungsstockes auch z. B. in Aktien, GmbH- und Kommanditanteilen sowie in Investmentfonds investiert werden. Voraussetzung ist nur, dass die Unternehmen bzw. Fondsgesellschaften ihren Sitz innerhalb der EU haben. Dies bedeutet, dass sich die Rheinische Landeskirche mit einem Teil ihrer Gelder auch an Unternehmen beteiligen und sogar in Windparks investieren kann. In der Praxis investiert sie heute in Immobilien, Rentenpapiere und einen Fonds mit überwiegend festverzinslichen Titeln.

Die Verwaltungsordnung dieser Kirche sieht zudem auch Ausnahmen für das Prinzip der Mündelsicherheit bzw. Deckungsstockfähigkeit vor. Diese müssen aber vom Landeskirchenamt bzw. vom zuständigen Kirchenkreis genehmigt werden. So ist es Gemeinden in der Vergangenheit über entsprechende Empfehlungen von Synoden ermöglicht worden, Anteile an der Entwicklungsgenossenschaft Oikocredit zu kaufen.

Die Vorschriften für die Erzdiözese Köln lauten ähnlich. In der

»Anweisung für die Vermögensverwaltung und Haushaltsführung der Kirchengemeinden und Gemeindeverbände in der Erzdiözese Köln« vom 4. Januar 1985 heißt es in Bezug auf die Geldanlage: »Substanzkapital ist (wegen des hohen Ertrags) bevorzugt in festverzinslichen Wertpapieren anzulegen. Eine Anlagemöglichkeit ist aber auch der Erwerb von Anteilen an Rentenfonds oder offenen Immobilienfonds (z. B. beim kircheneigenen Aachener Grundfonds).«

Neben der Sicherheit spielt für jenen Teil der kirchlichen Gelder, der für laufende Kosten wie z. B. für die Auszahlung der Löhne und Gehälter verwendet wird, die Liquidität eine große Rolle. Dieses Geld wird vor allem unter dem Aspekt der kurzfristigen Verfügbarkeit auf Konten mündelsicherer Institute geparkt. Zumeist bedient man sich hier der eigenen kirchlichen Banken, die dem Verbund der Volks- und Raiffeisenbanken und ihrem Sicherheitssystem angeschlossen sind.

In den meisten Landeskirchen und Diözesen gibt es Initiativen, die kirchlichen Gelder nicht nur nach kirchenrechtlichen und finanztechnischen Gesichtspunkten, sondern auch nach ethischen Kriterien anzulegen. Die Badische Landeskirche legte bereits einen Kriterienkatalog für ihre Geldanlagen fest, der Rüstung, Glücksspiel, Drogen, gentechnisch veränderte Nahrungsmittel und Staatsanleihen von Ländern, die die Todesstrafe nicht abgeschafft haben, ausschließt. Von den verbleibenden Unternehmen werden jene bevorzugt, die mit Ressourcen schonend umgehen und bei denen die Mitarbeiter durch Mindeststandards abgesichert sind. In der Rheinischen Landeskirche wurde der Beschluss gefasst, nicht in ausgesprochene Rüstungsunternehmen zu investieren. Zudem wird ein Teil der Gelder in die beiden KD Dow Jones Sustainability Index Fonds umgeschichtet, in die Unternehmen erst nach einer Analyse ihrer ökologischen, sozialen und ökonomischen Nachhaltigkeit aufgenommen werden und die keine Unternehmen mit einem Rüstungsanteil von über 50 % und aus der Alkohol-, Tabak- und Glücksspielbranche enthalten.

Die katholischen Diözesen in Deutschland und die deutsche Bischofskonferenz haben ethische Geldanlagen angemahnt und es wird zurzeit auch hier diskutiert, auf welche Weise Rücklagen konkret nach ethischen Kriterien angelegt werden sollen.

Mit der Einführung von ethischen Kriterien in die Geldanlage kirchlicher Institutionen ist ein erster Anfang gemacht. Es wird jedoch auch in Zukunft noch vieler Diskussionen und Überzeugungsarbeit bedürfen, bis große Teile des kirchlichen Vermögens nach christlichen Grundsätzen verwaltet werden.

2. Orden

Für Orden bestehen keine allgemeinen Vorschriften bezüglich der Anlage ihrer Gelder. Je nach Ausrichtung eines Ordens und dessen Vorhaben wird von den jeweiligen Ordensökonomen eine Anlagestrategie entwickelt und verfolgt. Bei Klöstern, die auf jährliche feste Einnahmen aus Kapitalerträgen angewiesen sind, wird auf eine jährliche Verzinsung geachtet und überwiegend in festverzinsliche Papiere und Dividendenpapiere, also in die Aktien großer deutscher Unternehmen bzw. in entsprechende Fonds, investiert.

Einem Orden ist es allerdings nicht möglich, fördernde ethische Geldanlagen in größerem Stil zu tätigen, da damit fremde Einrichtungen durch günstige Kredite unterstützt würden. Dies kann zu Problemen hinsichtlich der weiteren Anerkennung seiner Gemeinnützigkeit führen.

Diese relative Freiheit in der Geldanlage verbunden mit einem hohen sozialen Engagement führte dazu, dass in Deutschland die katholischen Orden eine Vorreiterrolle bei der Umsetzung ethischer Kriterien in der Geldanlage von Institutionen spielten. 1999 entschlossen sich 37 Ordensgemeinschaften dazu, eine Pilotstudie zu finanzieren, in der der Kriterienkatalog des Frankfurt-Hohenheimer Leitfadens in die Praxis der Geldanlage umgesetzt wurde. In den neunziger Jahren hatte eine Arbeitsgruppe um den Philosophen Prof. Ott, den Moraltheologen Prof. Hoffmann und den Volkswirtschaftler Prof. Scherhorn einen umfangreichen Kriterienkatalog entwickelt, der die drei Dimensionen der Natur-, Sozial- und Kulturverträglichkeit berücksichtigt. Aus diesem Kriterienkatalog wurde in Zusammenarbeit mit der Researchagentur oekom ein Fragenkatalog entwickelt, der die Grundlage für die Untersuchung von Unternehmen in 13 Ordensportfolios bildete.

In der Folge dieses Pilotprojekts kam es zu der Gründung des Investorenvereins Corporate Responsibility Interface Center (CRIC), der es sich zur Aufgabe macht, auf der Grundlage des Frankfurt-Hohenheimer Leitfadens ethisches Investment zu fördern und Anlegern eine konkrete Hilfestellung zu geben, ethische Kriterien in ihre Kapitalanlage zu integrieren. Die schwedische Bank SEB legte mit den Fonds SEB Responsibility Equity und SEB Responsibility Bond zwei Investmentfonds auf, die in ihrer Anlage das auf dem Frankfurt-Hohenheimer Leitfaden beruhende Corporate Responsibility Rating des Research Instituts oekom verwenden und sich speziell an institutionelle Anleger wenden.

3. Gemeinnützige Vereine

Grundsätzlich sind gemeinnützige Vereine vom Gesetzgeber gehalten, ihre Gelder zweckgebunden und zeitnah auszugeben. In der Regel legen sie deshalb einen Großteil ihrer Gelder als Festgeld an. Es gibt jedoch auch für gemeinnützige Vereinigungen die Möglichkeit, einen Teil ihrer Rücklagen langfristig etwa in festverzinsliche Wertpapiere, Immobilien oder sogar Aktien anzulegen. Hier hat der Gesetzgeber jedoch enge Grenzen gesetzt. So dürfen Zuwendungen nach Todesfällen langfristig angelegt werden, wenn der Erblasser keine spezielle Verwendung vorgeschrieben hat. Das Gleiche gilt für Zuwendungen oder Spenden, die ausdrücklich zur finanziellen Ausstattung des Vereins getätigt wurden. Ebenso darf das Ausstattungskapital, also z. B. die Mitgliedsbeiträge oder von Stiftern zugeführtes Kapital, längerfristig angelegt werden. Geboten ist bei der langfristigen Anlage dieser Gelder selbstverständlich eine »Anlagepolitik der ruhigen Hand«, die langfristig auf eine angemessene Rendite und nicht auf fortlaufend kurzfristige Kursgewinne ausgerichtet ist. In der Praxis legen gemeinnützige Vereine ihre Gelder oft über die Bank für Sozialwirtschaft an, die angibt, in ihrer Anlagepolitik auch auf ethische Kriterien zu achten, ohne diese jedoch explizit zu nennen.

4. Stiftungen

Für Stiftungen bestehen keine ins Detail gehenden gesetzlichen Bestimmungen hinsichtlich der Anlage des Stiftungsvermögens. Vom Gesetzgeber ist hier lediglich vorgeschrieben, dass die Verwaltung der Gelder mit besonderer Sorgfalt zu geschehen hat und das Stiftungskapital sicher angelegt werden muss. Einige Stiftungen sind über ihre Satzung an bestimmte Anlageformen gebunden. Dies ist aber die Ausnahme. Die Stiftungsvorstände haben bei der Anlage der Gelder also relativ freie Hand. Diese werden in aller Regel im Sinne des Erhalts des Stiftungsvermögens konservativ, d. h. überwiegend in festverzinsliche und durch Grundstücke besicherte Papiere angelegt. Viele Stiftungen investieren einen kleineren Teil des Vermögens zusätzlich in Titel großer Aktiengesellschaften, um so auch die Chancen des Aktienmarktes zu nutzen. Das Thema ethische Geldanlage wird unter Stiftungsräten diskutiert und vereinzelt wird nach konkreten Lösungen gesucht. Es gibt jedoch bisher kein gemeinsames Vorgehen im Hinblick auf die Umsetzung ethischer Kriterien in der Anlage von Stiftungsvermögen.

5. Gewerkschaften

Für Gewerkschaften bestehen keine expliziten gesetzlichen Regeln für die Verwaltung ihrer Gelder. Da es sich um Mitgliedsbeiträge handelt, müssen auch diese Gelder sicher und mit der angemessenen Sorgfalt verwaltet werden. In der Praxis heißt dies, dass jener Teil des Vermögens, der nicht für die laufenden Kosten benötigt wird, in deutsche Rentenpapiere und Rentenfonds investiert wird.

In Tarifverhandlungen wird in Zukunft auch die Etablierung betrieblicher Pensionsfonds eine Rolle spielen. Hier wird man von gewerkschaftlicher Seite darauf achten, dass ethische Kriterien in der Anlage berücksichtigt werden. Zu den zentralen Kriterien wird die Achtung der Rechte der Arbeitnehmer in den Aktiengesellschaften, in die die Gelder zur Altersvorsorge fließen, gehören.

6. Altersvorsorge und ethische Geldanlage

Die Kombination von privater Alterssicherung und ethischen Geldanlagen wurde bisher von einer Reihe Lebensversicherungen angeboten, die spezielle Ökopolicen aufgelegt haben. Die meisten dieser Produkte beruhen darauf, dass die angesparten Gelder über die Versicherung in ökologische Investmentfonds fließen. Andere Anbieter versuchten mit neu entwickelten Konzepten eine klassische Lebensversicherung mit ethischen Kriterien auf den Markt zu bringen. Das Marktsegment der ethisch orientierten Alterssicherung wuchs im Vergleich zu den ökologischen Investmentfonds jedoch nur langsam, denn die Verbindung von Ökologie und sicherer Geldanlage war schwer zu verkaufen und viele Projekte scheiterten noch vor dem Start.

Seit 2001 zeichnet sich jedoch eine Trendwende ab. Mit der Verabschiedung des Altersvermögensgesetzes ist zu erwarten, dass die nun entstehenden Angebote für die staatlich geförderte Zusatzrente zu einem wichtigen Motor für ethische Geldanlagen werden. Dieses Gesetz schreibt nämlich vor, dass Fondsanbieter der privaten oder betrieblichen Zusatzrente darüber berichten müssen, ob und wie sie ethische, soziale und ökologische Belange bei der Verwendung der eingezahlten Altersvorsorgebeiträge berücksichtigen. In Großbritannien, wo es ein solches Gesetz seit Juli 2000 gibt, kam es zu einem Boom für ethische Pensionsfonds. Ähnliches zeichnet sich auch hierzulande ab. Wie groß der Fortschritt hin zu mehr Ethik in der Geldanlage durch dieses Gesetz sein wird, wird jedoch davon abhängen, wie gut es gelingt, eine Transparenz für die Verbraucher und eine Qualitätssicherung zu gewährleisten.

XI. Steuerliche Aspekte

von Dipl.-Volksw. Hans J. Udo Schneck, Steuerberater

Im gesamten deutschen Steuerrecht gibt es heute keine einzige Vorschrift, die spezielle Regelungen für ethische oder ökologische Geldanlagen vorsieht. Es ist also aus steuerlicher Sicht völlig gleichgültig, ob der Anlagesuchende die Absicht hat, z. B. in einen Ethikfonds oder einen beliebigen anderen Fonds zu investieren. In dieser Hinsicht kennt das Steuerrecht keine Moral und bietet (noch) keinerlei Vergünstigungen oder Sonderbehandlung für verantwortliche Geldanlagen. Dies ist in den Niederlanden anders, wo die Investitionen in bestimmte ökologische Projekte steuerfrei sind. In diesem Kapitel wird der Leser und die Leserin mit den ganz normalen und neutralen Steuerregelungen vertraut gemacht, wie sie für alle Geldanlagen gelten.

Die folgenden Ausführungen gehen davon aus, dass der Anleger eine natürliche Person ist, in Deutschland seinen Wohnsitz hat und die Anlage im Privatvermögen hält. Später wird auf Besonderheiten bei sog. institutionellen Anlegern wie Verbänden, Kirchen oder Orden eingegangen.

1. Die Einkommensteuer

Von den Steuerarten wird lediglich die Einkommensteuer betrachtet, da sie in diesem Zusammenhang die mit Abstand wichtigste Steuerart darstellt und die Behandlung der Vermögen-, Erbschaftoder Schenkungsteuer den Rahmen dieses Beitrages sprengen würde.

Kapitaleinkünfte bleiben bei Ledigen steuerfrei, wenn sie 1601 €

nicht überschreiten; bei Verheirateten mit gemeinsamer Veranlagung beträgt die Grenze 3202 € (Einnahmen minus Werbungskosten aus der entgeltlichen Überlassung von Vermögen zur befristeten Nutzung). Dabei setzen sich die Freibeträge aus einem Sparerfreibetrag (1550/3100 €) und einem Werbungskostenpauschbetrag (51/102 €) zusammen. Werden diese Freibeträge überschritten, so sind die übersteigenden Beträge grundsätzlich steuerpflichtig.

Gewinne aus dem Verkauf von Wertpapieren sind steuerfrei, wenn zwischen Kauf und Verkauf des Wertpapiers ein Zeitraum von mindestens zwölf Monaten liegt. Solche Gewinne werden nicht als Erträge aus der Kapitalanlage, sondern als Vermögensvorteile der Kapitalanlage betrachtet. Wenn Wertpapiere innerhalb von zwölf Monaten nach dem Erwerb wieder verkauft werden und dabei ein Gewinn erzielt oder ein Verlust erlitten wird, liegt ein sog. privates Veräußerungsgeschäft (früher: Spekulationsgeschäft) vor.

Der Veräußerungsgewinn/-verlust wird wie folgt ermittelt:

Verkaufserlös − Anschaffungspreis einschl. Nebenkosten
                 (wie Bankspesen, Maklerprovision bei Kauf)
                 Veräußerungskosten
                 (z. B. Bankspesen, Maklerprovision bei Verkauf)
                 direkt zurechenbare Werbungskosten
                 (z. B. Schuldzinsen während der Besitzzeit, wenn der Kauf
                 auf Kredit erfolgte)
              = Veräußerungsgewinn /-verlust

Private Veräußerungsgewinne bleiben steuerfrei, wenn sie im Kalenderjahr insgesamt unter 512 € liegen. Betragen sie jedoch auch nur einen Euro mehr, ist der gesamte Betrag – und nicht etwa nur der über 512 € hinausgehende Teil – steuerpflichtig.

Private Veräußerungsverluste können mit privaten Veräußerungsgewinnen im gleichen Jahr verrechnet werden und dadurch die steuerpflichtigen Gewinne drücken. Der Verlustausgleich ist jedoch allenfalls bis in Höhe der Veräußerungsgewinne möglich. Ein danach verbleibender Verlust darf nicht mit anderen Einkünften verrechnet werden. Es ist jedoch möglich, diesen Verlust in das vorangegangene Jahr zurückzutragen oder in folgende Veranlagungszeiträume vorzutragen und dann wieder mit Veräußerungsgewinnen auszugleichen. Der Verlust geht also steuerlich nicht verloren.

Seit 2002 wird der Veräußerungsgewinn aus Aktien, GmbH-Anteilen und Genussscheinen nur noch zur Hälfte besteuert. Die andere Hälfte bleibt steuerfrei. Entsprechendes gilt für Veräußerungsverluste. Sie können nur zur Hälfte mit Veräußerungsgewinnen verrechnet bzw. rück- und vorgetragen werden.

Seit Januar 1993 werden Zinsen aus Kapitalvermögen schon während des laufenden Jahres vorab pauschal mit 30 % Zinsabschlagsteuer belegt. Die Steuer wird von der Bank direkt einbehalten und an das Finanzamt abgeführt, sobald die Zinsen dem Sparer gutgeschrieben werden. Bei Dividenden/Gewinnausschüttungen auf Aktien bzw. Beteiligungen werden seit 2001 20 % (bisher 25 %) Kapitalertragsteuer fällig, wobei das Finanzamt seit 1995 sowohl auf die Zinsabschlagsteuer als auch auf die Kapitalertragsteuer noch den Solidaritätszuschlag von 5,5 % erhebt. Die Zinsabschlagsteuer und die Kapitalertragsteuer sind aber lediglich Vorauszahlungen auf die Einkommensteuer. Sie werden bei der Veranlagung durch das Finanzamt auf die Jahressteuer angerechnet.

Die Früchte des Vermögens können allerdings auch abschlagsfrei zufließen. Sparer und Anleger brauchen der Bank lediglich einen Freistellungsauftrag zu erteilen. Dann können sie Kapitalerträge bis in Höhe des Sparerfreibetrags und Werbungskostenpauschbetrages von insgesamt 1601 € für Alleinstehende und 3202 € für Verheiratete abschlagsfrei vereinnahmen. Das heißt: Sobald der Freistellungsauftrag dem Institut vorliegt, werden Zinsen und Dividenden ohne Abzug gutgeschrieben.

Ein einziger Freistellungsauftrag über den gesamten Freibetrag reicht aber nur aus, wenn das Geldvermögen ausschließlich bei einer einzigen Bank angelegt ist. Verwalten mehrere Institute jeweils einen Teil des Geldes, muss die Freibetragssumme entsprechend aufgeteilt und jedem Institut ein Extra-Freistellungsauftrag über einen Teilbetrag gegeben werden. Die Gesamtsumme aller Freistellungsaufträge darf dabei die vorgegebenen Freibeträge nicht überschreiten.

Wer von vornherein weiß, dass er nicht zur Einkommensteuer

veranlagt wird (z. B. Kinder, Studenten, Rentner), kann sich vom Finanzamt eine Nichtveranlagungsbescheinigung (NV-Bescheinigung) ausstellen lassen. Die Voraussetzung dafür: Das Jahreseinkommen muss so niedrig sein, dass sich unter Berücksichtigung aller Einnahmen im Jahr keine Einkommensteuer ergibt. Das ist bei einem Ledigen zum Beispiel der Fall, wenn sein Einkommen samt Kapitalerträgen den Betrag von 8872 € im Jahr 2002 nicht überschreitet. Verheiratete können die NV-Bescheinigung bei Einnahmen bis zu 17 745 € im Jahr 2002 erhalten. Die NV-Bescheinigung gilt üblicherweise für drei Jahre. Gegen Einreichung bei der Bank zahlt das Institut ebenso wie beim Freistellungsauftrag alle Kapitalerträge ohne Steuerabzug aus. Für jedes konto- oder depotführende Institut wird aber wiederum eine eigene NV-Bescheinigung benötigt.

Für die NV-Bescheinigung gibt es keine Kapitalertragsgrenzen. Sie gilt auch, wenn die Kapitalerträge den Sparerfreibetrag überschreiten. Wer beispielsweise seinen Kindern ohne eigenes Einkommen Vermögen überträgt, kann für diese NV-Bescheinigungen ausstellen lassen. Dann können die Kinder mehr als 1601 € Zins- und Dividendeneinnahmen vereinnahmen – ohne Steuerabzug und ohne spätere Steuererklärung.

2. Die Anlageformen im Einzelnen

Investmentfonds (Aktienfonds, Rentenfonds, Geldmarktfonds, gemischte Fonds, offene Immobilienfonds)

Die Erträge eines Investmentfonds – dazu gehören z. B. die Zinsen und Dividenden – sind als Einkünfte aus Kapitalvermögen beim Anleger einkommensteuerpflichtig. Dies gilt unabhängig davon, ob die Erträge ausgeschüttet (ausgezahlt) oder thesauriert (weiterhin angelegt) werden.

Wer Investmentanteile am Ausschüttungstag (ausschüttender Fonds) oder am Geschäftsjahresende (thesaurierender Fonds) in seinem Besitz hat, muss die Erträge des ganzen Ausschüttungs-

bzw. Geschäftsjahres versteuern, unabhängig davon, wie lange er die Wertpapiere in Besitz hatte. Wer hingegen Investmentanteile während des Jahres kauft, kann die Erträge, die in der Zeit vom letzten Ausschüttungstermin bzw. Geschäftsjahresanfang des Fonds bis zum Kauftermin entstanden sind (sog. Zwischengewinne), als negative Einnahmen aus Kapitalvermögen von seinen übrigen Einnahmen abziehen. Diese Zwischengewinne werden in der Regel in der Kaufabrechnung über die Anteile gesondert ausgewiesen. Dementsprechend müssen bei einem Verkauf von Investmentanteilen die Zwischengewinne, die in der Zeit vom letzten Ausschüttungstag bzw. Geschäftsjahresanfang des Fonds bis zum Verkaufstermin entstanden sind, als Einnahmen angesetzt werden.

Auch bei Investmentfonds können private Veräußerungsgewinne entstehen, wenn Fondsanteile innerhalb der Spekulationsfrist von zwölf Monaten an- und verkauft werden und wenn die Freigrenze von 512 € im Kalenderjahr überschritten wird.

Ausländische Quellensteuern, die beim Zufluss ausländischer Dividenden und Zinsen an den Fonds einbehalten und die dem Fonds nicht erstattet wurden, werden dem Anleger bei seiner Einkommensteuerveranlagung als vorausbezahlte Steuern angerechnet. Die Quellensteuern müssen zu diesem Zweck im Rahmen der Einkommensteuererklärung angegeben werden. Welche Erträge bei einem Investmentfonds zu versteuern sind und wie hoch die anrechenbaren Steuern sind, wird jeweils von der Fondsgesellschaft bekannt gegeben.

Bei Investmentanteilen deutscher Kapitalanlagegesellschaften und bei Investmentanteilen, die im Depot einer Bank im Inland lagern, wird von den thesaurierten oder ausgeschütteten Erträgen und von den Zwischengewinnen ein Zinsabschlag in Höhe von 32,25 % (einschl. Solidaritätszuschlag) einbehalten, wenn kein Freistellungsauftrag erteilt wurde oder die Erträge höher sind als die Freibeträge.

Anlagebeispiele finden sich im Anhang im Abschnitt »Investmentfonds«.

Spendenfonds

Bei Spendenfonds verfügt der Anteilsinhaber, dass ihm die Ausschüttung des Fonds nicht persönlich ausgezahlt, sondern einer bestimmten gemeinnützigen Einrichtung gespendet wird. Von der jeweils begünstigten Einrichtung erhält der Fondssparer dann eine Spendenquittung über den Ausschüttungsbetrag, die er als unbeschränkt abzugsfähige Sonderausgabe im Rahmen der Steuererklärung absetzen kann, wobei – je nach sozialem Zweck – Spenden in Höhe von maximal zehn Prozent des Einkommens anerkannt werden. Gleichzeitig zählt der Ausschüttungsbetrag beim Fondssparer aber zu den Einkünften aus Kapitalvermögen. Liegen seine gesamten Zinseinkünfte jedoch unterhalb des Sparerfreibetrages, erzielt der Fondssparer unter dem Strich eine reale Steuerersparnis durch die Spende der Ausschüttung.

Spendenfonds können sowohl Aktien-, Renten- als auch Immobilienfonds sein.

Guthaben und Einlagen bei Kreditinstituten

Bei diesen Anlageformen (Sparbuch, Fest- und Termingelder, vermögenswirksame Sparverträge, Kontensparen, Prämiensparen, Zuwachssparen, Versicherungssparen, Sparbriefe, Guthaben auf Girokonten) sind nicht nur die Zinsen steuerpflichtig, sondern auch besondere Vergütungen für das Guthaben bzw. die Einlage, wie beispielsweise Bonus oder Sparprämie.

Anlagebeispiele finden sich im Anhang im Abschnitt »Banken« bei Ökobank, GLS-Gemeinschaftsbank und der Alternativen Bank Schweiz sowie unter »Sparangebote bei konventionellen Instituten«.

Festverzinsliche Wertpapiere mit regelmäßiger Zinszahlung

In diesem Fall (Anleihen, Obligationen, Schuldverschreibungen) werden die Zinsen halbjährlich oder jährlich gezahlt und sind in dem betreffenden Jahr auch zu versteuern.

Bei Kauf oder Verkauf eines festverzinslichen Wertpapiers mitsamt Zinsscheinen werden Stückzinsen berechnet. Als Verkäufer erhält man vom Käufer für die Zeit vom letzten Zinstermin bis zum Verkaufstag Stückzinsen gezahlt. Diese Stückzinsen müssen genauso wie »normale« Zinsen versteuert werden.

Als Käufer muss man dem Verkäufer für die Zeit vom letzten Zinstermin bis zum Kauftag Stückzinsen bezahlen. Die bezahlten Stückzinsen können steuermindernd als negative Einnahmen im Jahr der Zahlung von anderen steuerpflichtigen Kapitalerträgen abgezogen werden. Beim nächsten Zinstermin erhält man Zinsen für das ganze Jahr bzw. Halbjahr, die dann voll zu versteuern sind.

Anlagebeispiele finden sich im Anhang im Abschnitt »Banken« mit dem Beschäftigungsbrief der Bank für kleine und mittlere Unternehmen sowie in Kapitel II E mit dem Beispiel: Der soziale Entwicklungsfonds des Europarates.

Aktien und andere Anteile an Kapitalgesellschaften

Seit dem Jahr 2001 werden die Erträge aus diesen Kapitalanlagen (Aktien, GmbH- und Genossenschaftsanteile, Genussscheine) grundlegend anders besteuert als in der Vergangenheit.

Dividendeneinnahmen bzw. sonstige Ausschüttungen sind nun bei natürlichen Personen zur Hälfte steuerfrei. Bei der anderen, steuerpflichtigen Hälfte kann die zuvor einbehaltene Kapitalertragsteuer von 20 % (bisher 25 %) angerechnet werden. Für Auslandsdividenden gilt das Halbeinkünfteverfahren gleichermaßen.

Steuerfrei sind erzielte Kursgewinne beim Verkauf der Anteilscheine außerhalb der Spekulationsfrist von einem Jahr, es sei denn, der Anleger war innerhalb der letzten fünf Jahre zu irgendeinem

Zeitpunkt zu mehr als 1 % am Kapital der Gesellschaft beteiligt. Ist der Anteilseigner zu mehr als 1 % beteiligt, oder verkauft er seine Anteile innerhalb der Spekulationsfrist, sind die hierbei erzielten Gewinne zur Hälfte steuerpflichtig, aber auch die Verluste werden nur zur Hälfte berücksichtigt.

Lebensversicherungen

Lebensversicherungen sind doppelt steuerbegünstigt: Während der Laufzeit können die Beiträge im Rahmen des Vorsorgehöchstbetrages als Sonderausgaben abgezogen werden (Ausnahme: fondsgebundene Lebensversicherungen), und bei Auszahlung bleiben die in der Versicherungssumme enthaltenen rechnungsmäßigen Zinsen sowie die darüber hinausgehenden Überschussanteile (außerrechnungsmäßige Zinsen) steuerfrei.

Folgende Voraussetzungen für die Steuerbegünstigung müssen beachtet werden:

– Die Beiträge müssen laufend gezahlt werden, und zwar für mindestens fünf Jahre.
– Die Vertragslaufzeit muss mindestens zwölf Jahre betragen.
– Der Todesfallschutz muss während der gesamten Vertragslaufzeit mindestens 60 % der Beitragssumme betragen.
– Der Vertrag darf nicht steuerschädlich für Finanzierungen eingesetzt werden.

Lebensversicherungen, die diese Voraussetzungen nicht erfüllen, sind steuerschädlich: Das bedeutet, dass die rechnungsmäßigen Zinsen und die Überschussanteile im Jahr der Auszahlung steuerpflichtig sind. Außerdem können die Beiträge/Prämien nicht als Sonderausgaben abgezogen werden. Ein Anlagebeispiel ist im Anhang, Abschnitt »Lebensversicherungen« zu finden.

Stille Gesellschaft oder partiarisches Darlehen

Die typische stille Beteiligung und das partiarische Darlehen sind zwei Möglichkeiten, sich am Erfolg eines Unternehmens zu beteiligen, ohne selbst unternehmerisch tätig zu werden und nach außen in Erscheinung zu treten. Bei der stillen Beteiligung ist wesentliches und unverzichtbares Merkmal die Beteiligung am Gewinn.

Die Gewinnbeteiligung fällt unter die Einkünfte aus Kapitalvermögen und ist wie andere Kapitaleinkünfte zu versteuern. Verluste – soweit eine Beteiligung daran vereinbart wurde – sind ebenfalls zu berücksichtigen.

Beim partiarischen Darlehen wird statt oder neben einer festen Verzinsung ebenfalls ein Gewinnanteil vereinbart; ein Verlust ist hier stets ausgeschlossen. Sowohl die Zinsen als auch die Gewinnanteile sind als Kapitaleinkünfte steuerpflichtig. Beim partiarischen Darlehen besteht im Gegensatz zur stillen Beteiligung ein Anspruch auf Rückzahlung des eingesetzten Kapitals.

Auf die Erträge wird vorab Kapitalertragsteuer von 25 % erhoben, die in der Steuererklärung als Vorauszahlung angerechnet wird (Anlagebeispiel im Anhang).

3. Sonstige Kapitalforderungen

Zinsen aus einem Darlehen, das einem Unternehmen gewährt worden ist, sind steuerpflichtig. Es muss aber während des Jahres keine Zinsabschlagsteuer abgeführt werden.

Unternehmerische Beteiligungen

Wer sich an einem Unternehmen beteiligen will und hierbei Unternehmerrisiko und Unternehmerinitiative entfaltet, hat keine Einkünfte aus Kapitalvermögen auszuweisen, sondern entweder Einkünfte aus Vermietung und Verpachtung oder Einkünfte aus gewerblicher Tätigkeit, je nachdem welchen Zweck das Unterneh-men verfolgt. Diese Einkünfte werden steuerlich ganz anders be-handelt als die zuvor beschriebenen Kapitaleinkünfte. Im Einzelfall ist es angeraten, fachmännischen Rat einzuholen.

Gemeinnützige Vereine, Kirchen, Orden und ähnliche Institutionen

Diese Einrichtungen erhalten vom Finanzamt einen Steuerbe-scheid, in dem bescheinigt wird, dass sie von der Körperschaft- und Gewerbesteuer befreit sind (Freistellungsbescheid).

Damit sind sie im Rahmen der Verfolgung ihrer satzungs-mäßigen Zwecke befugt, steuerfreie Einnahmen zu erzielen. Insbesondere betrifft das hier die steuerfreie Vermögensverwal-tung.

Die steuerfreie Vermögensverwaltung umfasst Einkünfte aus Kapitalvermögen (Zinsen aus Bank- und Sparguthaben, Wert-papiererträge etc.) und Einkünfte aus Vermietung und Verpach-tung.

Nun wird aber zunächst einmal grundsätzlich von allen Kapi-talerträgen Kapitalertrag- bzw. Zinsabschlagsteuer einbehalten. Die als gemeinnützig anerkannten und daher von der Körper-schaftsteuer befreiten Vereine etc. können die Einbehaltung des Zinsabschlages bzw. der Kapitalertragsteuer dadurch vermeiden, dass sie ihrem Kreditinstitut durch eine Bescheinigung des für den Verein zuständigen Finanzamtes ihren Status als körper-schaftsteuerbefreite inländische Körperschaft nachweisen (sog. NV 2 B-Bescheinigung).

XII. Konkrete Möglichkeiten ethischer Geldanlagen – ein Überblick

Diesem Anhang können Sie Angaben zu einer Reihe von ethischen Anlagemöglichkeiten in Deutschland entnehmen. Die Aufzählung erhebt allerdings keinerlei Anspruch auf Vollständigkeit. Die in den Porträts angegebenen Daten wurden über eine Fragebogenaktion von den Anbietern erhoben. Die Daten beruhen damit auf den Angaben der Anbieter und wurden nicht auf ihre Richtigkeit hin überprüft. Sie wurden, wo nötig, leicht gekürzt.

1. Banken

Neben den klassischen Instituten der sozialverantwortlichen Geldanlage wie der GLS Gemeinschaftsbank oder der Alternativen Bank Schweiz werden in diesem Abschnitt auch die Adressen der 15 kirchlichen Institute in der Bundesrepublik aufgeführt. Dies liegt darin begründet, dass diese Banken durch den in ihrer Satzung festgeschriebenen Kundenkreis in ihrer Kreditvergabe beschränkt sind. Die Kredite gehen ausschließlich in den kirchlichen Bereich und werden z. B. für den Bau und den Erhalt von Krankenhäusern und Altenheimen, aber auch für die Instandhaltung von Kirchen und kirchlichen Gebäuden verwendet. Gelder, die nicht für die Kreditvergabe verwendet werden, werden zumeist über die jeweilige Zentrale der Genossenschaftsbanken weiterverliehen. Da die kirchlichen Institute in aller Regel wesentlich höhere Einlagen haben, als Nachfragen an Krediten bestehen, fließen allerdings nicht unerhebliche Summen über diese Banken in nichtkirchliche Bereiche. Für die Veranlagung dieser Gelder bestehen in aller Regel keine ethischen Kriterien.

Alternative Bank ABS, Aktiengesellschaft

Adresse: Leberngasse 17, Postfach, CH-4601 Olten
Telefon: 00 41/62/2 06 16 16, Internet: www.abs.ch
Gründungsjahr: 1990
Bilanzsumme 30. 6. 2001: 475 Mio. CHF

Produkte
Angebote für Privatkunden: Girokonto, Sparkonto, Festgeld, Kassenobligationen, Förder-Kassenobligationen, Handel mit ABS-Aktien, Treuhanddarlehen
Angebote für institutionelle Kunden: Giroverkehr, Beratung, besondere Kreditlinien
Mitgliedschaft in einem Einlagensicherungsfonds: in der Schweiz nicht vorhanden

Ethische Aspekte
Anlagemöglichkeiten: Fördersparbrief, Vertrieb von ausgewählten ethisch-ökologischen Anlagefonds. Gefördert werden: menschen- und umweltfreundliche Produktion, menschen- und umweltgerechter Verkehr, soziale und demokratische Betriebe, soziales und ökologisches Bauen und Wohnen, Frauenprojekte, Projekte mit speziell sozialem Charakter, Dritte-Welt-Projekte, Bildung, Kultur, Medien, Friedensprojekte, Dienstleistungen.

Mindestkriterien: keine Menschenrechtsverletzungen, Menschen- und umweltfeindliche Produktion, Menschen- und umweltfeindlicher Verkehr, Menschen- und umweltfeindliche Dienstleistungen, unsoziale und undemokratische Betriebe, unsoziales und umweltfeindliches Bauen und Wohnen, Spekulation
Information der Kunden: Auflistung aller gewährten Kredite im Geschäftsbericht, viermal jährlich berichtet die Zeitschrift *moneta* über die Entwicklung des alternativen Geldwesens, ethisch und ökologische Auswirkungen von Geld etc.

Besonderheiten: Vermittlung von Treuhanddarlehen an Projekte in Entwicklungsländern etc.

Bank für Sozialwirtschaft GmbH (BfS)

Adresse des Hauptsitzes: Wörthstr. 15–17, 50668 Köln
Telefon: 02 21/97 35 60, Internet: www.sozialbank.de
Filialen in Berlin, Dresden, Essen, Erfurt, Hannover, Karlsruhe,
Leipzig, Magdeburg, München, Stuttgart
Gründungsjahr: 1923
Die Bank betreut institutionelle Kunden aus dem Bereich der freien
Wohlfahrtspflege und gemeinnützigen Vereine.

BkmU Bank AG

Adresse: Torstraße 6–8, 10119 Berlin
Filiale: Bundesallee 56, 10715 Berlin
Telefon: 0 30/24 30 70, Internet: www.BkmUBank.de
Gründungsjahr: 1994
Bilanzsumme Ende 2001: 355 Mio. €
   Die Bank wurde mit dem Ziel der Schaffung und Erhaltung von
Arbeitsplätzen gegründet. In der Startphase wurden, mit staatli-
chen Garantien im Rücken, hauptsächlich Kredite für kleine und
mittlere Unternehmen vergeben. Mit dem Rückgang der staatli-
chen Garantien sah sich die Bank jedoch gezwungen, zunehmend
aus diesem riskanten Geschäft auszusteigen und ihre Tätigkeit auf
andere Gebiete auszudehnen.

Freie Gemeinschaftsbank BCL

Adresse: Gerbergasse 30, CH-4001 Basel
Telefon: 00 41/61/2 69 81 00, Internet: www.gemeinschaftsbank.ch
Gründungsjahr: 1984
Bilanzsumme Ende 2001: 147 Mio. CHF (Treuhandanlagen), außer-
halb der Bilanz zusammengefasste Kreditvermittlung: 45,5 Mio.
CHF

Produkte

Angebote für Privatkunden: Einlagekonten, Anlagekonten, Festgeld (ab 10000 CHF), Vorsorge-Drei-Konten (steuerbegünstigtes Sparen), Förderkonten (nach Absprache: Kontokorrentkonten, Initiativkonten, Treuhandanlagen)
Angebote für institutionelle Kunden: Kontokorrentkonten, Kredite, Vermögensverwaltung
Mitgliedschaft in einem Einlagensicherungsfonds: in der Schweiz nicht vorhanden

Ethische Aspekte
Anlagemöglichkeiten: im Kreditbereich ausschließlich auf ökologisch, soziale Kreditgewährung ausgerichtet.
Mindestkriterien: Kredite werden fast ausschließlich für Projekte und Unternehmungen gewährt, die zukunftsfähig sind und deren Tätigkeit möglichst vielen Menschen zugute kommt. Mit den Krediten werden vorwiegend folgende Bereiche gefördert: Biologische Landwirtschaft; Heilpädagogik, Sozialtherapie, alternative Medizin; Freie Schulen und Bildungsstätten; Kunst- und Kulturprojekte, sozialer/ökologischer Handel, Gewerbe, Restaurants und Ökohotels; Gemeinschaftliche Wohnprojekte; Ökologische Projekte.
Information der Kunden: Generalversammlung, Hauszeitung *Transparenz*, Jahresbericht, Homepage, Einblick in ausgewählte Kreditengagements, Themen wie anderer Umgang mit Geld, Getreidezucht, Solidarität, freie Pädagogik.

Besonderheiten: Die Freie Gemeinschaftsbank BCL ist eine Genossenschaft, die ihr Genossenschaftskapital nicht verzinst, d. h. keine Gewinne an die Mitglieder ausschüttet. Bei den Krediten wird das Bankgeheimnis einzelvertraglich aufgehoben, damit die Kundschaft über die Verwendung der Gelder informiert werden kann. Im Jahresbericht werden alle Kreditnehmerinnen und Kreditnehmer namentlich bekannt gegeben. Es werden Kleinsolidarbürgschaftsdarlehen vergeben. Auf den Einlagen können die Kunden den Zins-

satz zwischen 0 % und dem Maximalzinssatz frei wählen. Konto-
eröffnung, -führung sowie -saldierung sind kostenlos. Der Zah-
lungsverkehr innerhalb der Schweiz wird in der Regel kostenlos
ausgeführt. Drittspesen werden jedoch weiter belastet.

GLS Gemeinschaftsbank eG

Adresse: Oskar-Hoffmann-Str. 25, 44789 Bochum
Telefon: 02 34/57 97–0, Internet: www.gemeinschaftsbank.de
Filialen in Hamburg, Stuttgart und Berlin
Gründungsjahr: 1974
Bilanzsumme Ende 2001: 208 Mio. €

Die GLS Gemeinschaftsbank eG arbeitet eng mit der 1961 gegründeten gemeinnützigen Treuhandstelle e. V. Bochum (GTS), einer stiftungsähnlichen Einrichtung, zusammen. Die GTS verfügt
über vielfältige Erfahrungen bei der Gestaltung von Schenkungen
und Sondervermögen sowie in Testaments- und Erbschaftsfragen.
Sie fördert die sozialen, ökologischen und kulturellen Vorhaben ihrer gemeinnützigen Mitgliedsorganisationen.

Die GLS Beteiligungs AG (BAG) wurde 1995 gegründet. Sie stellt
Beteiligungskapital für expandierende Unternehmen mit sozialem
und ökologischem Engagement zur Verfügung. Mit der GLS Gemeinschaftsbank eG zusammen verwaltet sie geschlossene Fonds.
Schon 1991 wurde der erste Windkraftfonds aufgelegt. Er bestand
aus Windkraftanlagen auf biologisch wirtschaftenden Höfen in
Schleswig-Holstein. Mittlerweile konnten 10 Fonds aus den Bereichen regenerative Energien, Soziales, Gesundheit und biologische Landwirtschaft aufgelegt werden, die alle von der BAG betreut werden. Auch die BAG arbeitet transparent. Sie informiert in
der Zeitschrift *Bankspiegel* regelmäßig über vergebene Beteiligungen.

Produkte
Angebote für Privatkunden: GLS-Sparbrief, GLS-Sparkonto, »Das
Grüne Konto«, Termingeld »Regenerative Energien«, Landwirt-

schaft- und Energiefonds, Girokonten für Kreditnehmer, Altersvorsorge im Rahmen der »Riester-Rente«
Angebote für institutionelle Kunden: Siehe Privatkunden, Kontokorrentkonten nur in Sonderfällen
Mitgliedschaft in einem Einlagensicherungsfonds: Sicherungseinrichtung des Bundesverbandes der Deutschen Volks- und Raiffeisenbanken BVR

Ethische Aspekte
Anlagemöglichkeiten: Aus den ihr anvertrauten Geldern hat die GLS Gemeinschaftsbank eG in den Jahren viele tausend Kredite für Biohöfe und regenerative Energien, für pädagogische Initiativen, ökologisch orientierte Gewerbebetriebe und soziale Projekte vergeben können.
Mindestkriterien: Es werden vorrangig gemeinschaftliche und am Gemeinwohl orientierte Projekte gefördert. Die Entscheidungskriterien werden am einzelnen Projekt unter Einbeziehung der beteiligten Menschen und ihrer Intentionen entwickelt. Die Tätigkeiten der Kreditnehmer sollen darauf gerichtet sein, einen in kultureller, sozialer oder ökologischer Hinsicht positiven gesellschaftlichen Beitrag zu leisten. Den Aktivitäten sollte ein tatsächlicher Bedarf zugrunde liegen. Eine nachhaltige Wirtschaftlichkeit und deren Grundlagen müssen dargelegt werden.
Information der Kunden: Vierteljährlich erscheint die Kunden- und Mitgliederzeitschrift *Bankspiegel.* Diese enthält u. a. Detailangaben (Betrag, Verwendungszweck) über die gegebenen Kredite.

Besonderheiten: Aus der Präambel der Satzung der GLS Gemeinschaftsbank eG: »Das Ziel des Zusammenschlusses ist gegenseitige Hilfe, nicht die Gewinnerzielung für das einzelne Mitglied oder für die Genossenschaft. Wer Geld bei dieser Bank anlegt, tut dies in erster Linie mit Rücksicht auf den Geldbedarf anderer Mitglieder und um im volkswirtschaftlichen Interesse einen Ausgleich des Gesamtetats aller Mitglieder zu erreichen.«

Ökobank Niederlassung der Bankgesellschaft Hamm (BAG)

Adresse: Am Hauptbahnhof 6, 60329 Frankfurt am Main
Telefon: 069/2 56 10–0, Internet: www.oekobank.de
Filialen in Berlin und Freiburg
Gründungsjahr: 1988
Bilanzsumme Ende 2000: ca. 191 Mio. €

Im Jahr 2000 wurde bekannt, dass die Ökobank aufgrund notleidender Kredite in eine schwere Krise geraten ist. Die beiden Vorstände traten zurück, der Einlagensicherungsfonds der Volks- und Raiffeisenbanken musste einspringen. Nachdem auch im Jahr 2000 Verluste gemacht wurden, übernahm die Bankaktiengesellschaft Hamm (BAG) die Geschäfte der Ökobank mit ihren noch 50 Beschäftigen und 290 Mio. DM Kundengeldern, die durch die genossenschaftlichen Bankengruppe gesichert sind. Dies ist jedoch auch nur vorübergehend, denn seit Ende 2001 wird eine Übernahme der Geschäfte der Ökobank durch die GLS Gemeinschaftsbank avisiert, die Ende 2002 abgeschlossen sein soll.

Produkte
Angebote für Privatkunden: Girokonto: Sparkonto, Fördersparkonto, Investmentfonds, Direktbeteiligungen, Kredite, Baufinanzierung
Angebote für institutionelle Kunden: Rundum-Betreuung für Selbständige, Unternehmen, Verbände und Vereine, Förderkredite (zinsgünstige Darlehen)
Mitgliedschaft in einem Einlagensicherungsfonds: Sicherungseinrichtung des Bundesverbandes der Deutschen Volks- und Raiffeisenbanken BVR

Ethische Aspekte
Anlagemöglichkeiten: Fördersparkonten, Projektsparbrief, Ökofonds
Mindestkriterien: Kein Geld für Rüstung, Atomkraft, Chlorchemie und menschenrechtsverletzende Vorhaben

Information der Kunden: Über *Ökorrespondenz*, eine Kundenzeitung, in der über Förderprojekte und die Entwicklung der Bank berichtet wird, sowie den Anlagebrief, der über Produkte informiert.

Besonderheiten: Die Ökobank unterteilt ihr Geschäftsfeld in einen Förder- und in einen so genannten Normalbereich. Im Förderbereich bietet sie die oben genannten ethisch-ökologischen Anlagemöglichkeiten an und finanziert damit zinsgünstige Förderdarlehen. Die Förderrichtlinien und die Empfehlungen, welcher Kreditantragsteller ein Förderdarlehen erhalten soll, entwickeln unabhängige Beiräte. Förderkredite erhalten Betriebe, Projekte und auch Privatpersonen für besonders ökologische und/oder soziale Vorhaben. Im Normalbereich bietet die Bank alle banküblichen Dienstleistungen zu marktorientierten Konditionen an. Auch für diesen Geschäftsbereich gelten die Negativkriterien.

Steyler Bank GmbH

Adresse des Hauptsitzes: Arnold-Janssen-Str. 22,
53757 Sankt Augustin
Telefon: 0 22 41/23 73 37, Internet: www.Steyler-Bank.de
Gründungsjahr: 1964
Bilanzsumme Ende 2001: 141 Mio. €

Produkte
Angebote für Privatkunden: Sparkonten und Festgeldkonten mit unterschiedlichen Kündigungsfristen, Girokonten, Eurocard, Baufinanzierungen, Vermietung von Schließfächern, An- und Verkauf aller ausländischen Währungen, alle üblichen Wertpapiergeschäfte, alle Investmentfonds, Missionsdepot mit der Möglichkeit den Ertrag zu spenden
Angebote für institutionelle Kunden: Geldanlagegeschäfte, Cash-Management, Inlandszahlungsverkehr, Auslandszahlungsverkehr
Mitgliedschaft in einem Einlagensicherungsfonds: Mitgliedschaft im Einlagensicherungsfonds der deutschen Banken

Ethische Aspekte

Anlagemöglichkeiten: Die Bank versucht das Bankgeschäft mit dem Engagement für die Armen und Unterdrückten zu verbinden. Der Grundsatz für die Bank heißt: »Für uns zählt das Gewissen und nicht der maximale Profit.« Sie investiert in sozial-karitative Projekte, in Kommunalobligationen, die zur Finanzierung von Gemeinschaftseinrichtungen der Kommunen benötigt werden. Zudem gewährt sie Grundschulddarlehen an Privatkunden, die zum Bauen bzw. Kaufen von Wohneigentum dienen. Außerdem berät sie zu ethisch-ökologischen Aktien und Fonds.

Mindestkriterien: Die Bank beteiligt sich prinzipiell nicht an Geldgeschäften mit Firmen, die Leben vernichten oder die Umwelt in Gefahr bringen.

Information der Kunden: Im jährlich herausgegebenen »Geschäftsbericht des guten Willens« wird über die Entwicklung der Bank und die Verwendung der Gewinne informiert.

Besonderheiten: Die Gewinne fließen nicht an Aktionäre oder Genossen, sondern gehen direkt an die Steyler Mission und an deren Hilfsprojekte in der ganzen Welt. Es besteht die Möglichkeit des Zinsverzichts, was unmittelbar den Missionaren zugute kommt.

UmweltBank AG

Adresse: Laufertorgraben 6, 90489 Nürnberg
Telefon: 09 11/53 08–1 23, Internet: www.umweltbank.de
Gründungsjahr: 1997
Bilanzsumme Ende 2001: 322 Mio. €
   Die Umweltbank ist eine Direktbank ohne Schalter und Filialen. Sie ist für den Kunden per Telefon, Fax und Email erreichbar.

Produkte

Angebote für Privatkunden und institutionelle Kunden: Umwelt-Pluskonto, UmweltSparbuch, UmweltSparbrief, UmweltSparvertrag, Umweltaktien und Umweltfonds, ökologische Beteiligungen,

ökologische Versicherungen, Projektfinanzierungen, Privatfinan-
zierungen, besonders im Bereich der Finanzierung von Solaranla-
gen und des ökologischen Bauens
Mitgliedschaft im Einlagensicherungsfonds: Mitglied der gesetzlichen Einlagensicherung, jedoch nicht im Einlagensicherungsfonds
der Privatbanken

Ethische Aspekte
Anlagemöglichkeiten: Die Bank garantiert ihren Kunden, dass kein
Geld in Atomkraft, Rüstungsindustrie oder umwelt- und sozial-
schädliche Projekte fließt.
Positivkriterien: Regenerative Energiegewinnung, Energiesparmaßnahmen, umweltfreundliches Bauen, die ökologische Landwirtschaft, Kreislaufwirtschaft, Recycling, Schadstoffminderung
und -beseitigung. Die Einhaltung der Kriterien überwacht der Um-
weltRat, ein Gremium, das sich aus Experten aus Wissenschaft,
Politik, Unternehmen und Verbänden zusammensetzt.
Information der Kunden: Die Umweltbank informiert Kunden, Aktionäre und Interessenten über den Hauptkatalog, den Newsletter
»Bank & Umwelt« und das Internet.

Kichliche Institute

Acredobank eG
Färberstraße 1
90402 Nürnberg
Telefon: 09 11/23 57–0, Internet: www.acredobank.de

Bank für Kirche und Caritas eG
Kamp 17
33098 Paderborn
Telefon: 0 52 51/12 10, Internet: www.bkc-paderborn.de

Bank für Kirche und Diakonie eG
Am Burgacker 37

47051 Duisburg
Telefon: 0203/2954–0, Internet: www.bkdbank.de

Bank im Bistum Essen eG
Gildehofstraße 2
45127 Essen
Telefon: 0201/2209–0, Internet: www.bibessen.de

DGM Ev. Darlehns-Genossenschaft eG Münster
Friesenring 40
48147 Münster
Telefon: 0251/202010, Internet: www.dgm-direkt.de

DKM Darlehnskasse Münster eG
Breul 26
48143 Münster
Telefon: 0251/51013200, Internet: www.dkm.de

Evangelische Darlehnsgenossenschaft eG
Herzog-Friedrich-Straße 45
24103 Kiel
Telefon: 0431/6632–0, Internet: www.edg-kiel.de

Evangelische Kreditgenossenschaft eG
Seidlerstraße 6
34117 Kassel
Telefon: 0561/788701, Internet: www.ekk.de

IntegraBank eG
Herzog-Heinrich-Straße 18, 80336 München
Telefon: 089/544162–0, Internet: www.integraBank.de

Landeskirchliche Kredit-Genossenschaft Sachsen eG – LKG
Kreuzstraße 7
01067 Dresden
Telefon: 0351/49242300, Internet: www.lkg-sachsen.de

LIGA Bank eG
Dr.-Theobald-Schrems-Straße 3
93055 Regensburg
Telefon: 09 41/40 95–0, Internet: www.ligabank.de

Pax-Bank eG
Von-Werth-Straße 25–27
50670 Köln
Telefon: 02 21/16 01 50, Internet: www.pax-bank.de

Spar- und Kreditbank Evangelisch-Freikirchlicher Gemeinden eG
Friedberger Str. 101, 61350 Bad Homburg v. d. H.
Telefon: 0 61 72/98 06–0, Internet: www.skb-BadHomburg.de

Spar- und Kreditbank des Bundes Freier evangelischer
Gemeinden eG
Goltenkamp 4, 58452 Witten
Telefon: 0 23 02/9 30 30–0, Internet: www.skb-witten.de

2. Investmentfonds

Die folgenden Seiten geben einen Überblick über die im deutschsprachigen Raum vertriebenen ökologischen Fonds, in die Ende
2001 insgesamt rund 2,5 Mrd. € investiert waren. Es werden Fonds
mit ökologischen und sozialen Kriterien vorgestellt, Fonds, die sich
auf die Umwelttechnologie-Branche spezialisiert haben und Fonds,
die auf einem ökologisch und sozialen Aktienindex basieren. Bis auf
den FOCUS Umwelttechnologiefonds und Fonds, die auf dem Dow
Jones Sustainability Group Index (DJSGI) basieren, sind die Investmentfonds in Luxemburg bzw. in Irland aufgelegt, haben aber
Vertriebszulassungen für den deutschsprachigen Raum und werden vor allem hier verkauft.

Ökologische Investmentfonds waren im Jahr 2001 in Deutschland das Fondssegment mit dem größten Wachstum. Diese Übersicht gibt einen umfassenden, aber nicht vollständigen Überblick

über das inzwischen reichhaltige Angebot ökologischer Fonds und will dem Anleger Hilfen zur Differenzierung und Bewertung der Angebote geben.

Die Kurse dieser Fonds werden regelmäßig im *Handelsblatt* bekannt gegeben. Hintergrundinformationen zur Funktionsweise von Investmentfonds können dem Kapitel »Investmentfonds« entnommen werden. Im Kapital: »Die Kriterien ethischer Geldanlagen« werden verschiedene Möglichkeiten von Kriterienrastern vorgestellt und deren Wirksamkeit diskutiert.

Activest Lux EcoTech

Art des Fonds: Aktienfonds, Schwerpunkt Umwelttechnologie
Adresse: Activest, Apianstraße 5, 85774 Unterföhring bei München
Telefon: 01803/767778, Internet: www.activest.de
Datum der Auflage: 30.4. 1990
Volumen zum 31.12. 2001: 47,5 Mio. €

Gebühren
Ausgabeaufschlag: 4 %
Laufende Gebühren: 1,3 % p. a.
Mindestanlage: 50 €

Rendite
Durchschnittliche Jahresrendite der letzten fünf Jahre bis zum 31.12. 2001: 9,75 %
Durchschnittliche Jahresrendite seit Auflage bis 31.12. 2001: 15,4 %
Niedrigste Rendite eines Kalenderjahres: −17,48 % (1994)
Beste Rendite eines Kalenderjahres: 31,71 % (2000)

Ethische Qualität
Ausschlusskriterien: keine
Positivkriterien: Unternehmen, die umweltfreundliche Produkte und Systeme entwickeln und dazu beitragen, eine saubere und gesunde Umwelt zu schaffen.
Beirat/Anlageausschuss: keine Vertretung von ökologisch, sozial oder entwicklungspolitisch kompetenten Organisationen

Ausgaben für das Ethik-Research: keine Angaben
Information der Anleger: über den Halbjahresbericht

Credit Suisse Equity Fund (Lux) Global Sustainability

Art des Fonds: international anlegender Aktienfonds, Sustainability Fonds
Adresse: Credit Suisse Asset Management, Messeturm, 60308 Frankfurt am Main
Telefon: 0 69/75 38 11 11, Internet: www.csam.ch/funds
Datum der Auflage: 8. 10. 1990, ehemals Credit Suisse Equity Fund (Lux) Eco Efficiency
Volumen zum 31. 12. 2001: 128,37 Mio. €

Gebühren
Ausgabeaufschlag: 5 %
Laufende Gebühren: 1,92 % p. a.
Mindestanlage, einmalig: 2500 €; Sparplan ab 50 €

Rendite
Durchschnittliche Jahresrendite der letzten fünf Jahre bis zum 31. 12. 2001: 8,74 %
Niedrigste Rendite eines Kalenderjahres: 0,58 % (2000)
Beste Rendite eines Kalenderjahres: 45,64 % (1999)

Ethische Qualität
Ausschlusskriterien: Rüstung, Tabak, Glücksspiel, Pornographie, Kernenergie
Positivkriterien: Der Fonds investiert weltweit in Unternehmen, deren Produkte und Dienstleistungen langfristig einen ökonomischen, ökologischen und sozialen Nutzen erbringen. Ökologischer Nutzen beinhaltet auch Öko-Effizienz, z. B. die Generierung von Mehrwert durch Schonung von Ressourcen oder Reduktion von Abfall und Emissionen.
Beirat/Anlageausschuss: Sustainable Asset Management Group,

Zürich, zur Beurteilung und Selektion der Unternehmen als Vertretung von ökologisch, sozial oder entwicklungspolitisch kompetenten Organisationen
Ausgaben für das Ethik-Research: keine Angaben
Information der Anleger: Die Fondsgesellschaft publiziert einen Halbjahres- und einen Jahresbericht

FOCUS INVESCO Umwelttechnologie Fonds

Art des Fonds: international anlegender Aktienfonds, Schwerpunkt Umwelttechnologie
Adresse: INVESCO Fondsservice, Bleichstraße 60–62, 60313 Frankfurt am Main
Telefon: 069/2 98 07–8 00, Internet: www.invescoeurope.com
Datum der Auflage: 18. 10. 1990
Volumen zum 31. 12. 2001: 81,466 Mio. €

Gebühren
Ausgabeaufschlag: 4,5 %
Laufende Gebühren: 1,25 % p. a.
Mindestanlage, einmalig: 1500 €

Rendite
Durchschnittliche Jahresrendite der letzten fünf Jahre bis zum 31. 12. 2001: 9,95 %
Durchschnittliche Jahresrendite seit Auflage bis zum 31. 12. 2001: 5,26 %
Niedrigste Rendite eines Kalenderjahres: –28,07 % (2001)
Beste Rendite eines Kalenderjahres: 95,73 % (2000)

Ethische Qualität
Ausschlusskriterien: In Unternehmen ohne Umwelttechnologieanteil in Umsatz oder Ertrag darf nicht investiert werden. Unternehmen mit signifikanten bedenklichen Aktivitäten (Rüstung, Nukleartechnik) werden nicht gekauft.

Positivkriterien: Der Fonds muss mit mindestens 51 % des Vermögens in börsennotierten Umweltwerten investiert sein, die mehr als 50 % des Umsatzes oder Ertrags mit Leistungen im Umweltbereich erzielen. Die Einhaltung der Kriterien wird von einem externen Wirtschaftsprüfer jährlich testiert.

Beirat/Anlageausschuss: keine Vertretung von ökologisch, sozial oder entwicklungspolitisch kompetenten Organisationen

Ausgaben für das Ethik-Research: keine Angaben

Information der Anleger: Mit einem Rechenschaftsbericht zum 30.9. und einem Halbjahresbericht zum 31.3. und zusätzlichen Berichten zu den Unternehmen im Fonds.

KD Fonds Öko-Invest

Art des Fonds: international anlegender Aktienfonds mit ethischen Kriterien
Adresse: DG CAPITAL, Platz der Republik, 60325 Frankfurt am Main
Telefon: 0 69/74 47 64 55, Internet: www.dg-capital.de
Datum der Auflage: 29.8. 1991
Volumen zum 31. 12. 2001: 30,7 Mio. €

Gebühren
Ausgabeaufschlag: 5 %
Laufende Gebühren: 0,75 % p. a.
Mindestanlage, einmalig: 2500 €

Rendite
Durchschnittliche Jahresrendite der letzten fünf Jahre bis zum 31. 12. 2001: 16,9 %
Durchschnittliche Jahresrendite seit Auflage bis zum 31. 12. 2001: 10,3 %
Niedrigste Rendite eines Kalenderjahres: −33,4 % (2001)
Beste Rendite eines Kalenderjahres: 61,4 % (1999)

Ethische Qualität
Ausschlusskriterien: Alkohol, Kernkraft, Pornographie, Tabak, Rüstung
Positivkriterien: umweltfreundliche Energiegewinnung; Technologien zur Verringerung und Beseitigung von Schadstoffbelastungen, Spezialisierung auf die Entwicklung, die Herstellung, den Vertrieb und die Verwertung umweltfreundlicher Produkte; Umstellung von umweltschädlichen Roh-, Hilfs- und Betriebsstoffen auf umweltverträgliche Alternativen.
Beirat/Anlageausschuss: Neben dem Fondsmanagement ist im Anlageausschuss als Vertretung von ökologisch, sozial oder entwicklungspolitisch kompetenten Organisationen die Evangelische Kreditgenossenschaft Kassel repräsentiert.
Ausgaben für das Ethik-Research: ca. 500 € pro Jahr
Information der Anleger: Über Halbjahresberichte; zusätzlich werden die Kunden über das Internet oder auf Anfrage zu Unternehmen im Portfolio und deren Umweltverhalten informiert.

MI-Fonds Eco

Art des Fonds: gemischter Fonds mit ethischen Kriterien
Adresse: MIGROSBANK, Seidengasse 12, CH 8023 Zürich
Telefon: 00 41/1/8 39 81 42, Internet: www.migrosbank.ch
Datum der Auflage: 30. 6. 1999
Volumen zum 31.12. 2001: 60,45 Mio. CHF

Gebühren
Ausgabeaufschlag: 1 %
Laufende Gebühren: 1,3 % p. a.
Mindestanlage, einmalig: 1000 CHF

Rendite
Durchschnittliche Jahresrendite seit Auflage bis 31. 12. 2001: –1,4 %
Niedrigste Rendite eines Kalenderjahres: –6,7 % (2000)
Beste Rendite eines Kalenderjahres: 6,4 % (1999)

Ethische Qualität
Ausschlusskriterien: Herstellung von Waffen, Produktion von Tabak und Rauchwaren, Beschleunigung des Klimawandels, Beitrag zum stratosphärischen Ozonabbau oder zum Rückgang der Artenvielfalt, Kernenergie
Positivkriterien: Es werden die Umweltpolitik, das Umweltmanagement, die Betriebsökologie, die Umweltfreundlichkeit der Produkte und ihrer Verpackung einer Firma überprüft. Zusätzlich gibt es einen Sozialcheck zu den Themen Massenentlassungen ohne ausreichende Sozialmaßnahmen, Kinderzwangsarbeit, Überdurchschnittlich hohe Unfallraten, grobe Missachtung von Arbeitsgesetzen und Sicherheitsbestimmungen, Verletzung von Menschenrechten, Missachtung der Rechte von Ureinwohnern
Beirat/Anlageausschuss: Als Vertretung von ökologisch, sozial oder entwicklungspolitisch kompetenten Organisationen sitzt der Verkehrs-Club der Schweiz im Gremium, der sich seit über 20 Jahren für eine umweltverträgliche Verkehrspolitik einsetzt.
Ausgaben für das Ethik-Research: keine Angaben
Information der Anleger: Halbjahresberichte, auf Wunsch Zustellung von Monatsberichten (auch im Internet abrufbar), Broschüren zur Anlagepolitik

ÖKOVISION

Art des Fonds: international anlegender Aktienfonds mit ethischen Kriterien
Vertrieb: ÖkoRenta AG, Düsseldorfer Straße 38, Postfach 100470, 40721 Hilden
Telefon: 0 21 03/94 57–0, Internet: www.oekorenta.de
Datum der Auflage: 2. 5. 1996
Volumen zum 31. 12. 2001: 91,4 Mio. €

Gebühren
Ausgabeaufschlag: 5 %
Laufende Gebühren: 1,76 % p. a.
Mindestanlage, einmalig: 5000 €

Rendite
Durchschnittliche Jahresrendite seit Auflage bis zum 31. 12. 2001:
13,4 %
Niedrigste Rendite eines Kalenderjahres: –12,5 % (2001)
Beste Rendite eines Kalenderjahres: 42,8 % (2000)

Ethische Qualität
Ausschlusskriterien: Nicht erworben werden dürfen Werte von Unternehmen (Gruppe N1), die
a) Kriegswaffen oder Militärgüter herstellen oder vermarkten oder deren Absatz fördern,
b) Atomenergie erzeugen, vermarkten oder deren Gebrauch unterstützen,
c) Produkte der Chlorchemie erzeugen oder deren Absatz fördern,
d) durch ihre Produktion oder ihre Produkte oder Dienstleistungen die Gesundheit von Mensch und Umwelt gefährden oder schädigen,
e) Raubbau an den natürlichen Ressourcen betreiben,
f) genetisch veränderte Pflanzen, Tiere und Mikroorganismen und Umwelt gefährden oder schädigen,
g) Raubbau an den natürlichen Ressourcen betreiben,
h) genetisch veränderte Pflanzen, Tiere und Mikroorganismen erzeugen, wissentlich vertreiben oder den Absatz daraus erzeugter Produkte fördern,
i) vermeidbare Tierversuche vornehmen oder durch vermeidbare Tierversuche getestete Produkte vertreiben, durch ihre Unternehmenspolitik Wege eines nachhaltigen Wirtschaftens behindern,
j) Menschen aus rassistischen, politischen oder sozialen Gründen oder aus dem Grund der Geschlechtszugehörigkeit diskriminieren oder mit ihren Investitionen Länder unterstützen, in denen entsprechende Diskriminierungen legalisiert sind, die Tierversuche vornehmen oder fördern.

Außerdem von Unternehmen (Gruppe N2), die Kapitalbeteiligungen an Unternehmen der Gruppe N1 halten, an deren Kapital Unternehmen der Gruppe N1 beteiligt sind, sofern diese Beteiligung einen Prozentsatz erreicht, der nach dem jeweiligen nationalen Recht eine Sperrminorität darstellt oder einen vergleichbaren Einfluss auf die Geschäftsführung erlaubt, die Zulieferbetriebe für Firmen der Gruppe N1, N2 (a) und/oder (b) sind oder diese auf vergleichbarem Wege fördern.

Positivkriterien: Aufnahme in den Fonds sollen vornehmlich Werte von Unternehmen finden, die

a) umweltfreundliche Technologien verwenden,

b) umweltfreundliche oder die Umwelt nicht belastende Produkte herstellen und damit handeln,

c) umweltfreundliche Energie gewinnen, damit handeln oder deren Absatz fördern,

d) Technologien zur Verringerung oder Beseitigung der Umweltbelastung entwickeln oder anwenden,

e) humane Arbeitsbedingungen schaffen und/oder eine demokratische Unternehmensstruktur haben,

f) Maßnahmen ergriffen haben zum Abbau von Diskriminierung.

g) Bei Unternehmen, die zwar die vorstehenden Kriterien erfüllen, gleichzeitig aber aufgrund von Kapitalbeteiligungen zu der Gruppe N2 gerechnet werden müssen, ist im Zusammenwirken mit dem Anlageausschuss eine Entscheidung darüber herbeizuführen, ob die Förderungswürdigkeit des fraglichen Unternehmens die Zugehörigkeit zur Gruppe N2 aufwiegt.

Beirat/Anlageausschuss: Als Vertretung von ökologisch, sozial oder entwicklungspolitisch kompetenten Organisationen sind die Fördergesellschaft für Umwelt mbH (WWF), das Kirchliche Forschungsheim Wittenberg, der Naturschutzbund Deutschland e. V. (NABU), der Deutsche Naturschutzring (DNR), das Institut für ökologische Wirtschaftsforschung (IÖW), die Werkstadt Ökonomie e. V., die Ecologic gGmbH, Die Verbraucher Initiative e. V., Fairtrade e. V. und UnternehmensGrün e. V. repräsentiert.

Ausgaben für das Ethik-Research: Die Managementgesellschaft verfasst jährlich 30–40 umfangreiche Berichte zu Unternehmen, die viermal jährlich auf den Sitzungen des Anlageausschusses besprochen werden.

Information der Anleger: Durch ausführliche Halb- und Jahresberichte, die nicht nur die Vermögenssituation ausführlich beschreiben, sondern alle Anlagen im Einzelnen einschließlich der Entscheidung des Anlageausschusses beschreiben. Ebenso werden Diskussionen und Problemfelder des Anlageausschusses dargestellt.

Prime Value

Art des Fonds: gemischter Fonds mit ethischen Kriterien
Adresse: Dr. Höller Vermögensverwaltung und Anlageberatung AG, Talstrasse 58, CH-8039 Zürich
Telefon: 00 41/1/201 81 00, Internet: www.hoeller.ch
Datum der Auflage: 28. 12. 1995
Volumen zum 31. 12. 2001: 43,6 Mio. €

Gebühren
Ausgabeaufschlag: max. 5 %
Laufende Gebühren: 1,1 % pro Jahr Management-Fee
Mindestanlage, einmalig: 10 000 €

Rendite
Durchschnittliche Jahresrendite der letzten fünf Jahre bis 31. 12. 2001: 7 %
Durchschnittliche Jahresrendite seit Auflage bis 31. 12. 2001: 7,9 %
Niedrigste Rendite eines Kalenderjahres: –3 % (2001)
Beste Rendite eines Kalenderjahres: 26,51 % (1999)

Ethische Qualität
Ausschlusskriterien: Ausgeschlossen sind Unternehmen und Emittenten, die Menschenrechte missachten, in Drogengeschäften, Prostitution und Menschenhandel involviert sind, Kinderarbeit zulassen, militärische Güter, Nukleartechnologie, gefährliche Produkte und Technologien herstellen, einsetzen oder vertreiben.
Positivkriterien: Berücksichtigt werden Unternehmen und Emittenten, die die Beziehungen zu ihren Stakeholdern (Kunden, Um-

welt, Investoren, Mitarbeiter, Lieferanten, Gesellschaft, Staat, Region, Öffentlichkeit) bestmöglich gestalten.

Beirat/Anlageausschuss: Als Vertretung von ökologisch, sozial oder entwicklungspolitisch kompetenten Organisationen sitzen Experten aus den Bereichen Sozialethik, Medizinethik, Umweltethik und Wirtschaftsethik in den Gremien.

Ausgaben für das Ethik-Research: jährlich im sechsstelligen Bereich

Information der Anleger: Zweimal jährlich versendet die Fondsgesellschaft einen Halbjahresbericht

Besonderheiten: Die Gesellschaft verwaltet ebenfalls die Fonds Prime Value Bond Paneuropa und Prime Value Equity.

SAM Sustainability Pionier Fonds

Art des Fonds: Nebenwerte international
Adresse: SAM Group 50, avenue J. F. Kennedy, L-2951 Luxembourg
Telefon: 00 41/1/397 10 10, Internet: www.sam-group.com
Datum der Auflage: 10.11. 1999
Volumen zum 31. 12. 2001: 22,65 Mio. €

Gebühren
Ausgabeaufschlag: 1–5 %
Laufende Gebühren: 1.6 % p. a.
Mindestanlage, einmalig: 1000 €

Rendite
Durchschnittliche Jahresrendite seit Auflage bis 31. 12. 2001: 6,2 %
Rendite im Jahr 2001: –22,6 %

Ethische Qualität
Ausschlusskriterien: keine
Positivkriterien: Es werden zunächst diverse Investmentschwerpunkte definiert, um danach einzelne Firmen auszusuchen.

Beirat/Anlageausschuss: kein Beirat
Ausgaben für das Ethik-Research: jährlich ca. 1,7 Mio. € für den Index und Pionierfonds zusammen
Information der Anleger: Auf Anfrage erhalten die Anleger einen monatlichen Report.

Sarasin OekoSar Portfolio

Art des Fonds: international anlegender gemischter Fonds, Nachhaltigkeitsfonds
Adresse: Bank Sarasin & Cie, Elisabethenstrasse 62, CH-4002 Basel
Telefon: 00 41/61/2 77 77 37, Internet: www.sarasin.ch
Datum der Auflage: 16. 2. 1994
Volumen zum 31. 12. 2001: 217,06 €

Gebühren
Ausgabeaufschlag: 5 %
Laufende Gebühren: 1,75 % p. a.
Mindestanlage, einmalig: 5000 €

Rendite
Durchschnittliche Jahresrendite der letzten fünf Jahre bis 31. 12. 2001: 8,64 %
Durchschnittliche Jahresrendite seit Auflage bis 31. 12. 2001: 6,46 %
Niedrigste Rendite eines Kalenderjahres: −8,78 % (2001)
Beste Rendite eines Kalenderjahres: 19.18 % (2000)

Ethische Qualität
Ausschlusskriterien: Unternehmen, die mehr als 5 % ihres Umsatzes mit der Erzeugung von Kernenergie, Tabakprodukten, Pornographie, Rüstungsgütern, Chlor- und Agrochemikalien oder Automobilen erzielen. Ebenfalls ausgeschlossen werden Unternehmen, die gentechnisch modifiziertes Saatgut herstellen.
Positivkriterien: Die Unternehmen werden sowohl aus ökologischer Sicht als auch aus sozialer Sicht untersucht. Die ökologische

Perspektive basiert auf dem Lebenszykluskonzept und umfasst die Umweltstrategie des Unternehmens, das Umweltmanagementsystem, die Vorproduktion, die Produktion sowie die Produkte bzw. Dienstleistungen. Die soziale Analyse basiert auf dem Anspruchsgruppenkonzept. Dabei wird untersucht, wie das Unternehmen mit seinen Mitarbeitern, Kunden, Lieferanten, Konkurrenten, dem Staat/der Öffentlichkeit sowie den Kapitalgebern umgeht.

Die Emittenten von festverzinslichen Wertpapieren (Staaten, internationale Organisationen) werden aus ökologischer und sozialer Sicht untersucht. So wird bei der Länderanalyse zum einen die absolute Beanspruchung der natürlichen und sozialen Ressourcen, zum anderen die Struktur und Effizienz des Umganges mit diesen Ressourcen bewertet. Bei der Beurteilung von Organisationen sind die Bewertungskriterien Organisationszweck, Mittelherkunft und -verwendung sowie Konsistenz und Erfolg.

Beirat/Anlageausschuss: Als Vertretung von ökologisch, sozial oder entwicklungspolitisch kompetenten Organisationen sind die Schweizerische Gesellschaft für Umweltschutz (SGU) sowie Experten aus den Bereichen Unternehmensethik und Umweltmanagement repräsentiert.

Ausgaben für das Ethik-Research: In der Bank arbeiten acht Analysten zu diesem Thema.

Information der Anleger: Halbjahresberichte, Porträts zu ökologischen und sozialen Aspekten der in dem Fonds enthaltenen Unternehmen, spezielle Studien zum Thema ethische Geldanlagen.

Besonderheiten: Portfoliomanagement und Nachhaltigkeitsanalyse kommen aus einer Hand. Die Bank Sarasin, mit 1,5 Mrd. € verwaltetem Vermögen größter Anbieter in Kontinentaleuropa, legte zusätzlich den New Energy Fund auf, einen Fonds zum Thema regenerative Energien. Außerdem verwaltet die Bank den Auxvita Fonds der auxilium ag in München.

Sarasin ValueSar Equity

Art des Fonds: international anlegender Aktienfonds, Öko-Effizienzfonds
Adresse: Bank Sarasin & Cie, Elisabethenstraße 62, CH-4002 Basel
Telefon: 00 41/61/2 77 77 37, Internet: www.sarasin.ch
Datum der Auflage: 1.6. 1999
Volumen zum 31. 12. 2001: 83,85 €

Gebühren
Ausgabeaufschlag: 5 %
Laufende Gebühren: 1,75 % p. a.
Mindestanlage, einmalig: 5000 €

Rendite
Durchschnittliche Jahresrendite seit Auflage bis 31. 12. 2001: 5,11 %
Niedrigste Rendite eines Kalenderjahres: −18,31 % (2001)
Beste Rendite eines Kalenderjahres: 15,50 % (2000)

Ethische Qualität
siehe Kriterien des OekoSar Portfolio

SEB Invest ÖkoLux (ehemals BfG ÖkoLux)

Art des Fonds: international anlegender Aktienfonds mit ethischen
und öklogischen Kriterien
Adresse: SEB Invest GmbH, Ben-Gurion-Ring 158–162, 60437
Frankfurt am Main
Telefon: 0 69/95 02 30, Internet: www.SEB-Invest.de
Datum der Auflage: 19. 2. 1992
Volumen zum 31. 12. 2001: 63,5 Mio. €

Gebühren
Ausgabeaufschlag: 4,5 %

Laufende Gebühren: 1,58 % p. a.
Mindestanlage: einmalig 2500 €, regelmäßig ab 50 € monatlich

Rendite
Durchschnittliche Jahresrendite der letzten fünf Jahre bis 31.12.
2001: 4,60 %
Durchschnittliche Jahresrendite seit Auflage bis 31. 12. 2001: 4,74 %
Niedrigste Rendite eines Kalenderjahres: −32,04 % (2001)
Beste Rendite eines Kalenderjahres: 37,63 % (1999)

Ethische Qualität
Ausschlusskriterien: Herstellung von und Handel mit Kriegswaffen und anderen Militärgütern; Erzeugung von Atomenergie; Erzeugung oder Einsatz von gentechnisch veränderten Pflanzen, Tieren oder Mikroorganismen im Bereich der Landwirtschaft oder der Nahrungsmittelproduktion; Durchführung von Tierversuchen, die nicht zwingend durch Gesetze vorgeschrieben sind; Produktion von Suchtmitteln (z. B. Tabak, Alkohol oder Glücksspiel); Herstellung oder Vertrieb von chlororganischen Massenprodukten (z. B. PVC) oder Bioziden, die gefährlich für Mensch und Umwelt sind; Einsatz von Kinderarbeit außerhalb des durch die Konventionen der Internationalen Arbeitsorganisation (ILO) festgelegten Rahmens; Verstöße gegen Menschenrechte.
Positivkriterien: Unternehmen, die hinsichtlich Umwelt- und Sozialverträglichkeit Hervorragendes leisten und darüber hinaus über einen Innovationsvorsprung und überdurchschnittliche Wachstumsaussichten verfügen. Unternehmen, die mit der Produktion oder dem Handel von Umwelttechnologien beschäftigt sind. Unternehmen, die durch Produkte oder Dienstleistungen einen Beitrag zum Umweltschutz leisten.
Beirat/Anlageausschuss: Als Vertretung von ökologisch, sozial oder entwicklungspolitisch kompetenten Organisationen sind kirchliche Kreditinstitute repräsentiert.
Ausgaben für das Ethik-Research: Rund 100.000 € für alle SEB Fonds zusammen.
Information der Anleger: Über Halbjahresberichte, monatliche Kurzberichte und die Anlegerzeitschrift *Grünanlagen*.

SEB Invest ÖkoRent (ehemals BfG ÖkoRent)

Art des Fonds: international anlegender Rentenfonds mit ethischen
und ökologischen Kriterien
Adresse: SEB Invest GmbH, Ben-Gurion-Ring 158–162, 60437
Frankfurt am Main
Telefon: 0 69/95 02 30, Internet: www.SEB-Invest.de
Datum der Auflage: 5. 12. 1989
Volumen zum 31. 12. 2001: 43,3 Mio. €

Gebühren
Ausgabeaufschlag: 3,00 %
Laufende Gebühren: 0,8 % p. a.
Mindestanlage: einmalig 2500 €, regelmäßig ab 50 €

Rendite
Durchschnittliche Jahresrendite der letzten fünf Jahre bis 31.12.
2001: 8,70 %
Durchschnittliche Jahresrendite seit Auflage bis 31. 12. 2001: 7,19 %
Niedrigste Rendite eines Kalenderjahres: –14,30 % (1994)
Beste Rendite eines Kalenderjahres: 15,81 % (1993)

Ethische Qualität
Ausschlusskriterien: siehe SEB ÖkoLux
Positivkriterien: Anlage in Anleihen von Unternehmen und Organisationen, die beispielsweise Technologien zur Einsparung natürlicher Ressourcen entwickeln, zur Vermeidung, Verminderung bzw.
Beseitigung von Schadstoffen und Abfällen beitragen oder Leistungen im Sozial-, Gesundheits- bzw. Bildungswesen erbringen, sowie
Kreditinstituten mit Spezialaufgaben und supranationale Organisationen.
Beirat/Anlageausschuss: Von ökologisch, sozial oder entwicklungspolitisch kompetenten Organisationen sind kirchliche Kreditinstitute vertreten.

Ausgaben für das Ethik-Research: ca. 100 000 € p. a. für alle vier
SEB Fonds
Information der Anleger: siehe SEB ÖkoLux

AXA World Fund / Global Ethical Equities

Art des Fonds: Aktienfonds international mit ethischen Kriterien
Adresse: AXA Investment Managers Deutschland GmbH, Stiftstraße 30, 60313 Frankfurt am Main
Telefon: 08 00/6 00 26 00, Internet: www.axa-im.de
Datum der Auflage: 18.12. 1992
Volumen zum 31. 12. 2001: 3,45 Mio. €

Gebühren
Ausgabeaufschlag: 5,5 %
Laufende Gebühren: 1,5 % p. a.
Mindestanlage, einmalig: 2000 €

Rendite
Durchschnittliche Jahresrendite der letzten fünf Jahre bis 1. 4. 2002:
11,50 %
Niedrigste Rendite eines Kalenderjahres: –23,36 % (2001)
Beste Rendite eines Kalenderjahres: 23,37 % (1996)

Ethische Qualität
Ausschlusskriterien: Rüstung, Kernenergie, Gentechnik in der Landwirtschaft, Tabakindustrie, Übertretung der Umweltgesetze, Herstellung umweltschädlicher Chemikalien, Durchführung von Tierversuchen
Positivkriterien: umweltfreundliche Produkte und Dienstleistungen, Umweltmanagement
Beirat/Anlageausschuss: keine Vertretung von ökologisch, sozial oder entwicklungspolitisch kompetenten Organisationen
Ausgaben für das Ethik-Research: keine Angaben
Information der Anleger: keine Angaben

Swissca Green Invest

Art des Fonds: internationaler Aktienfonds mit ethischen Kriterien
Adresse: Swissca Fondsleitung AG, Waisenhausstrasse 2, CH-8023
Zürich
Telefon: 00 41/1/2 29 90 43, Internet: www.swissca.com
Datum der Auflage: 10. 11. 1998
Volumen zum 31. 12. 2001: 242,03 Mio. CHF

Gebühren
Ausgabeaufschlag: max. 5,00 %
Laufende Gebühren: 1,75 % p. a.
Mindestanlage, einmalig: 1 Anteil

Rendite
Durchschnittliche Jahresrendite seit Auflage bis 31. 12. 2001: 2,89 %
Schlechteste Rendite eines Kalenderjahres: −18,27 % (2001)
Beste Rendite eines Kalenderjahres: 40,57 % (1999)

Ethische Qualität
Ausschlusskriterien: Förderung und Verkauf fossiler Energieträger
(Erdöl, Kohle, Erdgas); Herstellung von Automobilen und Flugzeugen; Fluggesellschaften, Herstellung von ozonabbauenden Stoffen,
Herstellung eines Pestizids aus der »Dirty-Dozen«-Liste. Das Betreiben von Kernkraftwerken oder atomaren Wiederaufbereitungs-
anlagen, Gentechnik mit dem Ziel der Freisetzung von gentechnisch veränderten Organismen, Herstellung von Waffen aller Art
sowie von militärischen Fahrzeugen, Flugzeugen oder Schiffen,
Produktion von Tabak und Raucherwaren, Herstellung von PVC
und Vinylchlorid
Positivkriterien: Identifikation von Umweltleadern (bezüglich Umweltpolitik, Umweltmanagement, Produktionsprozessen und Produkten), Ermittlung in einem mehrstufigen Prüfverfahren; Sozialcheck: Massenentlassungen ohne ausreichende Sozialmassnahmen,
Kinderzwangsarbeit, überdurchschnittlich hohe Unfallraten, grobe

Missachtung von Arbeitsgesetzen und Sicherheitsbestimmungen, Verletzung von Menschenrechten, Missachtung der Rechte von Indigenen Völkern
Beirat/Anlageausschuss: Von ökologisch, sozial oder entwicklungspolitisch kompetenten Organisationen sind Experten aus den Bereichen Wirtschaft, Umwelt (u. a. WWF Schweiz) sowie dem Sozialbereich vertreten.
Ausgaben für das Ethik-Research: keine Angaben
Information der Anleger: Monatlich erscheinender Newsletter, Rechenschaftsberichte, die über den Vertriebspartner in Deutschland der DGZ-DekaBank bezogen werden können.

UBS (Lux) Equity Fund Eco Performance

Art des Fonds: Aktienfonds mit Berücksichtigung von Umwelt- und Sozialkriterien
Adresse: UBS Fund Management AG, Aeschenvorstadt 48, CH-4002 Basel
Telefon: 00 41/1/235 36 36 (Service Line); Internet: www.ubs.com
Datum der Auflage: 2. 6. 1997
Volumen zum 31. 12. 2001: 443,13 Mio. CHF

Gebühren
Ausgabeaufschlag: max. 5 %
Laufende Gebühren: 2,04 % p. a.
Mindestanlage, einmalig: 500 €

Rendite
Durchschnittliche Jahresrendite seit Auflage bis 31. 12. 2001: 6,36 %
Schlechteste Rendite eines Kalenderjahres: –19,47 % (2001)
Beste Rendite eines Kalenderjahres: 47,60 % (1999)

Ethische Qualität
Ausschlusskriterien: Durch die Anwendung einer Plausibilitätsprüfung wird nicht in Unternehmen investiert, die im Rüstungswesen,

der Tabakindustrie, im Glücksspiel oder in der Atomenergie tätig sind sowie nicht in Unternehmen, die im Agrobereich Gentechnologie anwenden. Außerdem werden Unternehmen ausgeschlossen, bei denen gravierende Menschenrechtsverletzungen vorliegen.

Positivkriterien: Umweltpolitik, Umweltmanagementsystem, Prozess- und Produktstrategien. Die Öko-Innovatoren werden aufgrund ihres Umweltnutzens und ihres Beitrags zur Ressourceneffizienz ausgewählt. Sozialpolitik, Managementsystem, öffentliches Engagement, Beziehung zu Entwicklungsländern, Mitarbeitern und Kleinaktionären.

Beirat/Anlageausschuss: Als Repräsentanten von ökologisch, sozial oder entwicklungspolitisch kompetenten Organisationen sind das Wuppertal Institut für Klima, Umwelt und Energie, das Rocky Mountain Institute in Colorado sowie eine Expertin für ökologische Fragen vertreten. Im Rahmen der Plausibilitätsprüfung werden Nicht-Regierungsorganisationen einbezogen.

Ausgaben für das Ethik-Research: Es besteht in der Bank ein Researchteam mit sechs Mitarbeitern, außerdem arbeitet der Fonds mit Research Agenturen zusammen.

Information der Anleger: Halbjahresbericht, Quartalsbericht per E-Mail

Besonderheiten: Die UBS legt zudem Zertifikate mit Unternehmen aus dem Bereich der regenerativen Energien und Wasserreinhaltung auf.

3. Indexfonds

Indexfonds richten sich in der Auswahl ihrer Aktientitel an einem Aktienindex aus. Der Grad der Nachbildung des Index ist dabei unterschiedlich und hängt vom jeweiligen Konzept des Fonds ab. Es ist möglich, dass der Fonds den Index exakt nachbildet. In diesem Fall werden alle in dem Index enthaltenen Aktien auch in den Fonds gekauft, wobei Gewichtung der einzelnen Titel bei Fonds und Index identisch ist. Zumeist besteht für das Management eines Indexfonds jedoch eine gewisse Freiheit bei der Auswahl und Gewichtung der Titel. In manchen Fällen wird auch nur ein Teil des Fonds, also z. B. nur die Aktien bei einem gemischten Fonds, auf einen Index gestützt. Im Folgenden werden Fonds vorgestellt, die sich auf einen der beiden im Kapitel »Aktienindices« vorgestellten Indices, dem Dow Jones Sustainability Group Index oder dem Natur-Aktien-Index (NAI), stützen. Die ethischen Kriterien der Indices werden jeweils im ersten Porträt beispielhaft vorgestellt.

GreenEffects

Art des Fonds: Indexnaher Fonds zum Natur-Aktien-Index (NAI)
Adresse: Securvita, Große Elbstraße 39, 22767 Hamburg
Telefon: 0800/6 00 77 77, Internet: www.greeneffects.de
Datum der Auflage: November 2000, Vertriebsstart in Deutschland Mai 2001
Volumen zum 30. 12. 2001: 22 Mio. €

Gebühren
Ausgabeaufschlag: 4 %
Laufende Gebühren: 0,975 % p. a.
Mindestanlage, einmalig: 5000 €

Rendite
Wertentwicklung im Jahr 2001: –9,1 %

Ethische Qualität
Es gelten die Kriterien des NAI (siehe Kapitel »Rendite«).
Ausschlusskriterien: u. a. Rüstung, Atomenergie, Diskriminierung, Behinderung gewerkschaftlicher Arbeit, Kinder- und Zwangsarbeitarbeit, Tierversuche, Gentechnik, Pestizide, mangelnde Transparenz
Positivkriterien: Unternehmen, die einen wesentlichen Beitrag zur Lösung zentraler Menschheitsprobleme leisten, Branchenvorreiter im Hinblick auf die Produktgestaltung und auf die technische und soziale Gestaltung des Produktions- und Absatzprozesses

Beirat/Anlageausschuss: Wuppertal Institut für Klima, Umwelt und Energie, Germanwatch, SÜDWIND e. V. Institut für Ökonomie und Ökumene, Katalyse Institut für angewandte Umweltforschung e. V., *Öko-Invest,* Verlag natur & kosmos

Ausgaben für das Ethik-Research: 60 000 € p. a.

Information der Anleger: Halbjahresberichte, Jahresberichte, Internet, Newsletter

SAM Sustainability Index Fonds

Art des Fonds: Aktienfonds weltweit, Sustainability Indexfonds
Adresse: Sustainable Asset Management Group (SAM): 50, avenue J. F. Kennedy, L-2951 Luxembourg
Telefon: 00 41/1/3 97 10 10, Internet: www.sam-group.com
Datum der Auflage: 29. 10. 1999
Volumen zum 31. 12. 2001: 58 Mio. €

Gebühren
Ausgabeaufschlag: 1–5 % je nach Bank
Laufende Gebühren: 1 % p. a.
Mindestanlage, einmalig: 1000 €

Rendite
Durchschnittliche Jahresrendite seit Auflage bis 31. 12. 2001: 4,1 %; im Jahr 2001: –12,5 %

Ethische Qualität
Ausschlusskriterien: Ausgeschlossen sind Unternehmen, die mehr als 50 % ihres Umsatzes mit Rüstungsgütern und Waffen erzielen. Wenn mehr als 5 %, aber weniger als 50 % der Umsätze durch Rüstungsgüter und Waffen erzielt werden, dann wird die Gewichtung des Unternehmens im Index entsprechend dem Prozentsatz an Rüstungsproduktion herabgesetzt.

Positivkriterien: Untersucht wird, inwieweit das Unternehmen in den Bereichen Wirtschaftlichkeit, Umwelt und Soziales Chancen nutzt und Risiken antizipiert. Untersucht werden in den Bereichen Wirtschaftlichkeit, Umwelt und Soziales jeweils Chancen und Risiken.

Beirat/Anlageausschuss: Es gibt keinen Beirat, da es sich um einen Indexfonds handelt, der passiv verwaltet wird.

Ausgaben für das Ethik-Research: ca. 1,7 Mio. € p. a. für den Index und Pionierfonds zusammen.

Information der Anleger: Interessenten werden regelmäßig per Email informiert.

Gerling Select 21

Art des Fonds: Aktienfonds oder Themenfonds, Nachhaltigkeit
Adresse: Gerling Investment, Gereonshof 16, 50670 Köln; Besucheranschrift: Im Mediapark 8, 50670 Köln
Telefon: 02 21/1 44 30 00, Internet: www.gerling.de
Datum der Auflage: 20. 10. 2000
Volumen zum 31. 12. 2001: 8,90 Mio. €

Gebühren
Ausgabeaufschlag: 4,5 %
Laufende Gebühren: 1,35 % p. a.
Mindestanlage, einmalig: 50 €

Rendite
Durchschnittliche Jahresrendite seit Auflage bis 31. 12. 2001: –23,1 %

Ethische Qualität
Ausschlusskriterien: Ein Unternehmen wird ausgeschlossen, wenn es dauerhaft mehr als 10 % des Umsatzes in den Bereichen Rüstung, Kernenergie, Alkohol, Prostitution, Glücksspiel, Tabak erwirtschaftet.
Positivkriterien: Umweltpolitik, Umweltleistungen, interne Kommunikation von Umweltthemen, Zertifizierung nach EMAS oder

ISO 14000, Umweltberichterstattung sowie Einbindung der Mitarbeiter in die Unternehmensentwicklung, Einbindung der Zulieferer und Kunden, zusätzliche Leistungen in Entwicklungsländern

Beirat/Anlageausschuss: Auf einer Ad hoc-Basis wird insbesondere bei den Top-Ten-Positionen des Fonds eine interne Abstimmung mit der SAM AG Zürich, der Gerling Sustainable Development Project GmbH sowie dritten Research Organisationen vorgenommen.

Ausgaben für das Ethik-Research: 0,35 % des Fondsvermögens p. a.

Information der Anleger: durch den Rechenschaftsbericht und den Halbjahresbericht

Besonderheiten: Mindestens 50 % des Fondsvermögens besteht aus Werten des Dow Jones Sustainability Group Index (DJSGI).

KCD-Union-Aktien Nachhaltig DJSG-Index

Art des Fonds: international anlegender Aktienfonds, Indexfonds
Adresse: Union-Investment-Gesellschaft mbH, Wiesenhüttenstr. 10, 60329 Frankfurt am Main
Telefon: 018 03/95 95 01, Internet: www. union-investment.de
Datum der Auflage: März 2001

Gebühren
Ausgabeaufschlag: keiner
Laufende Gebühren: max. 1,75 % p. a.
Mindestanlage: keine

Rendite
Durchschnittliche Jahresrendite seit Auflage bis Februar 2002:
–7,5 %

Ethische Qualität
Kriterien: Der Fonds investiert nur in Unternehmen des Dow Jones Sustainability Group Index (DJSGI). Damit sind Unternehmen, die

mehr als 50 % ihres Umsatzes mit Waffen erwirtschaften, ausge-
schlossen. Zusätzlich schließt der Fonds alle Unternehmen aus, die
mehr als 50 % der Umsätze mit Suchtmitteln wie Alkoholika,
Tabakwaren und Glücksspiel erwirtschaften (siehe auch SAM
Sustainability Index Fonds und das Kapitel Aktienindices).
Beirat/Anlageausschuss: Der Anlageausschuss setzt sich aus Ver-
tretern von kirchlichen Bankinstituten zusammen
Ausgaben für das Ethik-Research: keine Angaben
Information der Anleger: über den Halbjahresbericht

Besonderheiten: Der Fonds wurde gemeinsam von den kirchlichen
Kreditinstituten aufgelegt und richtet sich an private und institutionelle Anleger gleichermaßen.

KCD-Union-Renten Nachhaltig DJSG-Index

Art des Fonds: international anlegender Rentenfonds
Adresse: Union-Investment-Gesellschaft mbH, Wiesenhüttenstr.
10, 60329 Frankfurt am Main
Telefon: 0 18 03/95 95 01, Internet: www. union-investment.de
Datum der Auflage: März 2001

Gebühren
Ausgabeaufschlag: keiner
Laufende Gebühren: max. 1,25 % p. a.
Mindestanlage: keine

Rendite
Durchschnittliche Jahresrendite seit Auflage bis Februar 2002:
−3,5 %

Ethische Qualität
Kriterien: Ein Teil der Gelder wird in Anleihen von Unternehmen
investiert, die Teil des DJSGI sind (siehe KCD-Union-Aktien Nach-
haltig DJSG-Index). Außerdem werden folgende festverzinsliche

Papiere in das Portfolio aufgenommen: Anleihen von Kommunen und kommunalen Unternehmen, Anleihen deutscher Bundesländer oder vergleichbarer staatlicher Gliederungen in den Ländern der EU, Hypothekenpfandbriefe, Anleihen internationaler Institutionen, deren Tätigkeit einer nachhaltigen Entwicklung von Wirtschaft und Gesellschaft dient, Anleihen von Staaten, die auf Militär verzichten und entsprechende Bonität besitzen.

Beirat/Anlageausschuss: Der Anlageausschuss setzt sich aus Vertretern von kirchlichen Bankinstituten zusammen.

Ausgaben für das Ethik-Research: keine Angaben
Information der Anleger: über den Halbjahresbericht

Besonderheiten: Der Fonds wurde gemeinsam von den kirchlichen Kreditinstituten aufgelegt und richtet sich an private und institutionelle Anleger gleichermaßen.

Oppenheim Topic DJ Sustainability World Index-Equities

Art des Fonds: Aktienfonds; Sustainability Index Fonds
Adresse: Oppenheim KAG Unter Sachsenhausen 2, 50667 Köln
Telefon: 02 21/1 45 29 87, Internet: www.Oppenheim.de
Datum der Auflage: 10. 1. 2000
Volumen zum 31. 12. 2001: 21,5 Mio. €

Gebühren
Ausgabeaufschlag: 5,0 %
Laufende Gebühren: 1,1 % p. a.
Mindestanlage, einmalig: 5000 €

Rendite
Wertentwicklung seit Auflage bis 31. 12. 2001: −24,8 %

Ethische Qualität
Der Fonds bildet den Dow Jones Sustainability World-Index und verfolgt damit dieselben Kriterien wie der SAM Sustainability In-

dex Fonds (siehe auch SAM Sustainability Index Fonds und das Kapitel Aktienindices).

4. Ethisch-ökologische Investmentfonds für institutionelle Investoren

Sarasin FairInvest Universal-Fonds

Art des Fonds: europaweit anlegender gemischter Fonds mit ethischen Kriterien
Adresse: Bank Sarasin & Cie, Elisabethenstrasse 62, CH-4002 Basel
Telefon: 00 41/6 12 77 74 20, Internet: www.sarasin.ch
Datum der Auflage: 30. 3. 2001
Volumen zum 31. 12. 2001: 16,5 Mio. €

Gebühren
Ausgabeaufschlag: 3 %
Laufende Gebühren: 0,95 % p. a.
Mindestanlage: 500 000 €

Rendite
Wertentwicklung seit Auflage bis 31. 3. 2002: 0,27 %

Ethische Qualität
siehe Sarasin OekoSar Portfolio
Beirat/Anlageausschuss: Als Vertretung von ökologisch, sozial oder entwicklungspolitisch kompetenten Organisationen sind der Bundesverband Deutscher Stiftungen e. V., die Stiftung Zukunftsfähigkeit und Umwelt-Akademie e. V. repräsentiert.

Besonderheiten: Es handelt sich um einen risikoarmen Fonds mit 25 % europäischen Aktien und 75 % auf € lautenden Rentenpapieren. Es werden keine Derivate eingesetzt, das Produkt ist deckungsstockfähig und auf eine hohe Ausschüttungsrendite hin angelegt.

SEB Responsibility Equities

Art des Fonds: international anlegender Aktienfonds, unter Berücksichtigung ökologischer, sozialer und kultureller Kriterien
Adresse: SEB Invest GmbH, Ben-Gurion-Ring 158–162, 60437 Frankfurt am Main
Telefon: 069/950230, Internet: www.SEB-Invest.de
Datum der Auflage: 15.12.2000
Volumen zum 31.12.2001: 4,5 Mio. €

Gebühren
Ausgabeaufschlag: 1 %
Laufende Gebühren: 1,1 % p. a.
Mindestanlage: 100 000 €

Rendite
Durchschnittliche Jahresrendite seit Auflage bis 31.12. 2001: −32,17 %

Ethische Qualität
Ausschlusskriterien: Kriegswaffen und Militärgüter, Erzeuger von Atomenergie, Gentechnik in der Nahrungsmittelproduktion und Landwirtschaft, Tierversuche, die nicht zwingend vom Gesetzgeber vorgeschrieben sind, Produktion von Suchtmitteln, z. B. Tabak, Alkohol, Glücksspiel, chlororganische Massenprodukte (z. B. PVC) oder Biozide, die gefährlich für Mensch und Umwelt sind, Einsatz von Kinderarbeit außerhalb des durch die Internationale Arbeitsorganisation (ILO) festgelegten Rahmens, Verstöße gegen Menschenrechte.
Positivkriterien: Zur Feststellung der Umweltverträglichkeit der Unternehmen werden das Umweltmanagement, die Produktionsprozesse und Produkte überprüft: Umweltstandards, effizienter und sparsamer Einsatz von Ressourcen, Abfallvermeidung und Emissionsreduzierung.
    Im Rahmen der Überprüfung der Sozial/Kultur-Verträglichkeit

werden Bereiche wie z. B. Arbeitssicherheit, Entlohnung, Gesundheitsschutz am Arbeitsplatz oder die Förderung von Minderheiten untersucht. Bei der Überprüfung greift die SEB Invest auf die Rating-Agentur oekom research AG zurück. Die Überprüfung geschieht mittels des Corporate Responsibility Ratings dieser Agentur.

Beirat/Anlageausschuss: Es ist ein Beirat in Gründung, in dem Vertreter der Kirchen, Umweltverbände, Stiftungen und Wissenschaft vertreten sein sollen.

SEB Responsibility Bonds

Art des Fonds: Rentenfonds, der in auf Euro lautende Anleihen internationaler Emittenten investiert unter Berücksichtigung ökologischer, sozialer und kultureller Kriterien.
Adresse: SEB Invest GmbH, Ben-Gurion-Ring 158–162, 60437 Frankfurt am Main
Telefon: 0 69/95 02 30, Internet: www.SEB-Invest.de
Datum der Auflage: 15. 12. 2000
Volumen zum 31. 12. 2001: 5,5 Mio. €

Gebühren
Ausgabeaufschlag: 0,5 %
Laufende Gebühren: 0,55 % p. a.
Mindestanlage: 100 000 €

Rendite
Durchschnittliche Jahresrendite seit Auflage bis 31. 12. 2001: 3,81 %

Ethische Qualität
Ausschlusskriterien: siehe SEB Responsibility Equities
Positivkriterien: Die Emittenten sind Unternehmen, die sich nach dem Corporate-Responsibility-Rating innerhalb ihrer Branche als »Nachhaltigkeits-Leader« in Sachen Umwelt-, Sozial- und Kulturverträglichkeit auszeichnen. Daneben wird in Anleihen von Unter-

nehmen, die im Bereich des Sozial-, Gesundheits- und Bildungswesens tätig sind, und in Anleihen von Spezialkreditinsituten, z. B. der Deutsche Ausgleichsbank oder supranationalen Organisationen, wie dem Europarat investiert.

Beirat/Anlageausschuss: siehe SEB Responsibility Equities

Besonderheiten: Der Fonds investiert nur in auf Euro lautende Rentenpapiere. Es werden ausschließlich Anleihen mit erstklassiger Bonität mit einem Rating zwischen »AAA« und »A« ausgewählt.

5. Spendenfonds

Neben ökologisch ausgerichteten Fonds gibt es in Deutschland auch eine Reihe von Spendenfonds. Diese Fonds funktionieren nach dem Prinzip von Investmentfonds. Die Gelder der Anleger werden risikomindernd in eine Anzahl von Wertpapieren investiert. Die Erträge dieser Anlage werden allerdings nicht an den Anleger ausgezahlt, sondern an eine gemeinnützige Einrichtung gespendet. Der Anleger kann dies in seiner Steuererklärung geltend machen. Die Einlage bleibt allerdings im Besitz der Anleger und kann jederzeit gekündigt werden.

Obwohl diese Fonds karitativen Charakter haben, sind sie bei ihren Investitionen in der Regel an keine ökologischen oder sozialen Kriterien gebunden. Interessierte Anleger können Anteile an diesen Fonds über ihre Hausbank oder über eine Filiale der hinter dem jeweiligen Fonds stehenden Bank erwerben.

Folgende Spendenfonds werden in Deutschland angeboten:

Deka Lux Pro Missio

Fondsgesellschaft: Deka International SA (Sparkasse)
Begünstigte Organisation: Internationale Katholische Missionswerke e. V. (Missio)

DKU-Fonds

Fondsgesellschaft: Union Invest (Westdeutsche Genossenschafts-Zentralbank)
Begünstigte Organisation: Unicef
Besonderheiten: An Unicef gehen 50 % der Ausschüttungen und 50 % des Ausgabeaufschlags.

DWS-Bildungsfonds

Fondsgesellschaft: Deutsche Gesellschaft für Wertpapiersparen (Deutsche Bank)
Begünstigte Organisation: Universität Witten-Herdecke

Gmeiner-Kinderdorf-Fonds (GKD)

Fondsgesellschaft: Deutsche Gesellschaft für Wertpapiersparen (Deutsche Bank)
Begünstigte Organisation: SOS-Kinderdörfer

Panda Renditefonds DWS

Fondsgesellschaft: Deutsche Gesellschaft für Wertpapiersparen (Deutsche Bank)
Begünstigte Organisation: Der World Wildlife Fund of Nature (WWF), im Besonderen ein Projekt zur Erhaltung des Lebensraums der Waldelefanten in der Zentralafrikanischen Republik. Der Ausgabeaufschlag beträgt 3 %, davon gehen 1 % an den WWF. Die Rendite erhalten die Anleger.

Pro-Mundo-Fonds

Fondsgesellschaft: Union Investment Gesellschaft (Westdeutsche Genossenschafts-Zentralbank)
Begünstigte Organisationen: Kindermissionswerk Päpstliches Missionswerk der Kinder in Deutschland, Malteser Werke e. V., Bischöfliches Hilfswerk Misereor e. V., Internationales Katholisches Missionswerk missio e. V.

Umweltfonds

Adresse: Am Hackenbruch 87
40231 Düsseldorf
Telefon: 02 11/26 11 210, Email: oekonzept@mail.isis.de
Das Geld der Spender wird bei der Ökobank angelegt. Es gelten damit für die Geldanlage die ethischen Mindestkriterien dieser Bank. Mit den dort erwirtschafteten Zinsen wird umwelt- und sozialpolitische Arbeit gefördert. Unterstützt wird hauptsächlich die Arbeit der Coordination gegen Bayergefahren (CGB) in Düsseldorf.

6. Ethische Lebensversicherungen

In Deutschland werden mehrere Lebensversicherungen vertrieben, die auf verschiedene Weisen versuchen, ethische Ansprüche bei der Anlage von Geldern aus Lebensversicherungen umzusetzen. Es sind dabei drei Varianten auf dem Markt:

1. Die häufigste Variante der hierzulande angebotenen ökologischen Lebensversicherungen ist die fondsgebundene Lebensversicherung. Hierbei fließen die Prämien abzüglich der anfallenden Kosten direkt in ökologische Fonds. Der Vorteil ist, dass der Verbleib der Gelder direkt nachvollziehbar ist. Bei einigen Policen kann der Kunde sogar wählen, in welchen der ökologischen Fonds seine Prämien angelegt werden sollen. Da es sich bei den

Ökofonds zumeist um internationale Aktienfonds handelt, sind die Gelder im Unterschied zu normalen Lebensversicherungen in großem Maße den Chancen und Risiken des Aktienmarktes unterworfen. Eine fondsgebundene Lebensversicherung bietet damit nicht die gleiche Sicherheit wie eine Police, bei der die Prämien hauptsächlich in festverzinsliche Papiere angelegt werden. Außerdem entstehen zusätzliche Gebühren, da neben den Kosten für die Lebensversicherung die Ausgabeaufschläge der Fonds bezahlt werden müssen.

2. Die Versicherungsbeiträge werden zusammen mit den Geldern aus konventionellen Policen in einem Deckungsstock konventionell verwaltet. Die Versicherungsgesellschaft verpflichtet sich aber, Darlehen an Projekte zu vergeben, die bestimmten ökologischen und sozialen Kriterien entsprechen. Die Höhe dieser Darlehen muss der Summe der von ethisch motivierten Versicherten eingezahlten Raten entsprechen. Die Konditionen der Darlehen sind die jeweils banküblichen, stellen also keine Förderung der Projekte durch geringere Kreditzinsen dar.

3. Für die Sparbeiträge ethisch motivierter Versicherter wird ein eigener Deckungsstock geschaffen. In diesen Deckungsstock werden nur Wertpapiere hineingekauft, die einem bestimmten Kriterienkatalog entsprechen. Die daraus erzielten Überschüsse werden nach den gleichen ethischen Kriterien angelegt. Der ethisch verwaltete Deckungsstock kann entweder innerhalb einer bestehenden konventionellen Versicherungsgesellschaft oder durch die Gründung einer neuen, eigens auf ethische oder ökologische Policen ausgerichteten Versicherungsgesellschaft geschaffen werden. Da die neue Regelung für die Anlage des Deckungsstocks auch Aktien und Unternehmensbeteiligungen zulässt, kann ein Teil der Gelder der Versicherten auch in junge innovative Betriebe oder Windenergieanlagen investiert werden.

Continentale, Flexible Fonds-Police

Versicherungsgesellschaft: Continentale Lebensversicherung
Adresse der Vertriebszentrale: Beethovenstraße 6, 80336 München
Telefon: 0 89/5 15 30, Internet: www.continentale.de
Datum der Auflage: 1. 1. 1995
Gesamtanteilswert der Police per 30. 4. 2001: 4,5 Mio. €

Kosten
Die Abschlusskosten machen in den ersten fünf Versicherungsjahren jährlich 12,6 % des Beitrags aus, die Verwaltungskostenquote liegt im ersten Jahr bei 5 %, ab dem zweiten Jahr bei 2,2 %

Ethische Qualität
Versichertenprämien: Das Geld wird in ökologische Investmentfonds angelegt.
Ausschlusskriterien und Positivkriterien: abhängig von den ausgewählten Investmentfonds
Beteiligung von ökologisch, sozial oder entwicklungspolitisch kompetenten Organisationen bei der Produktauswahl: abhängig von den ausgewählten Investmentfonds
Information der Anleger: Verbraucherinformation, Jahresmitteilung zur bestehenden Fonds-Police

oeco kap, oeco rent, junior BASIC

Versicherungsgesellschaft: oeco capital Lebensversicherung AG
Adresse der Vertriebszentrale: Karl-Wiechert-Allee 55, 30625 Hannover
Telefon: 05 11/57 01 21 91, Internet: www:oeco-capital.de
Datum der Auflage: Mai 1996
Prämienvolumen der Police per 31. 12. 2001: 20,2 Mio. €

Kosten
Verwaltungskosten im Verhältnis zu den gebuchten Bruttobeiträgen der Versicherungsgesellschaft per 31. 12. 2001: 3,8 %
Garantierte Mindestverzinsung: 3,25 %

Ethische Qualität
Die Kapitalanlage erfolgt ausschließlich nach ökologischen und umweltrelevanten Kriterien. Grundlage hierfür sind Satzung, Umweltleitlinien sowie die Kontrolle durch einen ökologischen Beirat.
Ausschlusskriterien: Rüstungsindustrie, Atomindustrie, Rohstoffindustrie, sofern es sich nicht um nachwachsende Rohstoffe handelt, Automobilindustrie, Chemieindustrie, artwidrige Tierhaltung, Verstöße gegen das Washingtoner Artenabkommen, Kinderarbeit
Positivkriterien: Gewässer- und Bodenschutz, Natur- und Artenschutz, Lärm- und Strahlenschutz, regenerative Energien, Energieeinsparung und Recycling, Abluft- und Abwasserreinigung, Altlastensanierung, Verringerung von Flächenverbrauch, ethische Grundsätze, ökologische Produktgestaltung
Beteiligung von ökologisch, sozial oder entwicklungspolitisch kompetenten Organisationen bei der Produktauswahl: Öko-Rating-Agenturen (z. B. oekom research), externer Ökologischer Beirat
Ausgaben für das Öko-Research: ca. 50 000 € p. a.
Information der Anleger: Alle Kunden erhalten einmal jährlich eine detaillierte Information über rechtliche Rahmenbedingungen und Auswahlkriterien sowie über Art und Zusammensetzung der Kapitalanlagen. Darüber hinaus gibt es Informationen durch allgemeines Prospektmaterial und durch einen Umweltbericht.

Besonderheiten: Die oeco capital bietet ein umfassendes Spektrum an Tarifen zur Alters- und Hinterbliebenenversorgung: Kapitallebensversicherungen, Rentenversicherungen, Berufsunfähigkeits-Zusatzversicherung, Kinderinvaliditäts-Zusatzversicherung.

Skandia Lebensversicherung AG

Versicherungspolicen: Pro Vita Ökologische Investment Police und
Pro Vita Ökologische Investment Rente
Varianten der Lebensversicherung: Fondsgebundene Lebensver-
sicherung, fondsgebundene Rentenversicherung
Adresse der Vertriebszentrale: Pro Vita, Stuttgarter Str. 100, 70469
Stuttgart
Telefon: 07 11/8 10 67 67, Internet: www.provita-gmbh.com
Datum der Auflage der Police: 1994 und 1995
Prämienvolumen der Police per 31.12. 2001: 45 Mio. €

Kosten
216 DM Policierungskosten, einmalig im ersten Jahr, 7–8 % aus
dem Nettoinventarwert bis zum 5. Jahr, 0,75 % aus dem Nettoinventarwert bis zum Ende der Laufzeit, 60 DM Stückkosten pro
Jahr.

Ethische Qualität
Die Prämien der Versicherten werden wahlweise in folgende Öko-
fonds investiert: KD Fonds Oeko Invest, Luxinvest OekoLux, UBS
Eco Performance, LuxInvest OekoRent, Sarasin OekoSar
Kriterien: siehe Anlagekriterien der Investmentfonds
*Beteiligung von ökologisch, sozial oder entwicklungspolitisch kom-
petenten Organisationen bei der Produktauswahl:* siehe Informa-
tion zu den Ökofonds

transparente

Versicherungsgesellschaft: neue leben
Adresse der Vertriebszentrale: H+H Versicherungskontor Hamburg, Sierichstraße 157, 22299 Hamburg,
Tel: 0 40/8 97 12 40, Internet: www.Versicherungskontor-Ham-
burg.de

Datum der Auflage der Police: September 1996
Prämienvolumen der Police per 30. 12. 2001: ca. 3,1 Mio. €

Kosten
Abschlusskosten: 2,5 %, Verwaltungskostenquote: 1,2 %
Garantierte Mindestverzinsung: 3,25 %

Ethische Qualität
Ausschlusskriterien: Herstellung oder Vertrieb von Rüstungsgütern und Giftstoffen; Aktivitäten, die der Atomindustrie zuzurechnen sind oder deren wesentliche Zulieferer betreffen; Pro-
duktionsfaktoren, die Umweltbelastungen hervorrufen; sozial
unverantwortliches Handeln (z. B. Diskriminierung von Minderheiten); Herstellung sowie Nutzung und Vertrieb von gentechnisch
manipulierten Produkten
Positivkriterien: ökologische Architektur, umweltfreundliche Energieerzeugung, fortschrittliche Bildungseinrichtungen, soziale
Wohnprojekte, Unternehmen mit herausragenden Sozialleistungen, ökologisch effiziente Verkehrssysteme, Herstellung und Vermarktung ökologischer Produkte
   Konkret wurde z. B. investiert in die Notfallambulanz St. Pauli,
eine Krankenstube für Obdachlose, ein Behandlungszentrum für
Flucht- und Folteropfer sowie in den Investmentfonds »Prime Value« (siehe Porträt)
Beteiligung von ökologisch, sozial oder entwicklungspolitisch kom-
petenten Organisationen bei der Produktauswahl: Der Verein für
alternative Versorgungskonzepte e. V. (VAV) ist für die Auswahl der
Projekte und Überwachung der Einhaltung der ethischen Kriterien
verantwortlich.
Ausgaben für das Ethik-Research: Die Mitarbeit im VAV ist ehren-
amtlich. Der VAV ist der Adressat für Anfragen von Projekten. Er
sichtet sie und gibt sie nach Prüfung weiter oder entwickelt sie weiter.
Information der Anleger: Der VAV erstellt in unregelmäßigen Ab-
ständen einen Bericht.

Besonderheiten: Bei dieser Form der Renten-/Lebensversicherung werden alle Beiträge, d. h. mindestens 100 % der Geldanlage, in nachhaltige Projekte investiert. Da einige Projekte auch mit initiiert werden, ist eine Beurteilung im Sinne eines Ethik Research, die immer erst im Nachhinein erfolgt, überflüssig. Es werden vielmehr durch den VAV Projekte ins Leben gerufen oder bestehende weiterentwickelt und einer Finanzierung über die »transparente« bzw. die Gelder verwaltende Versicherungsgesellschaft »neue leben« zugeführt. Der direkte Kontakt zwischen der finanzierenden Versicherungsgesellschaft und den Projekten führt dazu, dass Sinn und Bedeutung nachhaltigen Wirtschaftens im Sinne der Agenda 21 deutlich werden.

Versi LIFE

Versicherungsgesellschaft: Continentale (Flexible Fondspolice)
Adresse der Vertriebszentrale: Versiko AG, Fichtenstraße 42, 40233 Düsseldorf
Telefon: 02 11/97 37–0, Internet: www.versiko.de
Datum der Auflage der Police: Oktober 1994
Prämienvolumen der Police per 31. 12. 20001: 160 Mio. €

Kosten
Die Abschlusskosten machen in den ersten fünf Versicherungsjahren jährlich 12,6 % des Beitrags aus, die Verwaltungskostenquote liegt im ersten Jahr bei 5 %, ab dem zweiten Jahr bei 2,2 %

Ethische Qualität
Die Gelder werden in den Ökofonds: ÖkoVision und Sarasin OekoSar Portfolio angelegt.

Kriterien: siehe Anlagekriterien der beiden Investmentfonds
Beteiligung von ökologisch, sozial oder entwicklungspolitisch kompetenten Organisationen bei der Produktauswahl: siehe Information zu den beiden Ökofonds
Ausgaben für das Ethik-Research: siehe ÖkoVision und OekoSar

7. Weitere Anbieter

In diesem Abschnitt werden zwei Angebote von Anbietern aufgeführt, die keiner der anderen Kategorien zuzuordnen sind, aber eine
wichtige Rolle bei der Entwicklung ethischer Geldanlage hierzulande spielten und spielen.

Oikocredit

Rechtsform des Anbieters: Genossenschaft
Rechtsform der Anlegergemeinschaft: gemeinnütziger Verein
Adresse: Adenauerallee 37, 53113 Bonn
Telefon: 02 28/9 25 97 39, Internet: www.oikocredit.de
Datum der Auflage: 1975
Volumen zum 31. 3. 2002: 170 Mio. €
   Oikocredit vergibt Kredite an sozial und ökologisch orientierte
Kleinunternehmen im Süden der Erde. Ohne Oikocredit hätten
diese Menschen keinen Zugang zu fairem Kreditkapital, da sie als
nicht kreditwürdig gelten. Die Partner der Oikocredit sind im
Bereich Landwirtschaft und Lebensmittelverarbeitung, Energie-
gewinnung und Kleingewerbe tätig. Sie nutzen die Darlehen als
Investitionskapital zur Schaffung von Arbeitsplätzen und zur
Sicherung ihrer wirtschaftlichen Existenz. Investiert wird vor allem
in entwicklungsfördernde Kleinunternehmen im Süden. Die Anleger werden Mitglied in einem Förderkreis, der das Geld treuhän-
derisch verwaltet.

Gebühren
Jährlicher Mitgliedsbeitrag für Privatpersonen 20 €, für Institutio-
nen 50 €
Mindesteinlage: 200 €

Rendite
In der Regel: 2 % p. a.

1998 wurden wegen Kreditausfällen aufgrund der Asienkrise lediglich 1 % Zinsen ausgeschüttet.

Ethische Qualität
Kriterien: Nutzen für viele arme und benachteiligte Menschen, genossenschaftliche Strukturen, Beitrag zum sozialen und wirtschaftlichen Fortschritt der Region, Beteiligung von Frauen an Entscheidungen und Durchführung, ökologische Verträglichkeit, Wirtschaftlichkeit und kompetentes Management, Notwendigkeit für ausländische Finanzhilfe
Beteiligung von ökologisch, sozial oder entwicklungspolitisch kompetenten Organisationen bei der Produktauswahl: Oikocredit Regionalbeauftragte, kirchliche und nichtkirchliche Entwicklungsorganisationen
Information der Anleger: Es gibt einen vierteljährlich erscheinenden Rundbrief. Im Jahresbericht werden einzelne Projekte vorgestellt, und es wird eine vollständige Liste aller Projekte mit Darlehenssumme und Konditionen aufgeführt.

Besonderheiten: 15 Regionalbeauftragte betreuen die Partner in den Entwicklungsländern, nicht zuletzt auch dadurch sind die Menschen hoch motiviert, die gewährten Kredite zurückzuzahlen. Sie verwenden die Gelder als Investitionskapital zur Schaffung von Arbeitsplätzen und zur Sicherung ihrer wirtschaftlichen Existenz.

Die Sicherheit der Anlegergelder wird über eine jährliche Prüfung aller Anlagen und Förderkreise durch einen Wirtschaftsprüfer gewährleistet. Die Gesellschaft unterliegt jedoch nicht der Aufsicht des Bundesaufsichtsamts für das Kreditwesen.

Die Paritätische Geldberatung

Adresse: Loher Str. 7, 42283 Wuppertal
Telefon: 02 02/2 82 23 40
Datum der Auflage: 1986
Volumen zum 30. 12. 2001: ca. 2,4 Mio. €

Dieser Fonds wurde vom Paritätischen Wohlfahrtsverband in Kooperation mit der Bank für Sozialwirtschaft (BfS) aufgelegt. Das Geld wird in Form von Sparguthaben angelegt. Der Sparer erhält eine Fernsparurkunde. Verzinst wird z. Zt. mit 2,5 %. Der Sparer kann alle Kontobewegungen telefonisch oder schriftlich veranlassen. Die Zinsen werden automatisch gutgeschrieben. Die Kündigungsfrist beträgt 3 Monate. Ein Kreditrisiko besteht nicht, da die Paritätische Geldberatung über die Bank für Sozialwirtschaft rückversichert ist.

Gebühren
Ausgabeaufschlag: keiner
Verwaltungsgebühren: keine
Mindesteinlage: keine
Durchschnittliche Jahresrendite: 2,5 %

Ethische Qualität
Kriterien: Die Kredite werden an soziale Projekte in Nordrhein-Westfalen vergeben. Die Kreditnehmer müssen Mitglieder des Paritätischen Wohlfahrtsverbands sein.
Beteiligung von ökologisch, sozial oder entwicklungspolitisch kompetenten Organisationen bei der Produktauswahl: Die Projekte werden durch die Geschäftsführung des Paritätischen Wohlfahrtsverbandes (DPWV) beraten. Gehört wird immer die örtliche Ebene sowie die Fachberatung des DPWV. Neben dem Vorstand hat die Genossenschaft einen Aufsichtsrat, der dreimal im Jahr gemeinsam mit dem Vorstand tagt.
Information der Anleger: Ein- bis zweimal im Jahr werden die Anleger über die Projekte und anstehende Entscheidungen informiert.

XIII. Adressen

1. Kritische Aktionäre

Dachverband der Kritische Aktionärinnen und Aktionäre e.V.

Schlackstr. 16, 50737 Köln
Telefon: 02 21/5 99 56 47, Internet: www.kritische-aktionaere.de
Die Kritischen Aktionärinnen und Aktionäre sind bei folgenden
Aktiengesellschaften aktiv:
Aventis AG, BASF AG, Bayer AG, Bayerische Motoren Werke BMW
AG, BEWAG, DaimlerChrysler AG, Deutsche Bank AG, Deutsche
Lufthansa AG, Deutsche Post AG, Deutsche Telekom AG, Dresdner
Bank AG, EnBW AG, E.ON AG, HypoVereinsbank, IG Farben AG
iA, KWS Saat AG, MVV Energie Mannheim, KarstadtQuelle, Nord-
deutsche Affinerie, ThyssenKrupp AG. Siemens AG, RWE AG,
Volkswagen AG
   Die aktuellen Adressen und Ansprechpartner können über den
Dachverband erfragt werden.

AktionärInnen für nachhaltiges Wirtschaften (Actares)

Neustadtstraße 34, CH-6003 Luzern
Telefon: 00 41/4 13 60 29 78, Internet: www.actares.ch
   Die europäische Vereinigung Kritischer Aktionärinnen und Ak-
tionäre ist unter www.ethicalshareholders.net zu erreichen.

2. Auf ethische Geldanlagen spezialisierte Finanzdienstleister

alterra consult
Hans-Jürgen Gratz
Akazienstraße 2
61352 Bad Homburg v. d. H.
Telefon: 0 61 72/94 24 61, Internet: www.alterra.de

Bobikiewicz & Partner (Windkraftfonds)
Das Grüne Emissionshaus
Goethestraße 4
79100 Freiburg i. Br.
Telefon: 07 61/2 96 56–0, Internet: www.bobikiewicz.com

Energiekontor (Windkraftfonds)
Mary-Somerville-Straße 5
28359 Bremen
Telefon: 04 21/3 30 40, Internet: www.energiekontor.de

Finanz-Highlander
Louis-Seegelken-Str. 16
28717 Bremen
Telefon: 04 21/6 93 02 24, Internet: www.finanz-highlander.de

HerMerlin ethic + innovation
Untere Hauptstr. 44
91799 Langenaltheim
Telefon: 0 91 45/4 96, Internet: www.hermerlin.de

Investition + Umwelt Finanzdienstleistungen GmbH
Ronheider Weg 32
52066 Aachen
Telefon: 02 41/9 69 08 95, Internet: www.greenventures.de

Konzept und Verantwortung
Karlstraße 99
89030 Ulm
Telefon: 07 31/27 70 30, Internet: www.kuv.de

Murphy&Spitz Umwelt Consult
Römerstraße 173
53117 Bonn
Telefon: 02 28/9 67 64 00, Internet: www.murphyandspitz.de

TRION Geldberatungsgenossenschaft eG (Projektfinanzierung)
Große Straße 133
21075 Hamburg
Telefon: 0 40/38 70 60 oder 76 10 19 80
Fax: 0 40/76 10 19 90

Umweltfinanz GmbH (Umweltaktien)
Berliner Straße 36
10715 Berlin
Telefon: 0 30/8 89 20 70, Internet: www.umweltfinanz.de

umweltsecur GmbH (Umweltfonds)
Berliner Straße 36
10715 Berlin
Telefon: 0 30/8 63 07 23, Internet: www.umweltsecur.de

Umweltkontor Renewable Energy AG (Windkraftfonds)
Brüsseler Allee 23
41812 Erkelenz
Telefon: 0 24 31/94 52–0, Internet: www.umweltkontor.com

Bundesweit arbeitende Vertriebe

Verbund der Fairsicherungsläden eG
Rembertistr. 31

28203 Bremen
Telefon: 04 21/32 77 51
Fax: 04 21/32 77 61

Versiko AG
Fichtenstr. 42
40233 Düsseldorf
Telefon: 02 11/97 37–0
Fax: 02 11/97 37–110
   Die Niederlassungen können bei den Zentralen erfragt werden.

3. Verbände

Forum Nachhaltige Geldanlagen
Walter Kahlenborn
Caspar-Theyß-Str. 14a
14193 Berlin
Telefon: 0 30/8 90 00 68 40, Internet: www.forum-ng.de
   Das im Januar 2001 gegründete Forum ist ein Verband der im deutschsprachigen Raum vertretenen Akteure im Bereich ethischer Geldanlagen.

INAISE – International Association of the Investors in the Social Economy
Christophe Guene
Rue Haute 139 b3
B-Brussels 1000
Telefon: 00 32/22 34 57 97, Internet: www.inaise.org
   Europäische Vereinigung alternativer Kreditinstitute

VfU – Verein für Umweltmanagement in Banken, Sparkassen und Versicherungen
Bonner Talweg 71
53113 Bonn
Telefon: 02 28/7 66 84 94, Internet: www.vfu.de

Der Verein gibt Hilfestellung bei der Einführung von Umwelt-managementsystemen in Banken

4. Institute und Nicht-Regierungsorganisationen

CENTRE INFO (Rechercheinstitut)
Rue de Romont 2
CH-1700 Fribourg
Telefon: 00 41/26/32 20 614, Internet: www. centreinfo.ch

Ecologic (Politikberatung)
Pfalzburger Straße 43/44
10717 Berlin
Telefon: 0 30/86 88 00, Internet: www.ecologic.de

Germanwatch (Lobbyarbeit)
Kaiserstraße 201
53113 Bonn
Telefon: 02 28/60 49 20, Internet: www.germanwatch.org

imug – Institut für Markt – Umwelt – Gesellschaft e. V.
(Rechercheinstitut)
Eschenstr. 23
30159 Hannover
Telefon: 05 11/91 11 50, Internet: www.ethisches-investment.de

oekom – research AG (Rechercheinstitut)
Goethestr. 28
80336 München
Telefon: 0 89/54 41 84 90, Internet: www.oekom.de

Scoris GmbH (Rechercheinstitut)
Lister Meile 19
30161 Hannover
Telefon: 05 11/2 70 89 80, Internet: www.scoris.de

SÜDWIND e. V. Institut für Ökonomie und Ökumene
(Rechercheinstitut)
Lindenstr. 58–60
53721 Siegburg
Telefon: 0 22 41/5 36 17 und 6 78 01, Internet: www.suedwind-insti-
tut.de

adelphi research (Politikberatung)
Caspar-Theyß-Str. 14 a
14193 Berlin
Telefon: 0 30/89 00 06 80, Internet: www.adelphi-research.de

5. Zeitschriften

Öko-Invest
Schweizertalstraße 8–10/5/1
A-1130 Wien
Telefon: 00 43/1/3 15 69 60, Internet: www.oeko-invest.de
   14-tägiglich erscheinende Fachzeitschrift zum Thema ethische
Geldanlagen. Darin wird regelmäßig eine Liste grau-grüner Geld-
anlageangebote veröffentlicht, in der unseriöse Anbieter aufgeführt
werden.

ÖKO-Test
Kassler Straße 1 a
60486 Frankfurt am Main
Tel: 0 18 05/39 39 33, Internet: www.oekotest.de
   Monatlich erscheinendes Verbrauchermagazin, das in seinem
Wirtschaftsteil Ökonomy eine Rubrik zum Thema ethische Geld-
anlagen führt.

Außerdem berichten die Zeitschriften *Börse Online, Finanztest* und
natur & cosmos regelmäßig über ethische Geldanlagen.

6. Verbraucherschutz

Deutsches Finanzdienstleistungs-Informationszentrum GmbH
Gerlach Report
Stuttgarter Straße 25
60329 Frankfurt am Main
Telefon: 0 69/24 26 39 40, Internet: www.dfi-report.de

Verbraucherzentrale Baden-Würtemberg e. V.
Paulinenstr. 47
70178 Stuttgart
Telefon: 0711/66 91 10, Internet: www.verbraucherzentrale-ba-
wue.de bzw. www.verbraucherzentrale.de
   Diese Verbraucherzentrale bietet eine spezielle, kostenpflichtige
Beratung zu ethischen Geldanlagen an.

Verbraucherzentrale Berlin e. V.
Bayreuter Straße 40
10787 Berlin
Telefon: 0 30/2 14 85–0, Internet: www.verbraucherzentrale-ber-
lin.de
   Die Berliner Verbraucherzentrale gibt die »Schwarze Liste« un-
seriöser Anbieter von Geldanlagen auf dem nicht staatlich kontrol-
lierten Markt heraus. Zudem bietet sie eine kostenpflichtige Anlageberatung an.
   Telefon: 01 90/88 77–12, Dienstag und Donnerstag von 14.00 bis
16.00 Uhr, Gebühren: 1,85 € pro Minute.

Weitere Informationen zu unseriösen Geldanlage-Angeboten finden sich auch unter www. wolfgang-kynasr.de und www. anlage-
schutzarchiv.de

7. Internetadressen

www. ecoreporter.de

Das meistgelesene und älteste journalistische Online-Magazin für ökologisch-nachhaltige Geldanlage informiert umfassend von Alternativbanken über Ökofonds bis zu Direktbeteiligungen. Zudem gibt es Links zu zahlreichen weiteren Informationsquellen zu diesem Thema.

www.umweltfondsvergleich.de

Die Internetseite enthält vergleichende Informationen zu Windkraftfonds.

Anhang

Literaturverzeichnis

Böhm, Gebhard/Hagelstein, Michael (Hrsg.): Der liebe Gott und das liebe Geld. Das Modell der ökumenischen Entwicklungsgesellschaft EDCS, Ostfildern 1996

Brot für alle, Fastenopfer (Hrsg.): Verantwortlich Geld anlegen, ein Leitfaden für Kirchgemeinden und Privatpersonen, Bern Dezember 2000

BUND für Umwelt- und Naturschutz/Misereor (Hrsg.): Zukunftsfähiges Deutschland. Ein Beitrag zu einer global nachhaltigen Entwicklung, Basel 1996

Bundesministerium für Umwelt, Naturschutz und Reaktorsicherheit: (Hrsg.) Mehr Wert: ökologische Geldanlagen, Berlin 2000

Deml, Max/Weber, Jörg: Grünes Geld 2000–2001, Ritterhude 2000

Deml, Max/Gelbrich, Jutta/Prinz, Kirsten/Weber, Jörg: Rendite ohne Reue. Handbuch für die ethisch-ökologische Geldanlage, Frankfurt a. M. 1996

ECOreporter.de, Ökozentrum NRW, Messe Berlin GmbH (Hrsg.): Doppelte Dividende, Marktstudie zu Aktien, Fonds und Anleger des ethisch-ökologischen Investments, Begleitforschung zur Messe Grünes Geld, Januar 2001, Berlin 2001

Friesenbichler, Reinhard: Ethische Investmentfonds. Grundlagen, Marketing und empirische Erhebung, Graz 1996

Hassler, Robert/Deml, Max (Hrsg): Öko-Rating, Unternehmen im Umwelt-Check: Ergebnisse, Erfahrungen, Perspektiven, ökom verlag, München 1998

Hoffmann, Johannes/Ott, Konrad/Scherhorn, Gerhard (Hrsg.): Ethische Kriterien für die Bewertung von Unternehmen. Frankfurt-Hohenheimer Leitfaden, Frankfurt a. M. 1997

Institut für Wirtschaftsethik der Universität St. Gallen (Hrsg.), Peter Ulrich, Urs Jäger, Bernhard Waxenberger: Prinzipiengeleitetes Investment I und II, Kritische Analyse der gegenwärtigen Praxis bei »ethisch-ökologischen« Geldanlagen, St. Gallen 1998

Institut für Wirtschaftsethik der Universität St. Gallen (Hrsg.), Bernhard Waxenberger/Daniel Schmid Holz: Grünes Geld, Texte zur Tagung in Boldern 2000, St. Gallen 2001

Kessler, Wolfgang: Geld und Gewissen, Kompass für ethisch motivierte Sparer, Publik-Forum, Oberursel 2000

Knörzer, Andreas: Ökologische Aspekte im Investment Research. Bedeutung und Anwendung, Bern 1996 (Publikation der Swiss Banking School, Zürich 137)

Mächtel, Thomas W.: Erfolgsfaktoren ökologisch ausgerichteter Anlagefonds im deutschsprachigen Raum, St. Gallen 1996

Pfeiffer, Hermannus: Grüne Anlagen. Geld anlegen mit ökologischer und sozialer Verantwortung, Köln 1995

Politische ökologie 67–68: Aktie Grün, ökom verlag, München 2000

Schaltegger, Stefan/Sturm, Andreas: Öko-Effizienz durch Öko-Controlling. Zur praktischen Umsetzung von EMAS und ISO 14,001, Stuttgart 1995

SÜDWIND e. V. (Hrsg.): Deutsche Großbanken entwicklungspolitisch in der Kreide? Entwicklungsverträglichkeit deutscher Bankgeschäfte am Beispiel Brasiliens und Indonesiens, texte 12, Siegburg 2000

Verbraucherzentrale Düsseldorf: Ethisches Investment, Rendite mit gutem Gewissen, Düsseldorf 2001

Wolff, Hendrik: Das Management von Umweltfonds, Frankfurt a. M. 1995

Worldwatch Institute Report, Zur Lage der Welt 2002, Prognosen für das Überleben unseres Planeten, Frankfurt a. M. 2002

Register

Im Anhang werden ab Seite 168 die wichtigsten ethischen Anlagemöglichkeiten mit ausführlichen Informationen zu den Produkten, ethischen Aspekten, Gebühren und Renditezahlen vorgestellt. Diese Stichwörter sind im Register nicht gesondert aufgeführt.

Neil Postman
Wir amüsieren uns zu Tode
Urteilsbildung im Zeitalter der Unterhaltungsindustrie
Aus dem Amerikanischen von Reinhard Kaiser
Band 15259

Diesmal kritisiert Postman die allmähliche Zerrüttung der
Kulturtätigkeiten durch den gewerbsmäßigen Illusionis-
mus, das totale Entertainment. Seine These lautet, daß die
Medien zunehmend nicht nur bestimmen, was wir kennen-
lernen und erleben, welche Erfahrungen wir sammeln, wie
wir Wissen ausbilden, sondern auch, was und wie wir den-
ken, was und wie wir empfinden, ja, was wir von uns selbst
und voneinander halten sollen. Zum ersten Mal in der Geschichte gewöhnen die Menschen sich daran, statt der Welt,
ausschließlich Bilder von ihr ernst zu nehmen. An die Stelle
der Erkenntnis- und Wahrnehmungsanstrengung tritt das
Zerstreuungsgeschäft. Die Folge davon ist ein rapider Ver-
fall der menschlichen Urteilskraft. In ihm steckt eine un-
mißverständliche Bedrohung: Er macht unmündig oder hält
in der Unmündigkeit fest. Und er tastet das gesellschaftliche Fundament der Demokratie an. Wir amüsieren uns zu
Tode.

Fischer Taschenbuch Verlag

Harald Müller
Das Zusammenleben der Kulturen
Ein Gegenentwurf zu Huntington
Band 13915

Die Thesen des US-amerikanischen Politologen Samuel Huntington mit dem Schlüsselbegriff des »Kampfes der Kulturen« haben in den letzten Jahren großes Aufsehen erregt. Einer seiner qualifiziertesten Kritiker meldet sich nun zu Wort: Professor Dr. Harald Müller legt seinen »Gegenentwurf« vor. Kritisch betrachtet er Huntingtons Weltsicht, die geprägt ist von den angeblich feindseligen Zivilisationen, die den Westen bedrohen.

Müller zeigt, wie gefährlich und verführerisch es ist, vereinfachte Welt- und Feindbilder zu zeichnen oder sie zu übernehmen. Die Weltgesellschaft muss auf Kooperation setzen und nicht auf Konfrontation. In eindringlicher Weise macht der Autor deutlich, dass nicht der Kampf, sondern der Dialog der Kulturen eine friedliche Zukunft der Weltgemeinschaft garantieren kann – und dass dies ein durchaus realistischer Weg ist.

Fischer Taschenbuch Verlag

Thomas Birus
Was macht die Tiefkühlpizza knusprig?
Die wundersamen Zutaten der modernen Küche

Mit einem Ernährungsratgeber von Ina Marie Schulze

Band 14017

Die »Nahrungsgüterindustrie«, wie sich die Erzeuger unseres täglichen Design-Foods so appetitanregend nennen, hat in den vergangenen Jahren dazugelernt: In der Tomatensuppe schwimmen jetzt Tomatenstückchen, die Snacks für zwischendurch sind gesund und bio-natürlich, und die Tiefkühlpizza ist jetzt knusprig statt labbrig. Die Werbung will uns weismachen, hier werde wieder produziert wie bei Großmuttern; man habe reagiert auf die Öko- und Gesundheitswelle.

Nichts da: Alles Chemie und Schummel. Was in der Tomatensuppe schwimmt, sind mitnichten Tomatenstückchen, sondern vielmehr Klümpchen aus Mehl, Stärke, künstlichen Geschmacksstoffen und ein wenig Tomatenpulver. Daß der Kantinensalat stundenlang so schön knackig bleibt, hat ebenfalls mit raffinierten Zusatzstoffen zu tun, und nicht mit Frische und Natur.

Thomas Birus unternimmt einen unterhaltsamen Zug durch die Küchen, Kantinen und Fabrikhallen des modernen Industriefraßes – von der Diätkost bis zum Genfood – und zeigt, was für überraschende, eklige, raffinierte und manchmal auch bedenkliche Substanzen sich ganz legal und beabsichtigt auf unseren Tellern tummeln.

Fischer Taschenbuch Verlag

fi 254 / 6

Egon Wachtendorf
Kursbuch Investmentfonds
Anlagestrategien Chancen Risiken

Band 15528

Investmentfonds sind eine maßgeschneiderte Lösung für alle, die systematisch Reichtum schaffen wollen. Wer in Fonds investiert, hat den Erfolg gewissermaßen programmiert – schließlich sorgen bei den Investmentgesellschaften gestandene Profis dafür, dass die eingezahlten Gelder möglichst ertragreich angelegt werden.

Soweit die Theorie. Die Praxis sieht anders aus. Da mittlerweile Tag für Tag neue Fonds mit völlig unterschiedlichen Anlagezielen auf den Markt kommen, blicken selbst aufgeklärte Anleger kaum noch durch. Die meisten Banken und Sparkassen vertreiben ausschließlich hauseigene Produkte, und längst nicht jeder Anbieter rechtfertigte in der Vergangenheit, das in ihn gesetzte Vertrauen.

Nur wer über detaillierte Informationen zu Fondsgesellschaften und deren Manager verfügt, kann die besten Chancen nutzen und mit hohen Renditen kalkulieren. Dieses Kursbuch erläutert Schritt für Schritt, wie Anleger aus dem täglich wachsenden Angebot die für sie passenden Fonds herausfiltern. Es gibt Aufklärung über Steuervorteile, hilft Aufschläge und Gebühren vermeiden und gibt Tipps zur optimalen Fondsmischung für Renditejäger wie für konservative Anleger.

Fischer Taschenbuch Verlag

fi 15528 / 1

Peter Müller / Jan Hoffmann

Kursbuch *Kapitalanlagen richtig versteuern*

Profitipps für Steuersparer

Band 14918

Die anhaltende Börsenhausse bietet selbst Kleinaktionären die
Chance der schnellen Gewinnmitnahme. So erreichen die Erträge
aus Kapitaleinlagen bei manchem oft ansehnliche Summen, die
schnell die staatlich festgelegten Freistellungsgrenzen überschreiten. Seit der Halbierung der steuerfreien Erträge durch die neue
Bundesregierung stellt sich für manchen nun die Frage, wie er seine Zinserträge vor dem Finanzamt schützt.

Die Autoren, zwei erfahrene Steuerprüfer, erläutern systematisch
die wichtigsten Anlagemöglichkeiten wie deren Besteuerung und
geben Hinweise für die optimale Strategie der Geldanlage aus steuerlicher Sicht. Dabei berücksichtigen sie nicht nur die jüngsten
Änderungen des Gesetzgebers, sondern gehen auch auf die erwei-
terten Mitteilungspflichten der Banken ein.

Fischer Taschenbuch Verlag

SÜDWIND – forscht für gerechte Wirtschaftsbeziehungen ...

Die Arbeit von SÜDWIND gründet auf der Überzeugung, dass es einen Zusammenhang zwischen dem Reichtum in den Industrieländern und der Armut breiter Bevölkerungsschichten in Entwicklungsländern gibt. In zahlreichen Forschungsbereichen weisen die Studien von SÜDWIND nach, dass Deutschland – Politik, Wirtschaft sowie Verbraucherinnen und Verbraucher – eine Mitverantwortung für Missstände in Entwicklungsländern trägt. Über die Analyse der Probleme hinaus sucht SÜDWIND auch nach Handlungsmöglichkeiten: Wie kann die Situation im Interesse der Armen hin zu weltwirtschaftlicher Gerechtigkeit geändert werden?

... und erarbeitet Aktionsvorschläge

Unsere Lösungsvorschläge sind vielfältig. Dazu gehören
- Öffentlichkeitsarbeit, um Unternehmen oder politische Entscheidungsträger unter Druck zu setzen,
- direkte Verhandlungen mit den Verantwortlichen,
- Kooperation mit sowie Zuarbeit zu Kampagnen wie »Erlassjahr 2000«, der »Bananen-Kampagne« oder der »Kampagne für Saubere Kleidung«.

SÜDWIND arbeitet dabei eng mit anderen Instituten, Organisationen der Entwicklungszusammenarbeit, Initiativen, Verbänden und Gemeinden zusammen, in Deutschland und weltweit.

SÜDWIND e. V. – Institut für Ökonomie
und Ökumene
Lindenstr. 58–60, 53721 Siegburg
Tel.: 0 22 41/5 36 17, oder 0 22 41/6 78 01
Fax: 0 22 41/5 13 08
E-mail: buero@suedwind-institut.de
Homepage: www.suedwind-institut.de